U0450187

浙江省哲学社会科学规划
后期资助课题成果文库

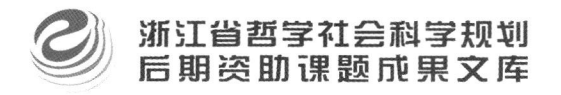

格位理论的发展及其解释力研究

杨西彬　著

中国社会科学出版社

图书在版编目(CIP)数据

格位理论的发展及其解释力研究 / 杨西彬著. —中国社会科学出版社, 2020.5

（浙江省哲学社会科学规划后期资助课题成果文库）

ISBN 978-7-5203-6748-6

Ⅰ.①格… Ⅱ.①杨… Ⅲ.①现代汉语—句法—研究 Ⅳ.①H146.3

中国版本图书馆 CIP 数据核字(2020)第 115426 号

出 版 人	赵剑英
责任编辑	宫京蕾
责任校对	季 静
责任印制	李寡寡

出　　版	中国社会科学出版社
社　　址	北京鼓楼西大街甲 158 号
邮　　编	100720
网　　址	http://www.csspw.cn
发 行 部	010-84083685
门 市 部	010-84029450
经　　销	新华书店及其他书店
印刷装订	北京君升印刷有限公司
版　　次	2020 年 5 月第 1 版
印　　次	2020 年 5 月第 1 次印刷
开　　本	710×1000　1/16
印　　张	13.75
插　　页	2
字　　数	230 千字
定　　价	85.00 元

凡购买中国社会科学出版社图书，如有质量问题请与本社营销中心联系调换
电话：010-84083683
版权所有　侵权必究

序　　言

　　去年年底杨西彬博士告诉我，他的博士学位论文已作进一步修改完善并将付梓出版，发给我审阅并请我作序，我欣然同意。春节前后事务少了一些，坐下来的时间也多了，所以有机会把书稿又细致地看了一遍。可以看出，从毕业到现在，经过七年时间的打磨沉淀，书稿愈加扎实厚重了。

　　学术研究贵在推陈出新，而非固守成规。格位理论是原则与参数模组理论中的一个重要模块，是对名词性成分的句法特征进行研究时回避不了的一个重要方面。学界迄今对格位理论的关注多集中在经典的格位理论。乔姆斯基的经典格位理论具有较强的解释力，极富理论价值，但也存在一定的局限性。于是我早些年提出要对经典格位理论进行扩容。扩充扩容后的格位理论既要解释经典格位理论能够解释的语言现象，还要解释其解释不了的语言现象。体现在西彬博士本书中的研究成果正是这一理念的延续。本书试图以扩充的格位理论为纲将现代汉语中一系列特殊句式进行统一解释和统一处理，这种研究思路无疑是符合生成语法研究的基本精神的。本书既有语言事实的深入发掘，也有理论上的创新尝试。我跟西彬他们一起讨论问题常常说，学术研究贵在创新。我说我有个简单的办法来分辨你的研究有无创新以及创新是否成功。简单说来就是，乍看起来意料之外，定神深思情理之中。一个学术成果如果没有让人有意料之外，耳目一新的感觉，那代表没有新意。而读者看了你的文章，听了你的报告之后，应该有茅塞顿开，颇有道理的感受，不然你的创新可能不够成功，说服力可能不足。本书中，作者提出的"格位释放序列原则"及其对相关空位成分的创新解释，将形名谓语句归入非宾格现象并进行统一处理，这些新颖论断和独到分析就让我有了乍看起来意料之外，定神深思情理之中的感觉。不知读者诸君有无同感？

　　读万卷书，行万里路。西彬是个有情怀有坚持的人，当年放弃工作读博、博士期间支教边远地区、工作之后远赴非洲，经历了常人不能经历之事，走了常人不能走之崎岖，心中有梦无惧风雨，才有他现在的成绩。

西彬不仅是勤奋的，也是幸运的。该书的部分成果不仅受到了学界同行的肯定和认可而得以发表，而且有幸获得了浙江省哲学社会科学后期资助并将在中国社会科学出版社出版。作为他读博期间的导师，我为他由衷感到高兴！我相信，对于西彬博士来说，本书只是他阶段学习的一个总结，因为书中尚有不少问题有待进一步深入思考。

学术研究需要灵感和激情，人生又何尝不是如此！希望西彬能够以此为起点，持续思考，拥有更多灵感和激情，不断超越自己！

伶仃洋西岸横琴岛
澳门大学
2020年6月6日

目 录

第一章 绪论 …………………………………………………………（1）
　第一节 选题缘由 …………………………………………………（1）
　　一 解决问题的需要 ……………………………………………（1）
　　二 深化理论的需求 ……………………………………………（6）
　第二节 研究对象和目标 …………………………………………（7）
　　一 研究对象 ……………………………………………………（7）
　　二 研究目标 ……………………………………………………（11）
　第三节 理论背景 …………………………………………………（12）
　第四节 研究意义 …………………………………………………（13）
　　一 理论意义 ……………………………………………………（13）
　　二 实践意义 ……………………………………………………（14）
　第五节 语料来源 …………………………………………………（14）
第二章 "格"理论的来龙去脉 ……………………………………（16）
　第一节 形态格——传统语法 ……………………………………（16）
　第二节 语义格——格语法 ………………………………………（18）
　第三节 句法格——格位理论的产生和发展 ……………………（21）
　　一 经典的格位理论 ……………………………………………（21）
　　二 扩充的格位理论 ……………………………………………（24）
第三章 扩充的格位理论与保留宾语句 ……………………………（30）
　第一节 引言 ………………………………………………………（30）
　第二节 研究评述 …………………………………………………（32）
　　一 "移位说" ……………………………………………………（32）
　　二 "非移位说" …………………………………………………（33）

三　存在的不足……………………………………………(41)
　第三节　新的解决方案……………………………………(43)
　　一　"的"的有无…………………………………………(43)
　　二　领属关系的确定……………………………………(44)
　第四节　保留宾语句的生成………………………………(48)
　　一　"王冕的父亲死/被杀了"的生成……………………(49)
　　二　"王冕死/被杀了父亲"的生成………………………(50)
　第五节　小结………………………………………………(53)
第四章　扩充的格位理论与体词谓语句……………………(55)
　第一节　研究背景…………………………………………(55)
　第二节　关于"体词谓语句"的疑问………………………(57)
　　一　能进入该结构的形容词有多少？…………………(57)
　　二　"体词谓语句"的定性有问题吗？…………………(58)
　第三节　形容词谓语句的论证……………………………(62)
　　一　中心语与修饰语地位不平衡………………………(62)
　　二　短语层面与句子层面不一致………………………(63)
　　三　重音位置的差异……………………………………(64)
　　四　总结…………………………………………………(66)
　第四节　两种句式的共同特征……………………………(67)
　　一　句末名词都很自由…………………………………(67)
　　二　句中名词的关系所受的限制一样…………………(68)
　　三　句末名词的格位需要解释…………………………(68)
　　四　两种句式的同义结构相类似………………………(68)
　第五节　统一的解释："非宾格谓词"………………………(69)
　第六节　两种非宾格结构的生成…………………………(70)
　　一　保留宾语句的生成…………………………………(70)
　　二　"体词谓语句"的生成………………………………(70)
　第七节　小结………………………………………………(72)
第五章　扩充的格位理论与连动句…………………………(74)
　第一节　连动句研究前史…………………………………(74)

一　第一阶段 共性期 …………………………………………… (74)
　　二　第二阶段 摸索期 …………………………………………… (75)
　　三　第三阶段 深入期 …………………………………………… (78)
　　四　第四阶段 争论期 …………………………………………… (82)
　　五　第五阶段 接受期 …………………………………………… (84)
　第二节　连动句研究述评 ……………………………………………… (87)
　　一　关于"连动句"的争议 …………………………………… (88)
　　二　语法理论对连动句的解释 ………………………………… (95)
　　三　研究述评 …………………………………………………… (102)
　第三节　连动句的生成机制 …………………………………………… (105)
　　一　连动句的范围 ……………………………………………… (105)
　　二　相关理论 …………………………………………………… (110)
　　三　连动句的生成 ……………………………………………… (112)
　第四节　语言的差异与格位释放序列原则 …………………………… (121)
　　一　其他语言中的连动结构 …………………………………… (122)
　　二　统一的解释：格位释放序列原则与句法实现 …………… (126)
　　三　重新审视汉语中的限定式存在与否之争 ………………… (132)
　第五节　小结 …………………………………………………………… (134)

第六章　扩充的格位理论与兼语句 …………………………………… (137)
　第一节　引　言 ………………………………………………………… (137)
　第二节　兼语句研究述评 ……………………………………………… (138)
　　一　"兼语句"的提出 ………………………………………… (138)
　　二　关于"兼语句"的争议 …………………………………… (140)
　　三　语法理论对兼语句的解释 ………………………………… (147)
　　四　研究述评 …………………………………………………… (153)
　第三节　兼语句的生成机制 …………………………………………… (158)
　　一　兼语句的界定 ……………………………………………… (158)
　　二　兼语句的生成 ……………………………………………… (166)
　　三　取消"兼语"的理论优势 ………………………………… (170)
　第四节　语言的差异与解释 …………………………………………… (175)

一　不同语言中"兼语"表达的共性……………………（176）
　　二　统一的解释：中心语的强弱特征与句法实现…………（179）
　第五节　小结………………………………………………（180）
第七章　结论及相关思考………………………………………（182）
　第一节　结论………………………………………………（182）
　第二节　相关思考…………………………………………（185）
参考文献…………………………………………………………（188）
后记………………………………………………………………（206）

第一章

绪　　论

第一节　选题缘由

本书之所以选择该主题进行研究主要是基于现实和理论两方面的考虑，即现代汉语中的一些语言现象还没有得到很好的研究和解释，需要在消化前贤研究的基础上解决或者部分解决之前文献中遗留的问题；语言理论的发展离不开对语言事实的挖掘，也离不开语言事实对该理论的检验。所以本书希望把生成语法理论的理论模块和现代汉语中的某些特殊句式，紧密结合起来，既能够运用该理论解决文献中的遗留问题或解释其他理论方法解释不了的现象，又能够通过对语言现象的深入研究来丰富相关理论或推动相关理论的发展。

一　解决问题的需要

从中国的第一部语法著作《马氏文通》（1898）开始，研究者就比较注重挖掘汉语的特性，马建忠对比西洋语法总结了汉语的特殊结构"动字相承"等，此后百余年语法研究的主要任务之一就是不断寻求和挖掘汉语语法的特点。

学者们在不同阶段提出了现代汉语中的几种特殊句式：保留宾语句（吕叔湘，1948）、连动句（赵元任，1948、1952）和兼语句、体词谓语句（丁声树等，1961）等。从这些句式的名称可以看出，学界对它们的分类标准并不一致，有的是根据句法功能命名，比如"体词谓语句"；有的是根据形式特征命名，比如"连动句"；有的是以语义分析为基础结合句法特征命名，比如"兼语句"和"保留宾语句"。学者们以不同的理论背景对这些特殊句式展开了丰富的研究。

（一）关于保留宾语句。郭继懋（1990），韩景泉（2000），沈阳（2001），徐杰（1999a、2001），温宾利、陈宗利（2001），邓思颖（2004），潘海华、韩景泉（2005），沈家煊（2006），Huang（2006），黄正德（2007），胡建华（2008），刘探宙（2009），刘街生（2010），张翼（2010），熊仲儒（2013），韩景泉、潘海华（2016），杨大然、陈晓扣（2016），韩景泉（2019）等比较集中地讨论了现代汉语保留宾语句的结构特征和生成机制，学者们在形式语法、认知语法等框架下提出了"格位传递说""移位说""论元增容说""特征核查说""糅合说""话题基础生成说""悬垂话题说""合并小句说"等学说解释该结构（具体参看第三章第一节），但是这些研究在解决一部分问题的同时往往也遗留下了其他问题。

（二）关于体词谓语句。赵元任（1979），朱德熙（1982），刘月华等（1983），叶长荫（1987），邢福义（1996），刘顺（2003），陈满华（2008），王红旗（2015）等对体词谓语句的范围和语法形式、结构特征以及表达功能等进行了详细的描写，但是这些研究没有探讨为什么现代汉语会存在这种结构。需要注意的是，学界更多关注的是"今天星期天""鲁迅绍兴人"等体词谓语句，对形名结构作谓语类"体词谓语句"[①]，比如"张三小眼睛/这棵树大叶子"，往往限于举例性描写。学者对这类体词谓语句的论述有很多悖论（朱德熙，1984；张静，1987；刘顺，2003；郝思瑾，2007；陈满华，2008；周国光、赵月琳，2011）（详见第四章第一节和第二节），这恰恰说明这类体词谓语句很值得关注。鉴于该结构的特殊性，现有文献对其关注并不够，更鲜有文献讨论该结构的生成机制。

（三）关于连动句和兼语句。语法学界对这两类结构关注得最早，汉语第一本语法著作《马氏文通》（1898）安排独立的节次集中讨论。随后的黎锦熙（1924），王力（1942），赵元任（1952），丁声树等（1961），吕叔湘（1979），邢福义（1982），朱德熙（1982），吴竞存、侯学超（1982），Huang（1982），李临定（1986），陈建民（1986），

[①] 我们的结论是形名结构作谓语的句子性质不是体词谓语句，该结构是以形容词为中心的形容词谓语句，具体参见第四章第二节和第三节的论述。但是为了表述的方便，行文中依然称为"体词谓语句"。

Li（1990），马庆株（1992），胡建华（1997），陆俭明（2002），萧红（2006），刘街生（2011），李红容（2016）等研究了连动句或兼语句的结构类型、语义特点以及历时发展等问题；戴浩一（1985）、印辉（2012）、李可胜（2016）等采用认知理论解释了连动句的形成及有界特征；牛保义（2013）、刘云飞（2014）、李香玲（2015）等采用认知理论分别讨论了兼语句的语义建构以及兼语的衔接功能；高增霞（2006）、刘丹青（2015）等以语法化和类型学的视角研究了连动句的变化或语法地位；徐烈炯（1994），沈阳（1994），Paul（2008），邢欣（2004），邓思颖（2010），张孝荣、张庆文（2014），杨永忠（2016）援用形式语法的相关概念和操作对连动句或兼语句产生的原因和生成方式进行解释。但是，这些研究没有解释清楚为何连动句的前后项都可以连着主语说，也没有解释为什么"兼语"现象得以存在。虽然不少文献指出连动句和兼语句中存在空成分或 PRO（徐烈炯，1994；沈阳，1994；邢欣，2004 等），但是没有解释为什么空成分或 PRO 会存在，更鲜有文献探讨该句法结构存在的深层原因，也就是说没有解释清楚为什么现代汉语中会存在"连动"和"兼语"现象（具体内容参见第五章第二节和第六章第二节）。

研究者对语言事实的挖掘很有深度，他们的思考无疑也是深刻的，很多研究代表了研究者所处时代的最高水平；但是根据我们对当代语言学理论的把握和相关语言事实的观察以及深入思考，本书认为当前学界对以上句式的研究仍有很多问题有待解决，相关认识也有待深化，主要体现在以下四个方面：

（一）单个句式的研究成果较多，但到目前为止没有文献在同一理论框架下对以上各句式的生成机制进行全面解释。这主要体现在两个方面：

1. 学界对形名结构作谓语类"体词谓语句"的研究依然停留于举例性描写阶段，而且离描写充分也还有一段距离，比如，到底有哪些形容词可以进入这类结构？这类句式的结构特点到底有哪些？也没有文献对该结构的生成方式进行探讨。

2. 尽管学界在形式语法框架下对保留宾语句、连动句和兼语句的生成进行探讨，但是其理论基础也不尽一致，有的是基于原则与参数理论，有的是基于最简方案，有的是基于语段理论等。到目前为止也鲜有使用同一理论对这几种句式展开研究的文献①。

（二）很多研究都是站在汉语的角度看汉语，很难发现汉语真正的特点和这些结构的本质。

连动句长期以来被视为现代汉语的特殊句式，但是从世界范围的语言看，连动结构在我国的彝语（胡素华，2010）、布依语（周国炎、朱德康，2015）等民族语言存在，在其他语言也广泛存在（Sebba, 1987; Lord, 1993; Sudmuk, 2005; Song, 2007; Dorvlo, 2008等）。尽管有学者以语法化的视角研究了汉语连动句的形成（高增霞，2006），但是对于该结构的生成机制，尤其是结构中空成分存在的原因，学界没有合理的解释，对语言间的共性和差异的解释也不够彻底。

还有一个问题值得关注，尽管学界对连动句和兼语句的定义比较一致，但是由于缺乏跨语言的视野，现代汉语连动句和兼语句的范围和类型一直存在争议。杨西彬（2020）考察了三十余本（套）比较有影响的现代汉语教材，比如张静（1988）、黄伯荣（1991）、胡裕树（1995）、邢福义（2011）、北京大学中文系现代汉语教研室（2012）、邵敬敏（2012）、张斌（2013）等，没有哪两本教材对连动结构的分类是一致的，甚至同一学者，在不同时期的教材中对该结构的范围和类型的认识也存在差异。国外文献中对该连动句的范围和类型的争议也比较大，没有一致的意见（彭国珍等，2013）。兼语句也是相类似的情况。连动句和兼语句的本质特点到底是什么？它们的类型和范围究竟有哪些？

此外，有很多学者主张连动句和兼语句都可以作为独立的句型（宋玉柱，1981；吕叔湘，1979等），也有学者主张取消两者的独立地位（张静，1977；邓思颖，2010等）；也有学者主张连动句的独立地位，而把兼语句化为连动句的小类（朱德熙，1982）。两种结构的地位以及其分合问题，也需要给出一个合理的解释。

---

① 需要补充的是，国外文献对同一结构研究的丰富程度和多元化也很值得借鉴，比如国外文献对各种语言（包括汉语）"连续动词结构"（Serial Verb Constructions，即通常所说的"连动句"）的研究丰富多元，学者们从历时变化（Lord, 1993）、句法学（Collins, 1993, 1997; Paul, 2008）、功能（Post, 2004）、类型（Aikhenvald & Dixon, 2006）以及起源（Rose, 2009）等角度研究了该结构。国内的相关研究略显平淡，一则新时期的文献数量不多，专述成果偏少；二则文献的丰富程度不够，多元化的研究偏少。

（三）句法语义互动研究不够。这主要体现在三个方面：

1. 对保留宾语句中两个名词性成分之间领属关系的认识不明确。"保留宾语句"（"张三被杀了父亲"）的核心是"保留"和"宾语"，不少研究认为"张三"和"父亲"在语义上是领属关系（徐杰，1999a；温宾利、陈宗利，2001等），但是很少有文献证明这种领属关系的存在；也有学者认为句首位置的"张三"是基础生成的话题或悬垂话题（韩景泉、潘海华，2016），如此一来就割裂了句法和语义，更难以解释它与句末名词"父亲"之间的语义关系。

2. 关于形名结构作谓语（"张三小眼睛"/"这棵树大叶子"）的句子性质的认识存在诸多矛盾。很多研究都认为该结构是体词谓语句，但是在具体论述时常有矛盾的表述，比如刘顺（2003）指出这类句子中作定语的形容词是句子的语义结构中心，映现在表层结构上，这类形容词就充当了定语。赵元任（1979：59）等指出，该结构与现代汉语的主谓谓语句（"张三眼睛小"）存在转换关系，而上述捉襟见肘的表述恰恰反映了研究者忽略两种结构的句法和语义的互动关系。

3. 对"连动""兼语"的解释不充分。很多文献指出该结构存在"论元共享"［argument sharing，（Bake，1989）］和空成分［empty，简称"e"，（徐烈炯，1994）］，但是鲜有文献解释两者的内在联系及深层原因。用空语类来解释"（动词）连用"的学者对空成分性质的认识也不尽一致（Huang，1987；胡建华，1997；童晓峰，2014等）。尽管一直也有学者否认该结构的独特地位，比如张静（1977）、邹韶华（1996）等，但是这些研究取消的理由似乎并不充分。更为重要的是，这些研究并没有对"连动""兼语"以及"空成分"等作出充分的解释，以至于我们并不能据此把该结构的特殊性消融掉，进而认识到这些"特殊性"是可以被解释的，认识到"连动"和"兼语"只是一种表面现象，它们也并不特殊。

总之，很多研究对这几种句式的结构特征、句法功能或语义关系分析得很详细，但是对该句式"特殊性"的解释或者说对该句式得以存在的深层原因则分析得不够。通过句法和语义的互动研究将会对这几种结构的"特殊性"予以合理的解释。

（四）对相关结构的理论挖掘不够。主要体现在两个方面：

1. 关于"体词谓语句"和保留宾语句。上文已经提到，赵元任（1979：59）等认为形名结构作谓语的句子与现代汉语中的主谓谓语句存在转换关系（张三小心眼⟷张三心眼小），这一点至关重要，遗憾的是这两类结构之间的转换关系在研究中一直被忽略了。更为重要的是，它们之间的转换关系与保留宾语句/领主属宾语和主谓谓语句之间的变换有着诸多相似之处，这是偶然还是巧合？这四种结构之间有什么关系？有没有可能得到统一的解释？

2. 关于连动句和兼语句。赵元任（1952：21）指出"动词结构连用式是汉语很特别的结构"，丁声树等（1961：112-122）也单列这两种句式，宋玉柱（1978）进一步指出连动句和兼语句语法术语的提出是汉语语法研究更加重视汉语特点、更加符合汉语实际的一种表现，杨成凯（2000）、刘丹青（2015）指出连动结构是现代汉语的特有结构或显赫范畴。我们似乎可以说，将近一个世纪的现代汉语语法研究得到的较为普遍的共识之一就是连动（含兼语）结构是汉语区别于其他语言（尤其是印欧系语言）的特殊结构。

之所以有这样的认识是因为很多研究并没有深入对比两类结构与其他语言的共性和差异，更没有对这些异同作出合理的分析和解释。跨语言的事实显示，语言形态的丰富与否并不能很好地解释语言中是否存在该结构，也不能解释动词间松紧度差异（刘丹青，2008），形态比较丰富的英语也存在该结构（Yin，2007）。李亚非（2014）归纳了连动式的语法特征，同时指出象似性只发生在动词之间，该结构让普遍语法不知所措，不得不启动权宜手段，包括象似性语序来反推动词之间的可能组合。

本书认为这恰恰说明现有的相关研究还不充分，现代汉语中这些特殊结构以及语言间的共性和差异需要新的解释来缓解之前研究之中的"捉襟见肘"和"不知所措"，进而把相关现象的研究引向深入。

二 深化理论的需求

格位理论是模组化了的生成语法理论体系中多个模块之一，也是理论概括最为成熟、研究成果最为丰富的模块之一。自从生成语法理论引入汉语研究以来，学者们运用该理论模块取得了丰硕的成果，尤其是对非宾格现象的研究，比如徐杰（1999a）援用该理论结合"非宾格假设"［Unaccusative Hypothesis，（Perlmutter，1978）］对现代汉语中的保留宾语句和领主属宾句进行了深入的研究，鉴于两者在句法上存在的一系列共同特征，该研究首次把这两种句式通盘考虑统一处理，这项研究对之后这两类句式的研究产生了重大的影响。① 黄正德（2007）进一步指出非宾格与非作格的对立不仅存在于一元动词之间，也存在于二元动词和三元动词之间。

众所周知，名词短语在句法结构中的作用至关重要，吕叔湘（1987a）指出："构成宇宙的是物质和运动，物质离不开运动，运动也离不开物质。同样，构成句子最根本的词是名词和动词；除特殊情况外，光有名词，没有动词，不能成句；光有动词没有名词，也不能成句。"邢福义（1996：52）把动词和名词这种相互依赖的关系概括为"动词核心，名词赋格"，也就是说句子的构成很大程度上离不开名词（短语）。格位理论是与句法结构中的名词短语密切相关的一套限制原则，语法研究的很多问题都会涉及格位理论，然而格位理论在现代汉语语法研究中并没有得到广泛的应用，比如很少有文献采用格位理论统一解释现代汉语中的各类特殊句式。

更为重要的是，学界对格位理论的认识往往仅限于乔姆斯基（Chomsky，1981）提出的经典的格位理论（格位过滤器 Case Filter），而对徐杰（Xu，1993、2003）对格位理论的重要发展——扩充的格位理论（扩充的格位过滤器，The Generalized Case Filter）关注并不够。这不能不说是一个重大的缺憾，因为恰恰是后者可以为现代汉语中的一些特殊现象提供可靠的分析思路和解释路径。

李亚非（2014）认为"连动句把象似性放到造句层面来表达，既把这个功能性的语言现象强行纳入普遍语法的管辖范围，也正好触及普遍语法的薄弱之处"。这些"薄弱之处"恰恰是深化理论最佳的切入点。而本书正是在格位理论，尤其是该理论的重要发展成果（即扩充的格位理论）的基础上，针对这些"薄弱之处"对现代汉语的特殊结构进行探索，以期解决之前研究中的疑难问题，为句法理论的完善或发展做出可能的贡献。

第二节 研究对象和目标

一 研究对象

如上文所述，与扩充的格位理论相关的句法现象有很多，但是限于精

---

① 该研究影响很大，最为突出的表现就是此后讨论带保留宾语的被动句的文献往往会涉及领主属宾句，讨论领主属宾句的文献也往往会涉及带保留宾语的被动句；很多文献自此也都倾向于把这两种结构统一处理。

力，本书只关注与该理论密切相关的现代汉语中的四类特殊句式，具体包括：

（一）保留宾语句。如上文所述，学者们提出了不同的观点来解释该结构的特殊性，先后提出了"领有名词提升移位"（徐杰，1999a）、"格位传递"（韩景泉，2000）、"特征核查"（温宾利、陈宗利，2001）、"论元增容"（孙晋文、伍雅清，2003）、"糅合"（沈家煊，2006）、"话题基础生成"（潘海华、韩景泉，2008）、"悬垂话题"（韩景泉、潘海华，2016）、"合并小句"（杨大然、陈晓扣，2016）等学说，比较集中地讨论了现代汉语保留宾语句（"张三死了父亲"和"张三被杀了父亲"）的结构特征和生成机制。

这些研究在解决一部分问题的同时也遗留下了很多疑问，比如：①领有名词的句法地位以及格位问题，是基础生成的话题（潘海华、韩景泉，2008），还是移位话题（司罗红，2008）？是主格（杨大然、陈晓扣，2016）还是其他？②隶属名词（即保留宾语）的句法地位以及格位问题，是移位来的句末焦点（潘海华、韩景泉，2008）还是基础生成于句末的焦点（韩景泉、潘海华，2016）？是主格（潘海华、韩景泉，2008；杨西彬，2013a）还是宾格（马志刚，2013）？③领有标记"的"字的隐现问题；④同样的 D-结构（"死/被杀了张三的父亲"）为何会产生整体移位（"张三的父亲死/被杀了"）和部分移位（"张三死/被杀了父亲"）两种 S-结构；⑤英汉的差异问题。本书要对这些疑问进行全面的分析和解释。

（二）体词谓语句。学界对形名结构作谓语类体词谓语句（"张三小眼睛"）关注并不多，文献中最多的是举例性研究，给出一些例子，然后对该结构特征以及表达功能等进行描写。朱德熙（1982）认为该结构中形名之间结合紧密，中间不能加表修饰关系的"的"；冯凭（1980）、王红旗（2016）认为该结构的功能是描述性的；叶长荫（1987），周国光、赵月琳（2011）指出形容词在该结构中的特殊地位不能省略，否则句子不成立；陈满华（2008：154）认为体词性短语的形容词赋予了整个短语一定的谓词性；张静（1987：357）把该形名结构看作名词性短语临时活用为形容词短语。

由此可见，学界对该结构的认识一直是矛盾的，这主要体现在两个方面：研究者们一方面承认该结构的特殊性，另一方面却没有给予足够的重视，很少有文献对这类结构进行全面的专题研究；通过以上论述可以看出，学者们对于该结构中的部分表述前后矛盾，比如认为该结构是体词谓语句，却不得不承认该结构中形容词的地位至关重要。这些研究也解答不了如下几个疑问：能够进入该结构的形容词到底有多少？为什么占据修饰语的形容词成了该结构必不可少的成分？前后矛盾的表述是不是有另一种可能，即学界把该结构定性为体词谓语句是有问题的？如果答案是肯定的话，该结构究竟是什么性质？

更为重要的是，赵元任（1979：59）、陈满华（2008：58）等研究者指出，该结构句尾的名词可以移至形容词前，也就是说该结构与主谓谓语句（"张三心眼小"）意义相同，可以相互转换。徐杰（2003）对这类主谓谓语句的句法结构进行过精彩的研究，认为该结构是双主语结构。那么，这两个句子为什么可以表达相同的意思？它们的关系到底是怎么样的？毫无疑问，主谓谓语句中的谓语是形容词（"小"），如果认为两种结构可以互换，那么形名结构做谓语的句子中，如何解释该句子的谓语成分是体词性的呢？如果该结构不是体词性的而是以形容词为中心的结构，那就有另外三个问题值得进一步探讨：该结构是如何生成的？该结构与保留宾语句（"张三死/被杀了父亲"）有着一系列的共同特征，这一系列共同特征背后的原因是什么？有没有可能对它们作出统一的解释？

（三）连动句。汉语学界对连动句的关注已久，自赵元任（1948、1952：21）首次把"等一会儿去"等结构命名为"连动式"（verbal expressions in serials）以来，连动句得到学界的普遍关注。尽管也有学者主张取消连动句，但是学界依然普遍认为该结构是现代汉语中不同于印欧语法范畴的独特句法结构（杨成凯，2000），通用的《现代汉语》教材无一例外都列专节讨论连动句。但是跨语言的事实表明，除了埃维语（Ewe；Westermann，1930）中存在连动结构之外，20 世纪 80 年代之后的大量成果显示，该结构广泛存在于西非、大洋洲、东南亚、亚马孙河流域等众多语言之中，比如苏里南语（Sranan；Sebba，1987）、泰语（Thai；Sudmuk，2005）、韩语（Korean；Song，2007）、洛格巴语（Logba；Dorvlo，2008）、Èdó（尼日尔—刚果语系大西洋—刚果语中的一种语言；Ota，2009），等等。此外，中国境内的少数民族语言，如景颇语（戴庆厦，1999）、彝语（胡素华，2010）、苗语（Meister，2010；余金枝，2017）、纳语（Michaud，2012）、拉祜语（李春风，2012）、哈尼语（李泽然，2013）等也存在该结构,青海境内黄南藏族自治州土族说的五屯话被认为是一种汉语、藏语、蒙古语三种语言的混合语也有连动结构(Kaurila, 2011)。甚至有研究发现,印欧语法的代表语言英语中也存在跟汉语一样的连动结构(Yin, 2007)。

所有的文献关注了连动句中的主语共享(前后项动词都可以连着主语说),也有少量文献关注该结构的宾语共享(刘辉,2009;彭国珍,2010;田启林、单伟龙,2015),比如"我做饭吃",后项动词不仅没有施事论元,也没有受事论元,英语也一样,比如"I cook something to eat",但是对结构中主语共享和宾语共享的深层原因缺少合理的解释。

需要进一步思考的是:连动句到底是不是汉语中的特殊结构?如果不是,那么如何解释该结构广泛存在于多种语言?"连动"的本质是什么?如果依然把它当作特殊结构,那么该结构的特殊性体现在什么地方?如前文所提及的,学界对于连动句的范围和类型的认识存在分歧,国外的语言学界也一样。在跨语言视野下,汉语连动结构的范围和类型应该如何分类更合适?该结构是如何生成的?很多研究都认为连动句中存在PRO,是什么原因造成了PRO的存在?有没有可能把各种语言中的连动结构作出统一的分析,并对语言间的异同作出合理的解释?

(四)兼语句。该结构的命名出现得比连动句晚(丁声树等,1953),但是"兼语"这一概念早在20世纪20年代就被提出来了(刘复,1920、1939:12)。与连动句一样,兼语句也被认为是现代汉语的特殊句式之一(李临定,1986等);也与连动句一样,一直有学者否认该结构的特殊地位,主张取消该结构,比较有代表性的学者有李临定、范文连(1960),张静(1977),邢欣(2004),邓思颖(2010)等,朱德熙(1982)的观点比较折中,认为该结构有特点,但是不足以独立成类,把它处理为连动句的一个小类。兼语句可以码化为"$NP_1+VP_1+NP_2+VP_2$",该结构最突出的特点就是NP_2不仅是VP_1的宾语,还是VP_2的主语。学界讨论最多的是NP_2和VP_2句法地位问题:关于NP_2的地位,有格位变化的方言材料(海盐通园话,胡明扬,1957;青海循化话,尹龙,1985)证实了NP_2只能前项动词VP_1的宾语;也有学者认为NP_2是后项动词VP_2的主语,比如杨大然(2006),胡波、文卫平(2007),温宾利、袁芳(2009)等;李香玲(2015)认为NP_2相当于一个隐性连接词,其主要作用就是起到句内话语衔接功能,即它把结构中两个动作或者事件连接起来;关于该VP_2的地位，学者们的分歧较大，陈建民（1986）等认为它是谓语，张静（1977）、符达维（1980）认为这类结构应该划入双宾句，即认为 VP$_2$ 是宾语；黎锦熙（1920）、范晓（1996：489）、黄正德（1983）、邓思颖（2010）等认为它是补语成分①。

站在形式语法的角度，这些研究都忽略了一个重要问题，即兼语结构中为什么 NP$_2$ 违反了题元准则②而句子依然合法？什么原因、哪些原则造成了现代汉语的兼语句？为什么我们很少提及其他语言的兼语句③？该结构的本质是什么？邢欣（2004：47）等认为该结构 VP$_2$ 前存在空成分，那么是什么原因造成了空语类的存在？它究竟是该独立成类还是划入其他句法结构？

总之，本书主要是围绕保留宾语句、体词谓语句、连动句和兼语句的诸多疑问展开，这些疑问也将在相应的章节中得到解答。

二 研究目标

本书的目标是以跨语言的视野，在原则与参数理论框架下，主要运用扩充的格位理论研究现代汉语保留宾语句、体词谓语句、连动句和兼语句的生成机制；通过分析之前研究中存在的不足，运用新的思路或者方法重新审视这些特殊句式，解决保留宾语句研究中存在的诸多疑问；探求体词谓语句的生成机制；基于对语言事实的深入观察和思考，提炼出造成 PRO 的具体原则，合理解释"连动"和"兼语"得以存在的原因；同时对其他语言中的相关现象作出统一的分析；运用相关理论对语言间存在的共性和差异作出分析和解释；加深对相关现象的认识，为句法理论的发展做出可能的贡献。本书的具体目标主要有两个：

（一）在梳理学界对保留宾语句、体词谓语句、连动句、兼语句现有

---

① 需要说明的是形式语法在讨论结构关系时的补语（complement）不等同于传统语法中的补语，前者把动词和介词的宾语也称为补语。

② 题元准则的内容是：每个主目语都必须充当一个题元角色，每个题元角色都必须分派给一个主目语。简单说就是一个萝卜一个坑，打个比方就是，在一个工厂系统内，每个岗位必须有一个人（主目语）承担，每个人（主目语）必须承担一个岗位（题元角色），否则系统就没办法运转，也就是说句子就不合法。

③ 也有少量文献提到了其他语言中的兼语句，比如张东全（2011）研究了维吾尔语中的兼语句的结构和功能。

成果的基础上，运用扩充的格位理论以及相关模块理论（题元理论、X-阶标理论、控制理论等），通过句法语义的互动关系对四种句式进行分析，或弥补之前研究中的缺失，比如对形名结构作谓语类体词谓语句与其他相关结构的生成方式统一解释，对连动句和兼语句中空成分 PRO 的存在作出解释；或有效缓解之前研究中存在的矛盾，比如把形名结构作谓语结构定性为体词谓语句带来的解释悖论；或为之前研究中的争议问题提供新的分析视角，如连动句和兼语句的范围和类型，兼语句是否有独立地位，两种句式是否应该取消；或解决之前研究中的遗留问题，比如保留宾语句中"的"的隐现，"保留"宾语何来，造成"连动""兼语"现象的深层原因等。

（二）把现代汉语的相关现象放到世界语言的范围来考察，以跨语言的视野，以形式语法的分析模式，在充分把握并分析现代汉语相关结构已有文献的基础上，挖掘这些"特殊"句式背后所蕴藏的规律；用其他语言中的相关结构加以检验，以此为契机为人类语言中相关结构提供可靠的分析和新的认识；尝试探求世界语言中相关结构的普遍机制，并对该结构在世界语言中的共性和差异作出合理的解释；拓展格位理论的应用范围，把从单一结构的应用（比如保留宾语句，该结构是格位理论应用最多的结构），扩展到形名结构作谓语类的体词谓语句、连动句和兼语句，用格位理论的重要发展成果，即扩充的格位理论对这些结构进行统一解释，为格位理论的应用提供实例，完善或推动句法理论的发展。

第三节　理论背景

本书的理论框架是形式语法体系中的原则与参数理论。虽然形式语法的研究范式往往以具体语言为主要研究对象，但是它所追求的目标是所概括出来的规律应该对所有的自然语言都适用。人类语言有同有异，但是该理论认为人类语言同大于异，它假设人类所有的语言都遵循共同的原则，这些原则非常简洁，具有高度概括性和普适性。"原则与参数"的思想就是要用"普遍原则"去概括不同语言的共同法则，而把语言之间的差异解释为具有普遍意义的一套"参数系统"在不同语言中的不同赋值所造成的具体现象。

原则与参数理论由"题元理论""格位理论""约束理论""X-阶标

理论""控制理论""界限理论""管辖理论"等理论模块构成,各理论模块是具有普适作用且相互独立的子系统,我们所观察到的各种语言现象都可以解释为在某种表达功能的驱动下,这些子系统相互作用和制约所造成的结果。其中,与本书密切相关的理论模块主要有五个:

题元理论是对句子的动词、名词、形容词的主目结构信息作出的概括,题元信息结构决定了短语的基本结构,从语义上对句子中需要出现哪些主目语以及哪些主目语应该出现进行解释;格位理论是从句法上对句子中出现的名词短语提出的限制,即凡是显性的名词短语必须有格位[①];约束理论是对句子中名词性成分之间在指称意义上的关联作出的概括,它分别对照应语、代词和指称语在句中的约束关系作出了规定;X-阶标理论揭示了各种大于词的句法单位(小到短语,大到句子)的结构特征,它认为这些句法单位都是围绕一个中心进行双分支投射的向心结构;控制理论则是关于在句法、语义中发挥作用但是没有词汇和语音形式的语法成分的一个理论模块。

本书主要以原则与参数理论中格位理论的重要发展——扩充的格位理论及其相关理论模块为基础讨论现代汉语中的四类特殊句式。

第四节 研究意义

本书以跨语言的视野,运用原则与参数理论对现代汉语中的四类特殊句式进行全面研究,不仅具有重要的理论意义,还具有很强的实践意义。

一 理论意义

本书认为这些特殊句式表面上看似违背了人类语言共同遵循的某些语法原则,但实际上它们是具体原则,与其他语法原则协同作用的结果;这些"特殊"句式在更深层次上恰恰证明了语法原则的普遍性,它们与其他语言中相关现象的异同都可以在原则与参数理论框架下得到统一、合理的解释。其重要的理论价值主要体现在:

(一)扩大句法理论的分析范围。本书将运用扩充的格位理论等理论

[①] 这其实是经典的格位理论的内容,扩充的格位理论对格位释放者也提出了限制。具体参见第二章。

模块研究现代汉语中四类特殊句式的生成机制；之前的研究只是用格位理论（主要是经典的格位理论）解释保留宾语句等，对于连动句和兼语句等涉及不多，但是扩充的格位理论不仅可以解释经典的格位理论可以解释的现象，也可以解释它无法解释的现象。

（二）深入研究现代汉语的这几类特殊句式，不仅能够为认识汉语真正的特点甚至更好认识语言的本质提供一些相对可靠的材料和分析，还可以促使语言研究从现象本身逐渐深入揭示各种现象的生成机制，通过对这些句式生成机制的研究更好地做到解释充分，进而为句法理论的完善或发展做出可能的贡献。

（三）深化语法分析。本书将对以上各种句式的本质和所谓"特殊性"作出合理的解释，对比分析其他语言中的相关结构，找出它们的共性和差异，并对这些异同进行解释，加深学界对语言共性和个性的认识。

二 实践意义

本书的实践意义在于用当代语法理论直接联系语言能力的本质、语言能力获得方式以及语言教育和信息处理，其研究成果将对汉语作为第二语言教学和计算机信息处理起到加强和改进作用，比如跨语言研究必然加深对语言共性和个性的认识；也将有助于汉语作为第二语言教学过程中更好地对症下药做到有的放矢，比如本书对连动句和兼语句中空成分规律的揭示既有助于汉语作为第二语言教学①，也有助于人工智能对该结构的解析和模拟。

第五节　语料来源

本书所涉及的语言和参考的语言有：
国内的语言主要有：现代汉语普通话、方言（海盐话、循化话等）

---

① 《现代汉语》教材一般都会把连动句和兼语句作为特殊句式单列加以讨论，面向留学生的汉语教材也往往把它们作为语法点进行注释。但是有研究表明连动句和兼语句并不是留学生学习的难点，错误率并不高。笔者的教学实践也恰恰印证了这一点：零起点的学生（初级Ⅰ）可以较早掌握这一结构，正确表达"我去图书馆看书"这样的句子。需要说明的是，课堂上笔者没有专门给他们讲解过这两类结构。本书将对此作出很好的解释，也将对汉语作为第二语言教学中连动句和兼语句教学提供新的思路。参见杨西彬（2020）。

以及我国少数民族语言（彝语、藏语等）；

国外的语言主要有：Thai（泰语）、Korean（朝鲜语/韩语）、EWE（埃维语）、Logba（洛格巴语）、英语等。

本书的汉语例句大多是日常口语语料，有部分例句由作者自造；外语或者少数民族语料都作了说明或注明了出处。

第二章

"格"理论的来龙去脉[①]

"格位理论"（Case Theory）是生成语法系统理论中重要模块之一，也是研究成果最为丰富、理论概括最为成熟的模块之一。自从生成语法理论引入汉语研究以来，学者们运用该理论模块取得了丰硕的成果。"格"也是汉语学界最早接触并熟悉起来的概念之一，但是不同的时代、不同阶段以及不同的语法体系中，"格"的含义并不相同，甚至说有着很大的差异。"格"理论的发展经历了一个漫长的阶段。在语言学史上，"格"的概念最初是指形态格，在"格语法"（case grammar）中指的是语义格，最后到了生成语法的格位理论中是指句法格。下文将大致地介绍"格"理论的发展脉络。

第一节 形态格——传统语法

传统语法的语言学家在分析词的类别（或者相关短语）时用"格"这一语法范畴来识别词与词之间的句法关系，比如主格（nominative）与受格（accusative，也有人称为宾格）。它主要依据的是词的形态变化，所以谓之"形态格"（morphological case），比如拉丁语语法中的"女孩"，其单数格形式有 puella, puellam, puellae, puellā, 分别称为"主格/呼格""受格（宾格）""属格/与格""夺格"。这些形式也可以按照其各自的语法范畴来分析，比如主格主要是句子中语法主语的格，宾格主要是句子中语法宾语的格，属格是跟领有、隶属这样的概念有关的格。俄语等有丰富形态变化的语言中，不但名词、代词有格的形态变化，形容词、数词等

[①] 本章部分内容将以《"格"理论与汉语研究》为题在《云南师范大学学报》（对外汉语教学版）2020 年第 5 期发表。

也有形态格，它们也随名词的形态发生相应的变化。

需要注意的是，一种语言中的形态格是会发生变化的。比如古英语与俄语和现代德语的情况相类似，古英语的名词、动词、形容词、定冠词、代词等都有曲折变化，其中名词有 4 种格（Baugh & Cable, 2002），即主格（nominative）、属格（genitive）、与格（dative）、宾格（accusative），而且每一种格都有不同的词尾形式。到了现代英语，英语的格系统简化，名词的格变化只限于属格和通格①（absolutive）两类，属格的形式有两类：s-属格和 of-结构②，前者主要是通过添加"-'s"实现；此外，英语中的代词依然保留有主格、宾格、属格的区别，通过内部曲折来体现。

在这种传统的格系统下，格的种类随着语言的不同而发生改变。在形态变化丰富的语言中，其形态格的数量是惊人的，有分析认为芬兰语有 16 种格，除了我们通常熟悉的主格、宾格、与格、属格之外还有部分格等。在形态不丰富的语言中，从词形上分析不出任何格，比如汉语，无论是作主语还是作宾语，"他"都是"他"，没有任何形态变化；处于两个极端中间的英语，作主语的就是主格"I"，作宾语的就是宾格"me"。还有一个具有形态标记的格形式，即属格"'"，比如"女孩（单数）的"对应的是"girl's"，"女孩们（复数）的"对应的是"girls'"（戴维·克里斯特尔，沈家煊译，2000：50），比如：

（1）I love apple.
（2）The girl's book is new.
（3）These girls' teachers are Chinese.

如上文所述，这种形态格也可能随着语言的发展而发生变化，在现代印欧语系的语言中，很多最初的八类格都消失了，处所格（locatives）、夺格（ablatives）、工具格（instrumentals）和一些属格（genitives）都被与格（dative case）和介词短语取代（Bussmann, 2006：155–156）。

语言学家还在形态格的基础上对语言进行分类。他们研究爱斯基摩

---

① 通格就是指名词的原形，在句中用作主语、宾语、表语时词形不发生变化。
② 两种方式的区别以及历史变化可参考鲁方昕《英语属格的演变——两种去屈折化》，《现代语言学》2014 年第 4 期。

语、格鲁吉亚语、巴斯克语等语言发现，这些语言的及物动词的主语和不及物动词的主语的格标记不同，从而把人类语言分为"主格/受格（宾格）"语言（简称"受格语言"或"宾格语言"）和"作格①（ergative）/通格（absolutive）"语言（简称"作格语言"）。

在汉语学界，关于汉语是作格语言还是宾格语言也是学者们关注的议题之一。吕叔湘（1987b）通过对"中国队打败了韩国队——中国队打败了"和"中国队打胜了韩国队——中国队打胜了"两组句子之间差异的分析，认为"很难把汉语推向作格语言的一边"。叶狂、潘海华（2017）是关于汉语形态格归属的最新研究，也是对汉语相关现象挖掘最深入的研究，该研究认为通过对照跨语言的分裂作格现象，发现汉语在六个方面表现出作格性，具有分裂作格语特征，不是单纯的宾格语言。

形态变化丰富的语言通过形态标记来判断该语言是归属于作格语言或者宾格语言，这是可以的，但是对于形态变化不丰富或者没有形态变化的语言来说，很难根据某一个或者某一类语法现象就把一种语言定性为宾格语言或者作格语言，其更大的可能是兼有这两种类型。叶狂、潘海华（2017）指出，"不会主张汉语就是作格语言，而是认为汉语句法具有混合性"。正如吕叔湘（1987b）所指出的那样，汉语没有形态变化，说它是这种类型或是那种类型的语言都只能是比况的说法②。

第二节 语义格——格语法

如上文所述，传统语法中的"格"是与词的形态变化相联系的，不同的格在形态上是由词的不同形态表现出来的。如果按照这种观点，没有形态变化的语言，比如汉语，是没有格的。但是这种情况并不意味着汉语不存在"施事""受事""工具""给予""处所"等语义关系。这些语法意义不一定要通过词的形态变化表达出来，而可以通过其他的语法形式来

---

① "ergative"又译"非宾格"，详见第三章讨论。

② 叶狂、潘海华（2017）认为吕叔湘的这一论断并不准确，因为跨语言的研究区分出了形态作格和句法作格，后者才是作格语言的本质特征。但是即便是该研究依据作格语言的句法特征来对照汉语，也并没有指出汉语属于作格语言还是宾格语言，而认为汉语属于混合性语言。似乎可以这么判断：凡是在形态变化上不能区分出作格语言和宾格语言的语言，根据句法特征也很难截然把它们划入这两种类型。

表达，这种表达方式因语言的不同而不同，比如，英语、汉语可以通过介词来表达"处所"（in/on/at；在）、"工具"（by/with；用）等语法意义，日语可以通过助词来表达，还有一些语言通过动词的形态变化来表达。

美国的语言学家菲尔墨（Fillmore）分别于 1966 年和 1968 年发表了《关于现代的格理论》（Toward a Modern Theory of Case）和《格辨》（The Case for Case），这些研究抛弃了词的形态变化，而从深层结构中的句法语义关系着手，在生成语法的总框架内设计出了一种语法分析方法，提出了格语法（case grammar）。

菲尔墨反对标准理论的句子分析方法，因为该方法主张按照 NP、VP 等进行分析，而忽视主语、宾语这样的概念。他认为如果对这些句法功能深入分析就会发现一些用其他的方法很难或者不能发现的语义关系。比如：

（4） a. The key opened the door. 钥匙打开了门。
  b. The door was opened by/with the key. 门被（用）钥匙打开了。
  c. The door opened. 门开了。
  d. The man opened the door with the key. 那个人用钥匙打开了门。

观察发现，以上表层结构无论怎么变化，句子中各个部分的语义角色却都是稳定不变的："key/钥匙"都是工具，"door/门"都是动作的受事，等等（戴维·克里斯特尔，沈家煊译，2000：50）。

所以，菲尔墨认为，标准理论中存在于深层结构中的语法关系（比如主语、介词宾语、直接宾语、间接宾语等）事实上都是属于表层结构的概念，而深层结构中需要的是句法语义关系，比如施事、受事、工具、处所等，而不需要这些表层的语法关系。也就是说，每一个名词短语在深层结构中都有一定的格，这些格通过适当的转换后在表层结构中就成为主语、直接宾语、间接宾语、介词宾语等，在形态丰富的语言中就变为不同形式的词的表层的格。菲尔墨认为句子的基础结构包含一个动词和一个或几个名词短语，每一个名词短语都以一定的格关系与动词发生联系，所以他把该理论称为"格语法"（冯志伟，1999：309）。由于该理论所讨论的"格"是基于语义关系来确定，所以学界称为"语义格"。

在格语法中，一个句子包括情态（modality）和命题（proposition）两部分,前者主要指与整个句子相关的时、体、态以及肯定、否定、祈使、疑问、感叹、陈述等特征,后者是以动词为中心并依照动词的特征决定结构成分充当各种语义角色,可以用下面的规则表示:

(5) 句子=情态+命题（S=M+P）
　　命题=动词+格$_1$+格$_2$+…+格$_n$（P=V+C$_1$+C$_2$+…+C$_n$）

格语法最初提出的深层格有六种:①施事格（A=Agentive）,表示由动词所确定的动作能察觉到的、典型的、有生命的动作发生者;②工具格（I=Instrumental）,表示由动词确定的动作或状态而言、作为某种因素而牵涉到的、无生命的力量或载体;③与格（D=Dative）,表示由动词确定的动作或状态所影响的有生物;④使成格（F=Factitive）,表示由动词确定的动作或状态所形成的客体或有生物,或者是理解为动词意义的一部分的客体或有生物;⑤处所格（L=Locative）,表示由动词确定的动作或状态的处所或空间方向;⑥客体格（O=Objective）,表示由名词所表示的任何事物,在由动词确定的动作或状态中,其作用要由动词本身的语义来确定（冯志伟,1999:311）。格语法还给出了规则说明这六种深层格是怎样组合来界定动词的用法,比如,例（4）中的动词"open"（打开）,这个动词可以带一个宾格和一个工具格,即例（4）a（The key opened the door.）或者例（4）b（The door was opened by/with the key.）,也可以再带一个施事格,即例（4）d（The man opened the door with the key.）,当然也可以只带一个宾格,即例（4）c（The door opened.）。

菲尔墨后来还提出了其他一些格,比如源格（Source）、目标格（Goal）、路径格（Path）、范围格（Range）等（菲尔墨,2002:142）。但是究竟有多少语义格,并没有一个确定的说法。格语法还提出了句子的深层结构转化为表层结构的方法。但是由于格语法过分倚重语义的作用,在一定程度上让主张语义的地位比句法更重要,到后来格的数目多到失去控制甚至泛滥。

需要说明的是,乔姆斯基（Chomsky,1957）一开始就强调句法自治,想把句法与其他部分彻底分开,建立真正独立的句法理论体系,但是该理念自身的限制引起了研究者进一步的思考。乔姆斯基也从格语法的短暂辉煌中看到了形式句法的缺陷,注意到了语义在句法体系中的重要作用，所以将格语法的基本精神以及语义格等内容进行了取长补短的改造吸收到形式语法中，形成了原则与参数理论的独立模块之一，即题元理论。在题元理论中不再使用"语义格"而称为"语义角色或题元角色"。题元理论在本质上并不是对单纯的语义结构的描述，而是依靠语义关系来控制语法成分的分布和移动，同格位理论的作用相辅相成（石定栩，2002：193）。

第三节　句法格——格位理论的产生和发展

一　经典的格位理论

如前文所述，有些语言的形态标记相当丰富，名词（短语）在句子中充当不同的句法成分都有明确的格标记，比如芬兰语就有主格、宾格、属格、部分格等16种格标记，俄语的名词（短语）也有主格、宾格、属格等6种格标记，而且单数和复数的名词（短语）的格标记往往还不相同；有些语言的形态标记不是很丰富，除了代词有主格宾格的区别之外，绝大多数的名词在充当句子成分时都没有显性的格标记，比如英语；有些语言几乎没有任何形态标记，无论名词（短语）还是代词，它们在充当句子成分的时候也没有任何形态变化，比如现代汉语。

从语言类型学来说，任何名词性成分都带格标记或者都不带格标记都是一种极端，自然语言的实际情况可能处于两个极端中间的任何一个点上；乔姆斯基从一开始就注重对语言共性的追求和解释，他认为所有的语言在本质上都是一样的，也就是说世界上只有一种语言，这种语言处于类型学的一个极端上（石定栩，2002：177）。因此乔姆斯基模仿自然语言的格标记系统，并对自然语言里的格及其句法功能加以抽象升华，假设所有的名词性成分在句中都有"格位"，而且都必须有"格位"。这就是著名的"格位理论"，即：

(6) 格位过滤器（Case Filter）（Chomsky，1981等）
＊NP，如果有词汇形式但是没有得到格位指派

换句话说，该理论的核心意思是，如果句子中出现了显性的名词短

语，该名词短语必须得到格位指派，否则句子不合法①。对比于徐杰（Xu，1993、2003）对格位理论的发展，我们把（6）称为"经典的格位理论"。

经典的格位理论是对名词短语在句中能够占据位置的规定和解释，具有很强的概括力，可以很好地解释以下语言现象（Chomsky，1986，转引自徐杰，2001：90）：

（7）a. for John to be winner is unlikely
　　b. I'd prefer for John to be winner
　　c. I believe John to be the winner
　　d. * the belief John to be winner
　　e. * proud John to be winner
　　f. the belief that John is the winner
　　g. proud that John is the winner
　　h. * John to be winner is unlikely
　　i. * I wonder to whom John to give the book
　　j. I wonder to whom John is to give the book
　　k. John's books are on the table

以上例句有的合法，有的不合法，都跟名词 John 的句法分布有关，只要是它处于能够得到格位指派的位置，句子就合法，否则句子不合法。比如，在 a、b、c、f、g、j、k 句中，John 得到了介词 for、动词 believe、时体或 " ' "（属格标志）指派的宾格、主格或属格；而 d、e、h、i 句中的 John 没有得到格位指派。

此外，被动句在生成语法的发展过程中占有重要的地位，经典的格位理论对被动句的解释是其中最为浓墨重彩的一笔。我们看如下例句：

（8）a. * was killed John.
　　b. John was killed.

---

① "格位"反映的是名词短语在结构中所占据的位置，徐杰（2001：90）指出把"Case"翻译为"格位"很贴切。

c. Tom killed John.

d. *John was killed Tom.

e. John was killed by Tom.

英语为母语的人同样也不会说出（8）a，他们凭直觉或语感会判断这个句子是不合法的，但是它不合法的原因是什么，就需要给出一个合理的解释了。

乔姆斯基（Chomsky，1981）观察到英语典型的被动句具有两个重要特点：主语位置不能没有施事论旨角色，宾语位置没有宾格格位。也就是说（8）a 中 John 有题元角色（受事角色）但是没有得到格位指派，所以这个句子不合法。但是这两个特点只是对现象的观察，并不是解释。为什么会产生这两个特点呢？有研究指出，英语被动句中动词的被动形态变化（即被动语素"-ed"）不仅吸纳（absorb）了动词分派施事题元角色的能力，同时也吸纳了动词给其补语成分指派宾格的能力（Jaeggli，1986；Roberts，1987）。

打个比方：正常的及物动词是一个功能齐全的实权派，既有提名权（分派受事题元角色），又有任命权（授予宾格格位）；但是被动化之后（形态变化为加"-ed"），其权力被削弱，只有角色提名权（分派受事题元角色），没有了职位任命权（不能指派宾格）。句子要想合法，被动化动词后有受事题元角色但没有格位的"John"只有跑到一个具有格位但是没有题元角色的位置才能合法，于是它就移位到了句首，这个位置没有题元角色但是可以得到句子中心语指派的主格，句子合法，即（8）b。

顺便解释一下（8）d 和（8）e 为什么一个合法一个不合法。英语为母语的人同样也不会说出（8）d 这样的句子，他们凭直觉或语感判断这个句子不合法。如上文所述，句中的名词性成分 John 已经移到了一个合法安全的位置了，那么问题可能出在另一个名词性成分 Tom 身上。由于被动化，Tom 所在的位置是不但没有题元角色（没有角色提名）而且也没有格位的位置（角色提名都没得到，更别说得到任命了），这也正是（8）c 中施事主语在（8）b 中不出现的原因。Tom 如果想在（8）d 中取得合法的地位，必须得到一个合适的角色和恰当的任命，现有的情况满足不了，唯一的补救办法就是添加一个既可以分派题元角色又可以指派格位的成分，介词 by 符合要求，它是具有施事属性的介词，同时可以指派宾格格位，这就是（8）e。

可见，名词性成分因为在 D-结构的位置得不到格位指派必须通过"移位"（Movement）或"添加"（Adjoining）等语法手段来改变自己的无格处境以满足格位过滤器。经典的格位理论具有普遍性，在很多语言中都得到了验证，现代汉语也不例外，比如：

(9) a. *被杀了张三
b. 张三被杀了
c. *张三出生河南
d. 张三出生于河南

例（9）a、c 两个例句之所以不合法是因为名词"张三"没有得到格位指派，而在例（9）b、d 中它得到了时体成分和介词指派的主格和宾格，句子合法。

句法学家认为，"格"是所有语言中普遍存在的一种语法特性，任何语言都有格，但是格的形态变化在不同的语言中的差异只是外在表现上的差异，也就是说有些语言的格表现为形态格，有些语言的格没有形态表现，但是没有形态表现并不意味着该语言不存在"格系统"。换句话说，即使在格形态变化不丰富或者没有形态变化的语言中也有一套完整的格位系统。为了把这种普遍存在的"格"与格的外在形态（即形态格，morphological case）相区别，学界把这种普遍存在的格称为"抽象格"（abstract Case）（温宾利，2002：117）。它们与之前的形态格和语义格没有多大关系，为了以示区别，句法格中的"格"在文献中用大写的"Case"表示。

二 扩充的格位理论

徐杰（Xu，1993、2003：116-117）研究指出，经典的格位过滤器是对格位接受者（Case assignees）单向的约束限制，它要求所有的名词短语都得到格位指派，而对格位指派者（Case assigners）（比如介词、及物动词、曲折成分等执行格位指派的语法单位）没有提出任何规定和限制。考虑到格位理论应该是对名词短语与词汇或功能的语法类别同现关系（比如作主语的名词短语与中心语 I 的关系；作宾语的名词短语与及物动词或介词的关系）的一套核准名词短语出现在某些句法位置的规定，那么就有理由认为格位理论除了约束"格位接受者"外还应该约束"格位指派者"，这在逻辑上也是说得通的。换句话说，一个恰当的重新阐述的格位理论不仅要说明格位接受者需要格位指派者，反之亦然，即格位指派者也需要格位接受者。对于一个必选型的格位指派者，不仅能指派格位，而且必须指派格位以便把它的派格能量恰当地释放出去，即：

（10）扩充的格位过滤器（The Generalized Case Filter）（Xu, 1993、2003）
　　i. * NP，如果有词汇形式但是没有得到格位指派的话。
　　ii. * 必选型格位指派者，如果没有释放其格位能量的话。

可以发现，扩充的格位过滤器不仅涵盖了"经典的格位理论"的内容，即（10）i，而且专门对格位指派者提出限制（10）ii。如果说经典的格位过滤器是一种单向依赖关系的话，那么扩充的格位过滤器就是一种双向的依赖关系，扩充的格位理论是对经典的格位理论的重大发展。

我们可以用演员和剧组的关系对这种双向依赖关系打个比方：演员或其他工作人员（名词短语）在剧中必须担任一定的角色或承担某些分工（格位），否则 TA 在剧组中就是不合法的，TA 也就不是剧组成员了；反过来，一个剧组要想成功进行拍摄（合法），演员或其他工作人员（名词短语）都必须到位，即剧组得把每个任务（演戏的演员、参加剧务的工作人员）都分派出去（释放格位能量）——这就是双向依赖关系。必选型格位指派者（Obligatory Case assigners）和可选型格位指派者（Optional Case assigners）的比方是这样的：剧组中有的任务（格位指派者）很重要，比如导演和男（女）一号的任务很重，离开了这些任务（没有释放格位），戏就拍不了（不合法），所以这些重要的任务必须被分派出去（必选型格位指派者），而有的任务不太重要，比如路人甲，实在找不到人（不释放格位），也不影响拍戏，这些不太重的任务可以不分派出去（可选型格位指派者）。

扩充的格位理论把格位指派者分为必选型格位指派者（比如，介词、及物动词和 Ie①）和可选型格位指派者（比如，名词、Ic）有很重要的意义②，这在理论上不仅是可行的，在实践上也可以解释大量的语言现象。比如，多数语言中的名词中心语都是可选型格位指派者，所以它前面定语位置出不出现名词短语都是自由的：如果其前面有定语名词短语，中心名词就给它指派属格；如果前面没有定语名词短语，中心名词也就不用指派属格格位了。这就好比一个坐诊医生（名词中心语），如果有病人（定语名词短语）前来咨询，那专家就应诊帮助病人（指派属格）；如果没有病人前来（没有定语名词短语），那专家也正好清闲了（不指派格位）。

扩充的格位理论有着很强的解释力。比如，很多研究都指出，多数语言都不允许介词悬空（preposition stranding），比如：

（11）a. * I am so proud of.
　　　b. I am so proud of you.
（12）a. * 我们从去瑞士。
　　　b. 我们从武汉去瑞士。

例（11）a 和例（12）a 不合法就是因为句中出现了介词悬空。"不允许介词悬空"只是一种限制性表述，至于说为什么会有这种限制，之前的研究没有予以解释。但是扩充的格位理论就可以很好地解释这一限制：例（11）a 和例（12）a 不合法就是因为介词（"of"和"从"）作为必选型格位指派者，它们的格位能量没有释放出去，违反了扩充的格位过滤器，造成了句子不合法；而在（11）b 和（12）b 中，"you"和"武汉"分别接受了介词"of"和"从"的格位指派，后者的格位能量也得以释放，所以句子合法。

除了介词悬空问题外，扩充的格位理论对其他语言现象也有很强的解

---

① 徐杰（Xu，1993、2003）认为，英汉两种语言中的句子都有中心成分，但是它们的内容不同：英语的句子中心成分不仅有谓素（其主要功能是把它的补语成分转化为谓语并使之与主语产生主谓关系），还有时态和呼应态，标示为 Ie；汉语的句子中心也有谓素，没有"呼应态"，其时态也是词汇性的而不是功能性的，标示为 Ic。

② 司罗红（2016）指出扩充的格位理论与之后的特征核查理论（Chomsky，1995）在精神上是一致的，认为该理论是特征核查理论的萌芽阶段。

释力，比如（以下例句改编自 Xu，2003：119）：

（13）a. For me to live in the campus dorm would be fun.
　　　b. * Me to live in the campus dorm would be fun.
　　　c. * I to live in the campus dorm would be fun.
　　　d. * For to live in the campus dorm would be fun.
　　　e. * For I to live in the campus dorm would be fun.

这组例句只有例（13）a 合法，其余各例都不合法。我们可以用经典的格位理论来解释：先说例（13）b 和例（13）c，"me" 和 "I" 在非限定从句中处于主语位置，"me" 并没有得到任何成分的宾格指派，所以例（13）b 不合法；而非限定从句的中心语 "to" 没有时体特征，所以没有指派主格的能力，"I" 也得不到来自句子中心成分的主格指派，所以例（13）c 也不合法；再说例（13）e，"for" 只能指派宾格，"I" 没有得到来自任何中心语的主格指派，所以不合法。

但是，经典的格位理论解释不了例（13）d 不合法的原因，而扩充的格位理论不仅可以解释例（13）b、例（13）c、例（13）e 的不合法，还可以很好地解释例（13）d 的不合法：介词 "for" 是必选型格位释放者，在例（13）d 中，它的格位能量没有得到释放，所以句子不合法。扩充的格位理论还可以对例（13）e 作出这样的解释：句中的第一人称是主格形式，介词 "for" 指派宾格的能力依然没有释放出去，所以该句子不合法。

此外，上一节我们分析了例（8）a 不合法，复述如下：

（14）a. * was killed John. ［同 8（a）］
　　　b. * was killed.

例 14（a）不合法是因为 John 没有得到格位指派，那么如何解释例（14）b 不合法？例（14）b 中没有名词性成分，所以也不需要格位指派，有一种解释是：动词 kill 的内题元角色（受事）没有分派出去，根据题元准则，动词的题元角色必须分派出去；但是例 14（b）还有另一种解释，即英语中曲折成分 I（中心语）是必选型格位释放者，它的格位必须得到释放，否则句子不合法。这一解释在经典的格位理论框架下是没有办法作出的。

最后，扩充的格位理论对被动句生成过程重新予以精彩的解释。上节已经提到，因为被动化造成了被动句中动词发生形态变化从而失去了外题元角色（施事）和指派宾格的能力，于是受事名词受"格驱动"移位至句首。那么遗留的问题是：被动化为什么会发生？也就是说，为什么动词会发生形态变化？经典的格位理论没办法解释。

司罗红（2008）研究认为被动句的生成本质上不是动词发生了被动的形态变化，也不是名词成分为了获得格位指派的"格驱动"，而是语言表达者选取了受事成分做话题，该成分带着话题特征移位至句首；所以没有名词性成分需要动词指派格位，动词格位能量得不到释放，为了满足扩充的格位过滤器，动词只能发生形态变化（被动化）进而冲抵其格能量，形成 S-结构中的被动句。具体说明如下：

(15) a. 小吴打了小明[+话题]。
　　 b. *小明[+话题]打了。
　　 c. 小明[+话题]被打了。

话语表达者由于交际或思维的需要选取了受事名词"小明"作为话题，形成了带有话题标记的 D-结构例（15a）；带有话题特征的"小明"通过移位到句首的形式得到曲折中心语 I 授予的主格，但是例（15b）中动词"打"的格位能量不能得到释放，所以不合法；因此动词必须发生被动的形态变化，即插入"被"以冲抵其授格能力，形成表层结构的被动句例（15c）。

该研究为话题化所构拟的被动句生成机制得到许多跨语言的证据，许多语言被动句的主语都带有明显的话题标记；能够解释汉英两种语言被动句的差异；符合儿童语言习得中先发生名词移位，后发生动词被动变化的顺序；小句作主语的被动句在本质上仅仅是选取了小句作为全句的话题而已。换句话说，杰格利（Jaeggli,1986）、罗伯茨（Roberts,1987）所提出的被动语素"-en"的"格吸纳"（Case absorption）只是话题化带来的结果之一，而不是原因本身。

由此可见，扩充的格位理论无论是在逻辑的严密性上，在理论的合理性上，还是在对语言事实的概括和解释能力上，都可以被认为是格位理论的重大发展。它不仅能解决经典的格位理论能解决的问题，还能解决经典的格位理论不能解决的问题。比如，"保留宾语句"，以前的很多研究是在经典的格位理论框架下解释的，本书在扩充的格位理论下也可以很好地解释该句式；"体词谓语句""连动句"和"兼语句"，在经典的格位理论下是没有解释、解释不了或解释不好的，但是扩充的格位理论可以对它们作出很好的解释。

第三章

扩充的格位理论与保留宾语句①

第一节 引言

现代汉语中有如下两组有名的例句：

(1) a 王冕死了父亲　　(2) a 王冕被杀了父亲
　　b 棉纺厂塌了一堵墙　　　b 桔子被剥了皮
　　c 张三倒了两间房　　　　c 张三被打伤了一只胳膊
　　d 李四烂了一筐梨　　　　d 李四被免去了职务

一直以来，这两组句子都被认为是汉语中比较有特色的句子，围绕这两种句式，学界进行了细致的描写和广泛的讨论。学界对例（1）的讨论可以追溯到 20 世纪 50 年代（吕冀平，1955；邢公畹，1955；徐重人，1956；肃父，1956 等）。20 世纪 80 年代之后，也有不少学者对该句式展开研究（李钻娘，1987；郭继懋，1990；沈阳，1996 等），其中郭继懋对该句式进行了细致的刻画，就其句法与语义结构作了比较全面系统的讨论，并把它们称为"领主属宾句"；第（2）组句子被习惯地称为"带保留宾语的被动句"，也得到了学者的广泛讨论，他们或对这种句式的特点、语法意义等进行详细的描写（吕叔湘，1948、1965；丁声树等，1961；李临定，1980；朱德熙，1982 等），或对这种句式的生成方式提出富有创见的解释（黄正德，2007 等）。

---

① 本章的部分内容曾以《汉语保留宾语句及相关句法问题研究》为题在《澳门语言学刊》2013 年第 1 期发表，此次整理有较大修改。

学界前贤的讨论无疑加深了我们对这两种句式的认识，但是这些看似无关的语言现象背后的联系，以及它们所涉及的理论问题还远没有被触及。在汉语研究界，徐杰（1999a）的研究无疑是具有开创性的，为我们打开了一片新的天地。该研究在这两种似乎没有关联的句式背后，发现了一系列相同的、重要的语法特征①，并以"语法原则"为本位，在普遍语法框架内援用"非宾格位假设"②（Unaccusative Hypothesis）、"格位理论"和"Burzio 定律"（Burzio's Generalization）等理论针对这两种句式提出了"领有名词提升移位"，很好地把两种看似毫不相关的句子作了统一的解释。这无疑是相关句式研究的重大突破，对后来相关研究产生了重要的影响。此后，只要是研究带"保留宾语的被动句"或"领主属宾句"，学者们常常把这两种句式联系到一起统一处理③。

进入 21 世纪，学者们对两种句式的研究持续升温，仅我们见到的有代表性成果的就有韩景泉（2000、2019），沈阳（2001），温宾利、陈宗利（2001），孙晋文、伍雅清（2003），邓思颖（2004、2008），潘海华、韩景泉（2005、2008），朱行帆（2005），Li（2005），王奇（2006），沈家煊（2006），Huang（2006），黄正德（2007），程杰（2007），安丰存（2007），刘晓林（2007），陈宗利、肖德法（2007），尤梦娜（2008），徐杰（2008），胡建华（2008），帅志嵩（2008），司罗红（2008），马志刚（2008、2009），张慧（2009），刘探宙（2009），刘街生（2010），熊仲儒（2013），杨大然、陈晓扣（2016）等。诸学者站在不同的理论背景下讨论这两种（或其中一种）句式，不同程度地提出"领有名词提升移

---

① 这些主要特征有：i 两类句式中的动词前后的两个名词性成分所可能具有的语义关系受到很大的局限，它们之间只能有广义的"领有—隶属"关系；ii 两类句式中动后名词性成分既可以出现在动词之后也可以出现在动词之前；iii 两类句式的宾语不能放到主语前面而保持基本语义关系不变（也就是说，两类结构的动后成分不能被话题化，一般的主—动—宾结构则可以）；iv 两类句式的动词都没有或者被吸纳了格位指派能力，而动词之后却都有名词性成分。具体参看徐杰（1999a）。

② "非宾格假设"由玻尔马特（Perlmutter, 1978）提出，其主要内容是：不及物动词内部存在非宾格动词和非作格动词的对立，前者的 S-结构主语在 D-结构中是处在动词后宾语的位置，后者的 S-结构主语在 D-结构中处于主语位置。简单来说就是，非宾格动词构成的句子是先天的无主句，非作格动词构成的句子是先天的无宾句，后者是真正的不及物动词，其后不能有名词性成分，而前者是潜及物动词，也就是说特殊情况下其后可以有名词性成分的。

③ 为了行文方便，本章有时把例（1）（2）这两种句式统称为"保留宾语句"。

位"语法规则存在的问题。本章首先回顾学者对这两种句式的研究,其次归总他们对"领有名词提升移位"的质疑,在此基础上对诸多质疑提出我们的分析,最后沿袭徐杰(1999a)对这两种句式统一处理的方式,提出新的解决方案。

第二节 研究评述

通过前文的大致梳理可以看出,学界对两种句式的研究主要分为两个阶段:(一)从20世纪50年代到90年代中期,这一阶段学者们的研究主要以结构主义理论为基础分别对两种句式进行单独描写,对它们的结构特点、语义特征等进行细致的刻画,可以称为"描写阶段";(二)从20世纪90年代末到现在,这一阶段学界不仅把两种句式关联起来,而且在前一阶段描写充分的基础上,运用不同的理论对两种结构的句法和语义特点进行解释,可以称为"解释阶段"。与本章密切相关的是第二阶段的研究,所以本部分主要是针对该阶段的研究进行梳理。这些研究大致分为两大类:"移位说"和"非移位说",讨论的核心问题是句式中两个名词短语的句法地位,以及它们是怎么来的,是否经历了"移位"(movement)。

一 "移位说"

徐杰(1999a)提出的"移位说"最有代表性,该研究认为两类保留宾语句的动词要么本身就是非宾格动词(原文用的是"夺格动词",比如"死/塌/倒"等),要么是动词的授格能力被被动成分("被"字,比如"被杀/打/抢"等)吸纳之后相当于非宾格动词,两种结构的D-结构是无主句,即"死/被杀了王冕的父亲"。由于句中的动词无法给其后的名词短语指派宾格格位,所以有两个操作途径:整个名词短语("王冕的父亲")整体前移到句首得到主格;或者领有名词("王冕")提升移位到句首得到主格,保留宾语得到动词指派的"部分格"[①](Partitive Case)。

韩景泉(2000)同意徐杰(1999a)对领有名词的提升移位处理,同

---

① 该研究指出,"部分格"是一种"固有格"(Inherent Case)而不是"结构格"(Structural Case),虽然"Burzio 定律"指出非宾格动词不能指派宾格,但是它并没有规定这类动词不能指派部分格。

时认为"部分格"概念的引入弊大于利而主张放弃。该研究认为：在 D-结构中，领有名词本身具有所有格，它提升的目的是给整个逻辑宾语"领有名词+隶属名词"获得格位，它把所有格标志"的"留在原位隐现，领有名词移至句首获得主格并通过语迹链再把它获得的主格传递给"e（的）+隶属名词"。称为"格位传递说"。

温宾利、陈宗利（2001）也认同领有名词提升移位，但是也不同意"部分格"的解释，认为领有名词移位不是受"格驱动"。该研究以最简方案的基本思想为基础，认为名词性成分可以分为 DP 和 NP，前者具有定指特征、[格]特征和[φ]特征；其中，定指特征是强特征，[格]特征和[φ]特征是弱特征，而汉语的中心语 I⁰ 具有强特征，要求一个有定指意义的 DP 作句子主语，而把它吸引到 [Spce, IP] 位置以进行特征核查。称为"特征核查说"。

司罗红（2008）认为领有名词的移位不是由于"格驱动"，而是由于领有名词带有话题特征（[+Topic]），话题化造成动词发生曲折变化以吸纳其指派题元角色和格位的能量，从而满足扩充的格位过滤器，领有名词受话题特征驱动移至句首位置并获得主格指派。

此外，还有一种移位观点值得关注。杨大然、陈晓扣（2016）认为领主属宾句是一种广义的存现句，提出领有名词和隶属名词初始合并构成一个小句结构，即"王冕"和"父亲"不是构成领有短语，而是构成一个小句，两个成分分别是小句的主语和谓语；然后再与非宾格谓词发生合并，领有名词"王冕"为满足句法加标的要求移位至句首被 T 定值为主格，句末的隶属名词"父亲"作为小句谓语其格特征不需要核查。称为"小句合并说"。

二 "非移位说"

针对移位说的不足，学者们相继提出了不同的观点，比较有代表性的有"论元增容说""糅合说""话题说"等。

孙晋文、伍雅清（2003）假设词库中存在一个带有[+effect]特征但没有语音特征的空动词，认为"王冕死了父亲"中"王冕"不是移位来的，而是该空动词造成的"论元增容"的结果。称为"论元增容说"。

沈家煊（2006）指出各学者在生成语言学框架下对保留宾语句进行研究在理论内部难以自洽，认为"王冕死了父亲"是"王冕的父亲死了"

和"王冕丢了某物"两个小句糅合而成。称为"糅合说"。

潘海华、韩景泉（2005）指出英语的名词短语移位是为了核查强 EPP 特征，而汉语的名词短语移位则是为了生成一个无标记话题；论元名词短语留在原位的同时，汉语非宾格句子允许句首位置出现一个表示领属的名词短语，该领有名词短语应该分析为基础生成的标记性话题，由述语中的语义变量所允准，论元名词短语移入空主语位置则生成受事主语句。潘海华、韩景泉（2008）指出"论元增容说"存在的问题，即如果可以把一个与动词没有直接语义选择关系的成分视为动词的论元，那就意味着界定论元的客观标准将不复存在；该研究修正了其先前的看法，指出动词前的非论元名词组不再是句子的主语，而是在标句词组（CP）的指示语位置上基础生成的话题。韩景泉、潘海华（2016），韩景泉（2019）基于语段理论对其之前的观点进行了完善，认为句首名词是基础生成的悬垂话题，由述题中的语义变量允准，句末的保留宾语作为句末自然焦点或者无标记呈现焦点被锁定（frozen）在句末位置。称为"话题说"。

为了深入讨论问题，下文把反对移位说的理由和论据都罗列出来并逐一分析探讨。

（一）学者们对"移位说"提出的疑问

徐杰（1999a）提出"领有名词提升移位"以来，相继出现了不少关于两种句式的研究，学者们在承认应该把两种句式作统一处理的基础上，对"领有名词提升移位"这一句法规则提出了多方面的商榷性意见，主要有以下几种：

1. 违反了"左向分枝条件"（Left Branch Condition）（Ross，1967）。比如潘海华、韩景泉（2005）；马志刚（2008）。

2. 会造成句首名词短语重复赋格。潘海华、韩景泉（2005、2008），马志刚（2008）等认为名词在移位前是有格的，即由名词中心语授予的"所有格"，再次移位到句首位置被句子中心语 I 授予主格，会造成重复赋格，即"格冲突"（Case Conflict）。

3. "的"字的遗留问题没有解决。这也是学者们对"移位说"提出的比较集中的疑问之一。徐杰（1999a）认为领有名词和隶属名词之间的"的"有两种解决方案：一是认定它在深层结构中不存在，是后来的推导过程中加上去的；二是前移领有名词的同时删掉了"的"。有不少学者对此提出疑问，并提出了他们的解决方案，比如，韩景泉（2000），温宾利、陈宗利（2001），孙晋文、伍雅清（2003）等。

4. 前移至句首之后"王冕"不是句子的主语，尤梦娜（2008）认为句首名词短语是话题，其题元角色为领有者。

5. 保留宾语的"部分格"问题。不少学者指出"部分格"不妥当，比如潘海华、韩景泉（2005、2008）认为"部分格"的本质是无定效应，但是汉语"王冕死了所有亲人"中"所有亲人"就是有定成分。

（二）围绕疑问的疑问

以上对"移位说"的疑问很多是站不住的，我们略作分析。

1. 违反"左向分枝条件"的问题

我们认为，"左向分枝条件"并不具有普遍性，在英语中确实存在（Ross, 1967：114），而该限制在汉语中也不是铁板一块，黄正德（Huang, 1984）指出汉语处于主语位置的名词词组允许其中的领有成分移出，比如：

（3）张三$_i$，[$_{NP}$ t_i 爸爸]很有钱。

由此可见，"左向分枝条件"对汉语是缺乏约束力的。但是，有人认为徐杰（1999a）提出的"领有名词提升移位"是不合法的，理由是黄正德研究发现，处于宾语位置的名词词组不允许有领有成分移出，比如：

（4）*张三$_i$，我看见[$_{NP}$ t_i 爸爸]

其实，这是因为学者们疏忽了徐杰（1999a）提出"领有名词提升移位"的同时，还提出了"领有名词提升移位"必须满足的三个条件：

（5）a. 相关句式能否为移出的领有名词提供一个适当的新位置或者说着陆点（landing site）；
　　 b. 该移位能否满足对名词（短语）移位的一般限制（如"邻接原则"和"空语类原则"的限制）；
　　 c. 留在原位置的"保留宾语"能否得到适当的赋格。

例（3）之所以成立，是因为主语位置上的领有名词"张三"移出后,不但得到了格位指派,而且也满足了名词(短语)移位的一般限制。

徐杰(Xu,1993)提出并论证了这样一个观点:英汉两种语言都有句子中心,所不同的是,汉语的句子中心包含的是一个没有外在语音形式的功能项——谓素(predicator),它的主要功能就是把其补语成分(动词、动词短语;形容词、形容词短语;名词、名词性短语等)转化成"谓语",并使之跟主语建立"主谓关系"(Predication Relationship),该中心语写作 Ic;英语的句子中心除了包含"谓素"之外,还包含了"时态"(Tense)和"一致"(Agreement),该中心语写作 Ie。

作为句子中心语,无论是 Ic 还是 Ie 都可以给句子的主语授予主格。例(3)的句法结构包含了一个递归的句子结构(Recursive IP),全句的 IP_1 的中心成分 I 又带了一个句子 IP_2 作它的补语[只不过例(3)中的中心成分 I 是通过"阿尔法-嫁接"实现的],"张三"和"爸爸"都由两层递归 IP 的中心语 Ic 授予主格①,如图(6):

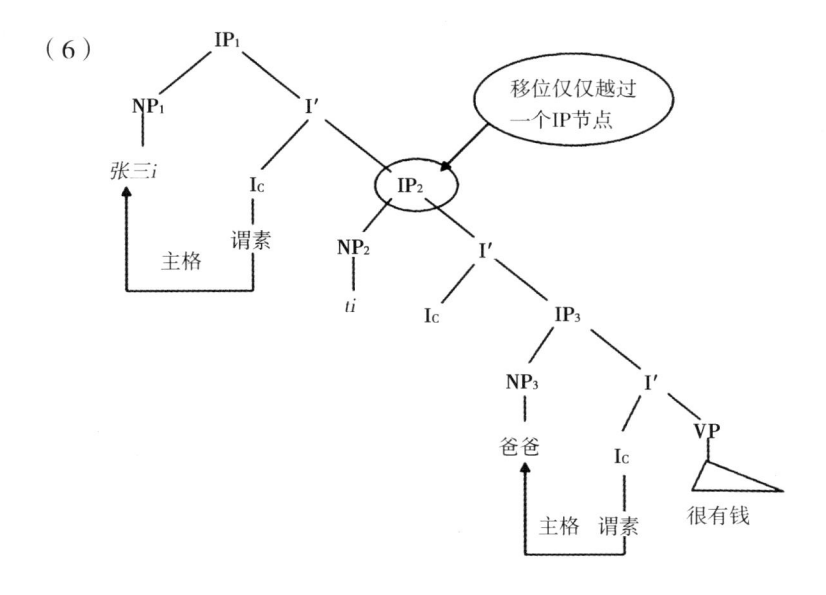

(6)

[树形图:
IP_1 分支为 NP_1(张三$_i$,获主格)和 I';
I' 分支为 Ic(谓素)和 IP_2(标注"移位仅仅越过一个IP节点");
IP_2 分支为 NP_2(t_i)和 I';
I' 分支为 Ic 和 IP_3;
IP_3 分支为 NP_3(爸爸,获主格、谓素)和 I';
I' 分支为 Ic 和 VP(很有钱)]

由图(6)可以看出,"张三"的提升移位②还满足了"邻属条件"

---

① 具体论证参看徐杰(2001:98)。
② "张三"有格位,所以其移位不是格驱动(Case-driven),而是语用引起的句法操作,此不赘述。

(Subjacency Condition) 的限制和"语迹论"(Trace Theory)。"邻属条件"规定，任何名词（短语）的移位不得越过一个以上的 IP 或 NP 节点。图（6）中"张三"移位仅仅跨越一个 IP。"语迹论"要求名词移位留下的语迹被处在较高位置的先行语成分统制（C-command）和约束自己。"张三"满足了这些要求。

而例（4）之所以不成立，是因为宾语位置的领有名词"张三"的移出不符合（5）a、（5）b 条件。我们首先看（5）a 条件，该条件要求句子中得有一个着陆点提供给移出的领有名词"张三"，而该位置必须有格，否则就会造成"张三"无格而导致句子不合法。因为有词汇形式的名词（短语）必须得到格位指派，否则句子不合法。而例（4）中，因为"我看见张三爸爸"是一个结构完整、功能齐全的句子（IP），所以它的左侧也就不再会有一个以它作补语的句子中心语 Ic，"张三"也就不能再从"Ic"这得到格位指派，所以句子不合法①。

其次，即便是"我看见张三爸爸"左侧可以嫁接一层中心语结构，但是它也满足不了（5）b，即"领有名词的提升移位"必须遵守名词短语的移位的一般限制。而例（4）中领有名词"张三"移位时越过了一个 NP 节点和一个 IP 节点②，违反了"邻属条件"。如图（7）：

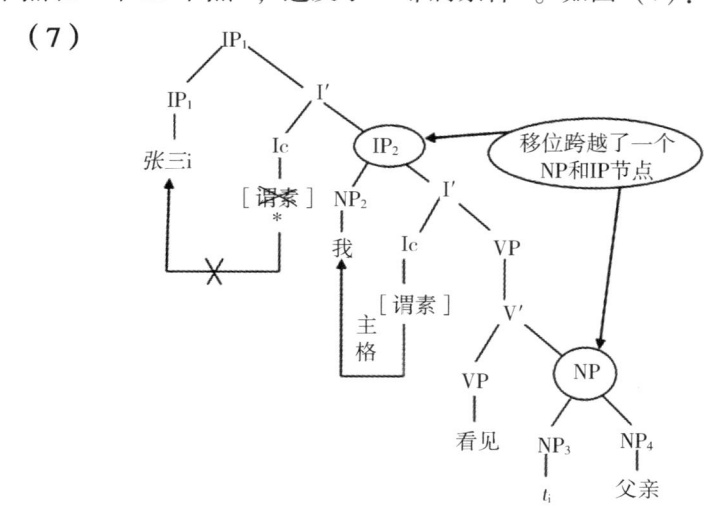

（7）

[图：句法树形图，IP₁ 节点下有 IP₁（张三ᵢ）和 I'，I' 下有 Ic[谓素]* 和 IP₂，IP₂ 下有 NP₂（我）和 I'，I' 下有 Ic[谓素]主格 和 VP，VP 下有 VP（看见）和 NP，NP 下有 NP₃（tᵢ）和 NP₄（父亲）；标注"移位跨越了一个 NP 和 IP 节点"]

---

① 在例（3）中，"爸爸很有钱"（IP）也是一个结构完整的句子，但是在语义上它还不算完整，"爸爸"的领有者可以嫁接到该 IP 的左侧。

② 同样，"父亲"也没有办法移出（*父亲我看见张三），也违反"邻属条件"限制。

图 (7) 可以很直观地观察到,"张三"移位至句首既不是适当的位置（此处的"张三"是没有格的）,又违反了名词（短语）移位的一般限制。

由此看来,例（4）不成立不是因为它违反了"左向分枝条件"（这只是表象,因为"左向分枝条件"对汉语来说本身就缺乏周延性）,而是因为领有名词"张三"没有满足"领有名词提升移位"的三个条件。所以例（4）既并不能证明"左向分枝条件"对汉语的适用性,也不能证明"领有名词提升移位"存在着理论缺陷。汉语的名词移位只需要遵守名词（短语）移位的一般限制（如"邻接原则"和"空语类原则"的限制等）即可,不需要设置"左向分枝条件"的限制,因为生成语法中已有的关于名词（短语）的理论（格位理论、邻接条件、管辖理论等）本身就可以把非法的句子排除出去了。

对于例（3）、例（4）的解释,可以这么理解:公司（句子）的员工（领有名词）都有升迁（提升移位）的机会,关键是看有没有更高的位置（新着陆点）提供给员工,有没有适当的职务（格位）分配给员工,员工的升迁（提升移位）符不符合一般升迁的要求（"邻接原则"和"空语类原则"等限制）,只要以上条件得到满足,就可以得到升迁（提升移位）。否则就会不合法。

2. "重复赋格"的问题

徐杰（1999a）认为"王冕死/被杀了父亲"的 D-结构是"死/被杀了王冕的父亲",潘海华、韩景泉（2005）,马志刚（2008）等认为"王冕"和"张三"已经获得了由中心语"父亲"授予的"所有格",如果再提升移位到主语位置,再由句子中心语 I 授予主格就势必造成"格冲突"。

乍看起来会造成重复赋格,出现格冲突。但是仔细分析就会发现,所谓的"格冲突"是不存在的。我们首先要从"格位理论"（Case Theory）说起,所谓的"格位"是指名词短语（NP）在某些句法位置上所获得的一种语法属性。也就是说,"格"的获得是在一定的句法位置上实现的,如果离开了"一定的句法位置",也就没有了所谓的"格"。

所以,当"王冕"和"张三"处于名词短语"王冕的父亲"中时,领有名词是有"领属格"的,但是它们一旦离开了"父亲"修饰语的位置,"领属格"随即就消失了。这就好比公司和员工的关系,员工在这个公司里工作,公司发工资（"授格"）给你,员工拍屁股走人了,不好意思,公司也没那么阔气,也不会还给你发工资（"授格"）,还是省下来自己留着吧("固有格"不释放)。

所以,当领有名词"王冕"提升移位到句首时很自然地得到了主格。"格"和"题元角色"不一样,"格"是相对于位置来说的(这也就是学者们把"格"翻译为"格位"的原因),而后者是就语义上来说的,无论到哪,只要语义关系不变,题元角色就不会变。一个名词短语只能占有一个位置,也就只能被授予一个"格"。所以,重复赋格的问题是不存在的。格和题元角色的区别就好比一个人的社会职务和家庭角色的区别:一个人的社会职务会随着 TA 所在的位置("格")发生变化(科长、处长;经理、董事长等),但是无论到哪,TA 作为一个"父亲/母亲"家庭角色("题元角色")并不会发生变化①。或许可以这么说:"格位"可能根据位置有所变化,比如"王冕"移位前后格位的变化,而"题元角色"是相对稳固的,不发生变化(话题化也不改变题元角色)。

如果说领有名词移位有问题的话,那不是重复赋格的问题,而是领有名词本身已经有了格,为什么还要去移位呢?也就是说,领有名词的移位驱动力就不是为了寻求格位,那么它移位的原动力是什么呢?这个问题下文将详细讨论。

3. 领属标记"的"的问题

徐杰(1999a)认为"王冕死了父亲"和"王冕的父亲死了"这两个结构的 D-结构是相同的,即"死了王冕的父亲"。该研究认为"的"的处理似乎有两种办法:一是认定它在深层结构中不存在,是在后来的推导过程中加上去的;二是前移领有名词的同时删除了。"的"的问题势必引起另一个问题,即如果"的"是任意隐现的,那么怎么解释同一个 D-结构产生两个 S-结构的问题?即同样的 D-结构,"王冕的父亲"整体 NP 前移和领有名词"王冕"单独前移产生了两种不同的结构。徐杰(2001:65)对这两种移位给出了解释:这两种移位是否都能实现,哪一个能实现,取决于非形式语法的语用或者其他因素。领有名词移位的"初始启动力量"来自语用,即整个事件给逻辑宾语的定语带来了某种负面的、较大程度的影响,以致有必要把这个领有定语跟它的中心语分离开来。

---

① "题元角色"和"家庭角色"也有不同,比如,NP 所承担的题元角色有且只有一个,而"家庭角色"是可以兼任的,一个人既是父亲/母亲,又可以是"儿子/女儿",还可以是"丈夫/妻子"。此处把"题元角色"比作"家庭角色"是说明它是随身携带的,不发生变化的。

韩景泉（2000），温宾利、陈宗利（2001）等对"的"的处理也不够圆满。之所以研究者们没有很好地处理"的"的问题，是因为问题的症结并没有被真正地找到：不少研究者认为"王冕死了父亲"和"王冕的父亲死了"来源于同一句式"死了王冕的父亲"。事实上，两种句式的来源并不相同（孙晋文、伍雅清，2003 等），认识到症结所在，"的"的问题也就不是问题了。

换句话说，两者的 D-结构不同，分别是"死了王冕父亲"和"死了王冕的父亲"，这才是造成领有短语整体前移和领有名词单独前移这一差别的根本原因。也就是说，只有"死了王冕父亲"才有可能受语用的影响产生"王冕死了父亲"，"死了王冕的父亲"即便是有语用因素的作用，也是没有办法生成"王冕死了父亲"。这就好比是事物的外因和内因的关系，外因是催化剂，内因是潜质，外因再强大，如果没有内因，事物的变化也是不可能发生的。说得再形象点，这就好比厨师和食材的关系：做饭的食材是外因（语用），厨师的厨艺（内因，具备合适的 D-结构"死了王冕父亲"），食材再好（外因再强大），没有好厨艺，食材也不能变成美味佳肴（生成"王冕死了父亲"）："巧妇难为无米之炊"嘛！

4. 句首名词的句法地位

徐杰（1999a）等研究认为句首领有名词得到的是主格，语法上是主语；沈家煊（2007）也认为句首领有名词是主语而不是话题。但是一般认为，主语多与施事相关，而"王冕死/被杀了父亲"中，"王冕"似乎跟"主语"不沾边。其实，这是受惯性思维影响的结果，因为施事主语只是典型主语，除了施事主语外，我们还有受事主语、用事主语、于事主语、断事主语、描事主语（邢福义，1996：66—67），还有历事主语（黄正德，2007）。

更需要明确的是，句首领有名词是从哪来的，移位来的（徐杰，1999a；潘海华、韩景泉，2005）还是基础生成（黄正德，2007）的？哪种解释更合理？该成分得到的到底是什么格位？[①]

[①] 有研究认为句首的"王冕"是话题，比如潘海华、韩景泉（2005、2008）。其实，认为"王冕"是话题与该成分是主语并不矛盾。主语、谓语、宾语等是对句子成分在某个句法位置的定性，属于句法层面；施事、受事、与事等是对某个句子成分在语义上的定性，属于语义层面；话题、述题等是对句子成分在表达上的定性，属于语用层面。

5. 句末名词的句法地位

20世纪90年代中期之前的学者都认为句末的名词性成分是宾语，所以才有了"（领主）属宾句""（保留）宾语句"这样的名称，认为该成分是留在原位的宾语（吕冀平，1955；郭继懋，1990等）。但是随着研究的深入，学者们对该成分的意见有两种：一直留在原位，得到部分格，是宾语（徐杰，1999a），或者句法宾格（马志刚，2013）；移位来的，该成分在D-结构中没有格位，移位到［Spec IP］位置得到主格，受语用因素影响经过"右向外置"（潘海华、韩景泉，2008）或"漂移"（杨西彬，2013a）移位至句末。

三 存在的不足

"移位说"也好，"非移位说"也好，各研究者从不同的角度提出了自己的认识，但是在解决某个问题的同时又产生了新的问题。

"领有名词提升移位说"解决了跨越语法结构的句法问题，却留下了其他问题：动词前后名词短语的领属关系缺乏必要的论证（孙晋文、伍雅清，2003）；"的"字的处理过于随意（韩景泉，2000）；英汉差异的问题，即为什么英语中不允许领有名词提升移位（*John died father.），而汉语允许"王冕死了父亲"（潘海华、韩景泉，2005）；领有名词提升移位动因问题（温宾利、陈宗利，2001），以及保留宾语所获得的"部分格"问题（潘海华、韩景泉，2008）。

"特征核查说"解释了领有名词的移位动因，却不能解释"张三死了父亲的一只狗"不合法的原因（孙晋文、伍雅清，2003）；"格位传递说"解决了"的"的隐现问题却违反了一个语链只能有一个格的原则（安丰存，2007）；"论元增容说"解决了一元动词带两个名词短语的问题，却会带来界定论元的随意性问题（潘海华、韩景泉，2008）；"悬垂话题说"解释了英汉差异问题、"的"字遗留等问题，但是没有办法解释"王冕"和"父亲"之间的语义关系，也不能解释"王冕死了父亲"所包含的"遭受义"，更不能解释句法操作中句首名词格位问题（杨西彬，2013a），以及句首名词的主语属性问题（马志刚，2013）。"糅合说"解决了以上移位分析带来的问题，达到了理论内部的"自洽"，却没有办法解释"王冕的父亲失踪了"与"王冕失去了某物"两个小句无法糅合生成"王冕失踪了父亲"的原因（徐杰，2008）。

"小句合并说"解决了保留宾语句中领有名词和隶属名词的格位问题（领有名词移位至句首被定值为主格，隶属名词作为小句的谓语不需要格核查），克服了之前"移位说"的遗留问题，该分析最为精彩的是把领有名词和隶属名词处理为小句结构而不是领有短语，避免了很多问题，然而这种分析恰恰也是最致命的，因为从命题意义上说，小句是一个完整的主谓结构，在意义上相当于一个结构完整的分句，是一个带有隐性曲折成分的 IP 结构（温宾利，2002：99—100）。那么，"王冕"和"父亲"这两个名词短语构成的小句的命题含义是什么？小句的中心语是隐性的，但是在一定条件下它可以添加中心语成分成为一个完整的句子。很显然，作为主谓结构的小句"王冕父亲"不符合小句的特点①。

综上所述，学者们提出的"领有名词提升移位说"（徐杰，1999a）、"格位传递说"（韩景泉，2000）、"特征核查说"（温宾利、陈宗利，2001）、"论元增容说"（孙晋文、伍雅清，2003）、"糅合说"（沈家煊，2006）、"话题说"（潘海华、韩景，2008；韩景泉、潘海华，2016，韩景泉，2019）、"小句合并说"（杨大然、陈晓扣，2016）等学说，在解决一部分问题的同时也遗留下了很多疑问，比如：领有名词移位与"左向分枝条件"限制的关系问题；领有标记"的"字的隐现问题；同样的 D-结构（"死/被杀了王冕的父亲"）为何会产生整体移位（"王冕的父亲死/被杀了"）和分裂移位（"王冕死/被杀了父亲"）两种 S-结构；英汉的差异问题；句首领有名词的性质问题，以及句末名词的格位问题，是部分格（徐杰，1999a）还是主格（潘海华、韩景泉，2008）？如果保留宾语得到的是主格，那么它是如何得到主格的？是在 spec-Tp 位置得到主格然后"右向外置"生成句末焦点（潘海华、韩景泉，2008）还是直接凭借 T 与 NP 之间的探针—目标（probe-goal）一致关系，保留宾语不需要作显性移位即可完成主格取值（韩景泉、潘海华，2016）？这些疑问都有待进一步解释。

---

① "王冕父亲"这一小句的语义是无法解读的，因为"王冕""父亲"的关系只能是领属关系，而不能是陈述/主谓关系"*王冕是父亲"。这与其他没有中心语的小句并不一样，比如 John believes [[$_{NP}$ Tim] [$_{NP}$ an honest man]], John believes [[$_{NP}$ the car] [$_{PP}$ in good condition]]，这两个例子中的 NP 和 NP，以及 NP 和 PP 才是有主谓关系的小句，两个句子加上系动词 BE，就是一个完整的小句。

第三节　新的解决方案

针对例（1）、例（2）两种句式，本节将给出新的解决方案。在此之前，我们先讨论句式中"的"的有关问题以及"领属关系"的确定，这对本节后面的解决方案有着重要的作用。

一　"的"的有无

现代汉语中"的"的用法很复杂，最通常的用法就是作定语标志，比如，"学习材料"本身是一个歧义结构，既可以是述宾结构，又可以是定中结构，但是一旦中间插入"的"字，就会被强制理解为定中结构。

李绍群（2005：50-52）指出，名词之间"的"的有无将会导致句法结构、语义关系和语义重心的变化。如：

(8) a 陆俭明老师——陆俭明的老师（同位——定中）
　　b 这棵树叶子（大）——这棵树的叶子（大）（大主语+小主语——定中结构）
　　c 牛脾气——牛的脾气（属性——领属）

有时候，有"的"无"的"虽然在意义上差别不大，但是在句法上会造成不同的结构。比如：

(9) a 张先生打碎了他四个杯子。
　　b 张先生打碎了他的四个杯子。

两者看上去差不多，意义也没什么差别。例（9）b 句为单宾语是没有疑问的，例（9）a 句中的"他"和"四个杯子"之间似乎也有"定语+中心语"的语义领属关系，最重要的是两者之间可以很自然地添加"的"字，所以有学者就把它们都分析为单宾语句式。但是徐杰（1999b）运用普遍语法的"约束理论"原则，论证了例（9）a 不是由例（9）b 省略"的"派生出来的，前者是双宾语句式，从而生动地说明用不用"的"字虽然语义上差别很小，但是句法结构上已经面目全非。

因此，我们也有充分的理由认为，"王冕的父亲死了"和"王冕死了父亲"来源于不同的 D-结构。因此，本节把保留宾语句（"王冕死/被杀了父亲"）与其同义结构（"王冕的父亲死/被杀了"）的生成方式分开研究。两者的 D-结构分别是：

（10）a 死了王冕的父亲（D-结构）
　　　b 王冕的父亲死了（S-结构）
（11）a 死了王冕父亲（D-结构）
　　　b 王冕死了父亲（S-结构）

二　领属关系的确定

这是一个十分重要却通常被忽略的问题。

徐杰（1999a）认为，例（10）b 和例（11）b 来源于同一个 D-结构（10）a，所以"王冕"和"父亲"的领属关系也是确定的，赞成句首名词是领有名词移位得来的主语的学者一般都默认领有关系的存在，比如韩景泉（2000）和温宾利、陈宗利（2001）；而认为句首名词是话题的学者直接忽略该问题，不提两者之间的语义关系，比如潘海华、韩景泉（2008）。孙晋文、伍雅清（2003）明确指出"移位说"的学者对例（11）中领有名词和隶属名词之间的关系缺乏必要论证。因此我们有必要对这个问题进一步澄清。

如上文所说，例（10）b 和例（11）b 的 D-结构分别是例（10）a 和例（11）a。例（10）中"王冕"和"父亲"之间有领属关系标记"的"，其领属关系明确。但是例（11）中两者的关系如何？是不是领属关系？如果不是领属关系，那么例（11）a 生成的例（11）b 能不能叫"领有名词提升移位"就是个问题了；如果是领属关系，就要证明两个名词是领属关系。

领属关系是语义上的界定，要想加以证明，必须找到其他独立的依据。虽然说在形式上，"王冕"和"父亲"之间可以插入"的"，两者可以显示为领属关系，但是"的"对领属关系有一种强制作用，它只能证明两者之间可以有领属关系，但是不能证明两者之间只有领属关系而没有其他关系，即能否加"的"不是确认领属关系的充分必要条件。况且，上文已经指出，有无"的"是很不一样的，不是简单的添加就能说明问题的。加"的"不能作为独立的证据，而只能作为旁证。本节认为"王冕"和"父亲"之间是领属关系，下面将尝试从句法上找到独立的证据证明两者之间的领属关系。

根据词与词之间的结构关系，词组有五种基本类型：偏正结构、述宾结构、述补结构、主谓结构和联合结构。其中，偏正结构又可以分为定中结构（"酸苹果"）和状中结构（"非常高"）。"N_1+N_2"之间的结构关系只能构成主谓结构（"今天星期天"）、联合结构（"飞机火车"）、偏正结构中的定中结构（"木头房子"）。

我们可以采用排他法来判定"（死了）王冕父亲"的结构关系。先看主谓结构，主谓结构中间不能插入"的"等字，否则结构性质将发生变化，如：

（12）a 今天星期天──＊今天的星期天

b 狐狸狡猾──？狐狸的狡猾（结构性质变化）

c（死了）王冕父亲──（死了）王冕的父亲

由此可见，"王冕父亲"不是主谓结构。

再看联合结构。联合结构的成分地位平等、不分主次，往往能够互换位置，如：

（13）a 黄河长江──长江黄河

b 干净利落──利落干净

c（死了）王冕父亲──＊（死了）父亲王冕（语义有变）

由此可见，"王冕父亲"不是联合关系。

最后看偏正结构中的定中结构。定中结构的前一部分是修饰、限制后一部分，前者称为"修饰语"，后者称为"中心语"，中间往往可以插入"的"而不引起结构或语义变化。

（14）a 白马——→白的马

b 木头房子——→木头的房子

c（死了）王冕父亲——→（死了）王冕的父亲

所以，"（死了）王冕父亲"中"王冕父亲"应该是定中结构。

李绍群（2005：20）设置了"N_1+N_2"定中结构的判别标准，我们在此基础上修订如图（15）[①]：

（15）

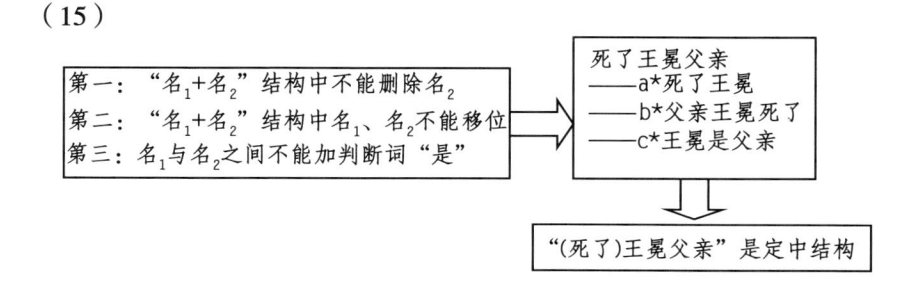

第一："名$_1$+名$_2$"结构中不能删除名$_2$
第二："名$_1$+名$_2$"结构中名$_1$、名$_2$不能移位
第三：名$_1$与名$_2$之间不能加判断词"是"

⇒

死了王冕父亲
——a*死了王冕
——b*父亲王冕死了
——c*王冕是父亲

⇓

"(死了)王冕父亲"是定中结构

由此可以判定，"王冕父亲"是定中结构无疑。

现代汉语中"N_1+N_2"定中结构其内部的语义关系主要有两大类：表领属和表属性。所以还必须进一步证明"（死了）王冕父亲"是表领属的定中结构。陆俭明（2001）设定了一个确定领属关系的框架[②]：

（16）名$_1$（的）名$_2$→名$_2$+动+的+是+名$_1$

或：动+名$_2$+的+是+名$_1$

凡是能进入这个框架的"名$_1$（的）名$_2$"，其内部是领属关系。以此来测试"王冕死了父亲"的D-结构"死了王冕父亲"中"王冕"和"父亲"的关系：

[①] 我们认为，李邵群（2005）标准中的第二条（"名$_1$+名$_2$"结构中名$_1$、名$_2$不能移位）和第三条（名$_1$、名$_2$的关系是不平等的）是等同的，因为两个名词不能移位，也就可以推导出两者是不平等的。况且，"不平等"只是语义上的界定，只有通过"不能移位"这种形式加以验证。

[②] 转引自李绍群（2005：44）。

(17)（死了）王冕父亲 → 父亲死了的是王冕
　　　　　　　　　　或：死了父亲的是王冕

可以由此判定"死了王冕父亲"中"王冕"和"父亲"之间是定中结构中的领属关系。

还有一个证据：只要语义允许，任何一个名词前都可以添加表领属的名（代）词，而且只改变语义表达不会影响结构的合法性，比如：

(18) 我们<代词>（的）学校
　　　猴子<动物名词>（的）尾巴
　　　我买了一本书 → 我买了小明<指人专有名词>（的）一本书

但是，如果名词前有了领有名（代）词，而再添加同一性质的领有名（代）词，就会造成不合法，比如：

(18')　＊他们我们（的）学校
　　　＊老虎猴子（的）尾巴
　　　＊我买了小明小张（的）一本书

对比下面两个句子：

(19) a 王冕死了父亲
　　　b ＊王冕死了张三父亲

上例中 a 句与 b 句的对立也能说明"王冕"和"父亲"之间存在领属关系。例（19）b 添加了"张三"不合法说明在它之前已经有一个跟它具有同一性质的表领有的名词存在，不能给"父亲"另外添加领属者是因为它已经有了领属者，只是该领有者不在原位而是移到句首位置罢了。在线性的 S-结构中看不到"王冕"对"父亲"的领有，但是在 D-结构以及移位过程中有很直观的体现。下文会有专门讨论，此不赘述。

第四节 保留宾语句的生成

本节将讨论两种结构：

（20）王冕的父亲死/被杀了。
（21）王冕死/被杀了父亲。

一般来说，句子的意义相同其 D-结构理应相同，比如，主动句和被动句。但是意义相同并不是 D-结构相同的充分条件，而只是其必要条件。而"王冕的父亲死了"和"王冕死了父亲"两个结构之间的关系与主动句和被动句之间的关系并不一样，主动结构和被动结构不仅意义相同，而且各成分的题元角色也相同（即施受关系一致），比如："猫追耗子"与"耗子被猫追"中，无论是主动句还是被动句，"猫"都是施事，"耗子"都是受事。而在"王冕的父亲死了"和"王冕死了父亲"结构中，两个结构中名词成分的题元角色并不一样：前者中整个名词短语"王冕的父亲"是述事（Theme），而后者中"王冕"是历事（Experiencer）。所以，其 D-结构也不应该一样。潘海华（1997）指出，两个句子同义与由同一来源推导出来并不等价。孙晋文、伍雅清（2003），潘海华、韩景泉（2005）进一步指出例（20）和例（21）有不同的来源。

所以，我们有充分的理由认为例（20）、例（21）有着不同的 D-结构。学界讨论最多的是后者的生成方式，前者因为没有什么特殊性，关注不多。本部分将分别讨论两者的生成方式。在讨论之前有必要简要介绍"Burzio 定律"（Burzio's Generalization），它与下文的讨论密切相关。

玻尔马特（Perlmutter, 1978）提出"非宾格假设"（Unaccusative Hypothesis）把不及物动词分为两类，布尔齐奥（Burzio, 1986）在此基础上发现，动词不能分派外题元角色和不能授宾格这两个特征是相互关联的，即：

（22）Burzio 定律
（i）没有外主目语的动词不能授宾格。
（ii）不能授宾格的动词没有外主目语。

也就是说，只有那些能够给外主目语分派题元角色的动词才能给补语授格；反之亦然，不能给外主目语分派题元角色的动词不能给补语授格。布尔齐奥指出，带非宾格动词（unaccusative verb，又译"非受格动词""夺格动词"，有的文献称 ergative verb，译为"作格动词"）的句子就是一个带有内主目而又不能给它授格的先天无主句。

徐杰（2001：36）把非宾格动词称为"潜及物动词"，在一定的语境下它可以带宾语；而非作格动词是真正的不及物动词，从不带宾语。下面是二者对应的两组句子：

(23) 一个学生走了　⟵⟶　（三班）走了一个学生
　　　一堵墙倒了　　⟵⟶　（学校）倒了一堵墙
(24) 他们睡觉了　　⟵⟶　＊睡觉了他们
　　　俩人结婚了　　⟵⟶　＊结婚了俩人

例（23）中的"走/倒"是非宾格动词，例（24）中的"睡觉/结婚"是非作格动词。动词内部作格动词和非作格动词的对立已经得到广泛的事实支持，汉语中的相关事实也支持两类动词的对立（杨素英，1999；黄正德，2007）。

一　"王冕的父亲死/被杀了"的生成

如上所述，汉语的不及物动词内部存在非宾格动词和非作格动词的对立，那么，以非宾格动词"死"为代表的句子"王冕的父亲死了"，在 D-结构中应该是个无主句，也就是说，"王冕的父亲"在 D-结构中原位并不是 S-结构中的主语位置，而是在动词后的宾语位置。

(25) a 死/被杀了王冕的父亲　（D-结构）
　　　b 王冕的父亲死/被杀了　（S-结构）

在例（25）a 中，"王冕的父亲"处于非宾格动词"死/被杀"的宾语位置，而根据"Burzio 定律"，"死"不能指派宾格。如果名词短语"王冕的父亲"要想成为合法的形式，必须为自己找一个合适的位置接纳自己。它目前的条件是：有题元角色（受事），没有格位。所以它要找的合适的位置必须有两个要求：没有题元角色，但是能被指派格位，而句首的位置正好符合要求，于是"王冕的父亲"就移至了句首。如图（26）：

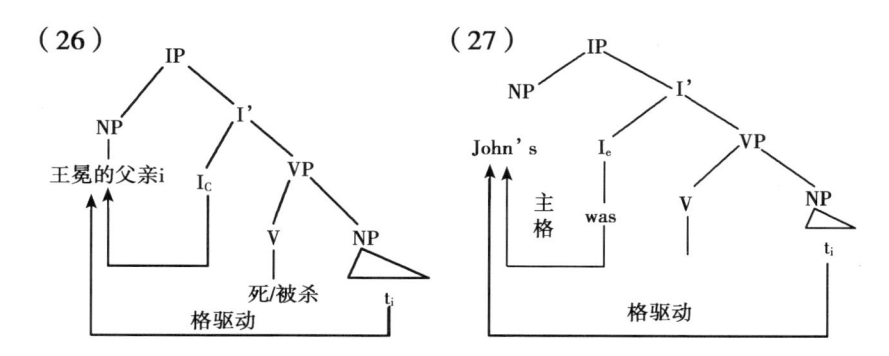

(26)
```
        IP
       /  \
      NP   I'
      |   / \
   王冕的父亲ᵢ Iᶜ  VP
            / \
           V   NP
           |   △
          死/被杀  tᵢ
               格驱动
```

(27)
```
        IP
       /  \
      NP   I'
      |   / \
    John's Iₑ  VP
      主  was / \
      格     V   NP
                △
                tᵢ
           格驱动
```

如例（27）①所示，汉语中例（26）的这种移位和英语的 NP 移位是完全一样的：需要得到格位指派的"王冕的父亲/John' father"得到了格位指派，而格位指派者也释放了其格位能量，两个句子都遵守了扩充的格位理论（GCF），句子合法。

这种移位就好比一个很有钱（有题元角色）的人（NP），但是没有国籍和身份（格位），不能合法出现于正式场合（不能进入 S-结构），千辛万苦找到了一个可以投资移民（移位）的国家，于是赶紧带着他的钱（题元角色）来到了新国家（句首），取得了国籍身份（格位），实现了身份合法化（可以进入 S-结构）。

二 "王冕死/被杀了父亲"的生成

"死/被杀"都是非宾格特征动词，其 D-结构该是无主句；上文已论证，"王冕"和"父亲"是领属关系，所以我们有理由认为，例（28）a 是例（28）b 的 D-结构。

(28) a 死/被杀了王冕父亲（D-结构）
   b 王冕死/被杀了父亲（S-结构）

---

① 严格来讲，例（27）中的"was"并不是中心语 Iₑ，中心语成分是一个曲折成分"-ed"，原型"be"在下一层的中心语 V_1 位置。为了树形图简便起见，此处把"was"作为中心语 Iₑ。

如果仅仅是这样，我们和之前学者的处理就没有什么不同了。我们认为，例（28）b 不是由例（28）a 直接生成的，它经历了一个中间状态"王冕父亲死/被杀了"这一结构。杨西彬（2013a）认为 D-结构例（28）a 中，"王冕父亲"受格驱动移位至句首生成"王冕父亲死/被杀了"，操作如图（29）：

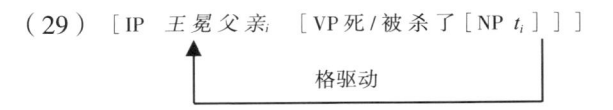

（29）[IP 王冕父亲$_i$ [VP 死/被杀了 [NP t_i]]]
　　　　　↑_____|
　　　　　　　　格驱动

该研究认为句首的"王冕"得到了"父亲"赋予的所有格，"父亲"得到了谓素 Ic 赋予的主格；为了要凸显事件给句首领有名词"王冕"造成的某种负面的、较大的影响（即通常所说的"遭受义"），"父亲"与领有名词分离"漂移"（scrambling）至句末位置①。

这一生成过程面临两个问题：（1）没有格位的名词短语（"王冕父亲"）整体移位至 [spec IP]，句子中心 Ic 会授主格给整个名词短语，"父亲"为什么会单独得到主格呢？（2）如果说"父亲"漂移前，"王冕"可以得到所有格，那么"父亲"漂移至句末之后，没有了中心语，"王冕"怎么得到格位的呢？

针对这些问题，本节对杨西彬（2013a）进行修正，认为中间结构"王冕父亲死/被杀了"是两次移位的结果，首先"王冕"因为"话题化"的驱动（司罗红，2008）移位至 [spec IP$_1$]，"父亲"受格驱动移位至 [spec IP$_2$] 的位置，两者分别得到谓语 Ic 指派的主格格位，由于语用因素（凸显句首的成分）的影响，"父亲"带着主格漂移②至句末。具体移位过程如图（30）：

生成的"王冕死/被杀了父亲"结构中句子中心 Ic 把格能量释放给了需

---

① 潘海华、韩景泉（2008）认为"父亲"是右向外置嫁接到 TP 上生成句末焦点。马志刚（2013）认为焦点成分的结构位置应在 CP 投射内，不赞同"父亲"是句末焦点的看法。

② 徐杰、杨西彬、倪广研（2016/2020）指出"漂移"是与句法移位、逻辑式移位相并列发生于语音式的第三种移位，其动因主要是语用动因。此处的漂移是为了凸显居前成分（漂移行为可以是利他行为），在"王冕父亲死/被杀了"结构中，谓语动词前有两个名词性成分，"父亲"右向漂移可以使得"王冕"成为唯一的句首成分得到凸显。该研究同时指出，"漂移"的重要特征之一就是漂移成分可以自由复位，复位前后结构之间的差异只体现在语用方面，不体现在

（30）

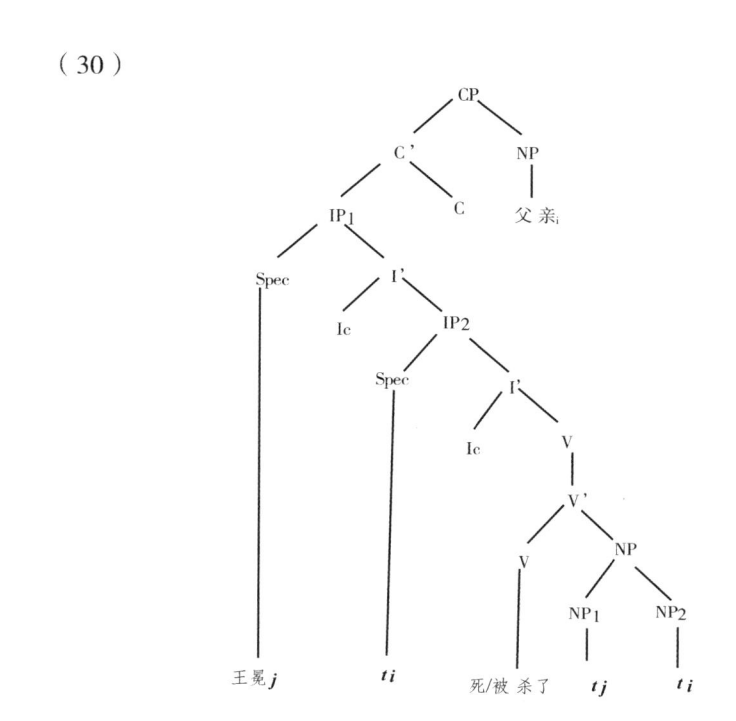

```
                    CP
                   /  \
                  C'   NP
                 / \    |
                IP1  C  父亲ᵢ
               /  \
             Spec  I'
                  / \
                 Ic  IP2
                    /  \
                  Spec  I'
                       / \
                      Ic  V
                         / \
                        V'  
                       / \
                      V   NP
                         /  \
                       NP1  NP2
  王冕ⱼ      tᵢ    死/被杀了  tⱼ   tᵢ
```

要格位指派的 NP_1 和 NP_2，两者都得到了主格格位，"王冕死/被杀了父亲"的生成方式符合扩充的格位理论的要求，句子合法。过程简化如图（31）：

（31）

死/被杀了王冕父亲（D-结构）──话题驱动──▶ 王冕死/被杀了父亲
　　　　　　　　　　　　　　　　　　　　　格位 ⇩ 驱动
　　　　　　　　　　　　　　　　　　王冕父亲死/被杀了（中间结构）
　　　　　　　　　　　　　　　　　　　　语用 ⇩ 驱动
　　　　　　　　　　　　　　　　　　王冕死/被杀了父亲（S-结构）

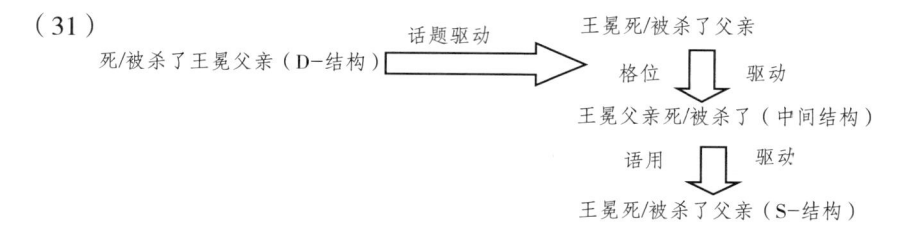

表面上看，"父亲"的位置与 D-结构中一样，还在句末，没有发生变

（接上页）句法方面，而保留宾语结构符合该特征。这种"漂移"现象在其他语言中也存在，比如，日语、德语等（Grewendorf & Sabel, 1999）。尤其值得注意的是，这种现象往往跟"焦点"密切相关（Ishihara, 2000）。何元建（2007：49）认为主谓倒序结构中主语是从原位移位到句末，在结构树上由全句中心语投射成填位结构，主语移至句尾取代空位，即"一定会来的，老师"是"老师"是从"一定会来"前面右向移位生成。我们认为这种操作正是漂移，具体论证参看徐杰等（2016/2020）。

化，其实远非如此：它以新的身份到了句末，它是带着主格回来的。

以上分析也可以看出，"王冕的父亲死/被杀了"和"王冕死/被杀了父亲"两个结构的生成方式的有同有异，相同的是，两个结构的生成方式中都有格驱动环节；不同的是，前者由格驱动直接生成，后者生成经历了若干步骤。

最后，还有两个问题需要解释：第一，"父亲王冕死/被杀了"这句话不合法，是什么原因造成的呢？也就是说，为什么不可以"父亲"先移位至[spec IP$_1$]的位置，"王冕"再移位至[spec IP$_2$]的位置生成这个句子呢？我们认为这跟汉语中偏正结构的语序有关，汉语所有的偏正结构都是中心语在后，修饰语在前，在语序上不允许中心语在修饰语的前面。不仅仅是保留宾语句，在其他结构也是一样的，比如"我喜欢武汉热干面"这句话，"？武汉我喜欢热干面"就比"*热干面我喜欢武汉"接受度高。

第二，汉英的差异如何解释？英语中没有"died John father"而只有"died John's father"，所以只能生成"John's father died"。我们认为这是因为两种语言的领属关系紧密性和实现方式存在不同：汉语中的领属关系可以是松散的，可以有标记也可以没有标记；而英语中的领属关系是紧密的，它要得到显性的体现，即结构中通常要有领属标记"'"，"father"和"John"必须由领属标记连接，所以领有成分"John"不能单独前移至句首。还有一种可能的解释是这种差别是由两种语言领有格语法化程度的不同造成的。

第五节　小结

徐杰（1999a）针对现代汉语中的两种保留宾语句式提出的"领有名词提升移位"（Possessor Raising Movement）规则得到了学界广泛的关注。有学者对该规则表示赞同，但是他们或者不赞同"格驱动"（Case-driven）的移位动因而提出"特征核查说""小句合并说"等，或者不赞同对保留宾语的"部分格"（Partitive Case）解释，提出了"格位传递说"等；有的学者不赞成该规则而认为句首的领有名词是话题，或者认为话题是基础生成，或者认为是移位产生。

本章梳理了前贤对这两种句式的研究成果，评述并总结了这些研究的遗留问题，在详细分析有"的"与无"的"对句法结构的影响，论证"王冕"和"父亲"之间领属关系的基础上，以扩充的格位理论为基础指出保留宾语句与其同义结构（王冕的父亲死/被杀了）应该分开处理，即"王冕死/被杀了父亲"（记为 A）与"王冕的父亲死/被杀了"（记为 B）的 D-结构分别为"死/被杀了王冕父亲"和"死/被杀了王冕的父亲"。

　　后者（B）的生成方式比较简单，名词短语（NP）"王冕的父亲"受"格驱动"整体移位至句首，NP 获得句子中心指派的主格直接生成。前者（A）的生成分为三步：第一步，"王冕"受"话题化"的作用前移至句首 [spec IP$_1$]；第二步，"父亲"受"格驱动"移位至嫁接的 [spec IP$_2$]，生成中间状态句"王冕父亲死/被杀了"，"王冕"和"父亲"都得到了不同层级的句子中心 Ic 授予的主格；第三步，"父亲"由于语用（为了使句首成分得到凸显）的原因，右向漂移至句末生成"王冕死/被杀了父亲"。本章较好地解决了之前研究中存在的诸如"的"字的隐现、保留宾语和句首名词的格位、两个名词短语之间领属关系的确定、英汉的差异等问题。

第四章

扩充的格位理论与体词谓语句[①]

第一节　研究背景

在现代汉语中，形容词和名词组配频率很高，两者经常组合成为定中结构进入句子。一般情况下，该结构继承其中心语（名词）的性质，在句子中充当名词的句法功能，即主要作主语和宾语。但是，有时该形名结构也可以出现在谓语位置（形名中间不出现"的"），比如：

(1) 张三小眼睛。
　　这个人急性子。
　　这棵树大叶子。

学界一般称为"体词谓语句"[②]，并对它们进行了大致的描写或分析。

丁声树等（1961：21—22）指出这类句子的谓语是主语的一部分，提出来表示主语的特性。赵元任（1979：55—60）认为这类句式是一种零句采取名词前边加形容词的形式，具有归类作用，其否定式用"不是"，这类句子还可以把句末的名词移至形容词前，比如："这人犟脾气"

[①] 本章的前三节内容曾以《论形名结构做谓语的句子性质》为题在《澳门语言学刊》2015年第2期发表，此次整理有增改。

[②] 有文献称为"名词性谓语句"，本章沿袭比较通行的名称"体词谓语句"。王红旗把这类体词谓语句称为"描写类体词谓语句"。见王红旗《体词谓语句的范围和语法形式》，《汉语学习》2016年第2期。本章所指的"体词谓语句"如无特殊说明，单指名词性偏正结构作谓语，其修饰语为形容词，且不带"的"，即"形+名"结构。

可以说成"这人脾气犟"。冯凭（1980）认为该结构中形名结构是对主语的性质特征加以描写，不是予以判断和肯定。朱德熙（1982：102-103）指出，这类句式中的形容词由性质形容词充当，如果谓语前面加上"是"就变成动词性谓语，比如："他厚脸皮"添加"是"就成了"他是厚脸皮"；其中，这种作谓语的名词性偏正结构的中心语所指的事物必须是主语所指示的人或事物不可分离的一部分，所以能说"这人黄头发"却不能说"这人黄裤子"；如果在形容词和名词之间插入定语标记"的"，那么这个偏正结构就不能作谓语，比如："这个人高个子"就不可以说成"这个人高的个子"。

刘月华等（1983：419）指出，这类句子的谓语部分多是描写主语的状况、特征或属性。叶长荫（1987：132）专列一小节讨论"形+名"构成的体词谓语句，指出这种形式比较多，使用的频率比较大，这类谓语是对人或事物的特征加以描写；这类体词结构在形式上是不可分离的整体，具有一种原来体词所不具备的新的描写意义，并据此陈述主语（1987：123）。阮绪和（2004）研究认为这类结构中的形名结构具有描述性，其描述功能主要来自结构中的形容词，删除该形容词就会造成句子不合法。郝思瑾（2007）指出这类体词谓语句的谓语往往是比较复杂的结构，很少是单一的体词，其修饰成分以形容词居多，作谓语的体词短语是一个整体，具有原来单个名词不具备的功能（陈述或者描写主语），这类谓语中的修饰语很重要。陈满华（2008：165）指出这类形名结构直接做谓语，其语义基本上是外貌描写和对人品、性情等的评判；同时指出"他大眼睛"合适的转换式是"他眼睛大"（2008：58）。周国光、赵月琳（2011）认为删除这类体词谓语句的形容词会造成句子语义不自足从而不合法（"他厚脸皮→*他脸皮"），但是，增加形容词就可以使非法的体词谓语句合法（*张三鼻子→张三大鼻子），该研究认为形容词的作用就是保证句子的合法性，其功能是凸显结构的区别义。

这些研究对这类体词谓语句的结构特征、句法特点以及表达功能提出了富有见地的认识，概括起来有如下三点：（一）句子的主语与形名结构中的名词有整体与部分的关系（丁声树等，1961；王红旗，2016），这类句子可以跟主谓谓语句进行变换（赵元任，1979；陈满华，2008）。（二）形名结构在句中作谓语。这里有三点要注意：①形名之间结合紧密，中间不能加表修饰关系的助词"的"（朱德熙，1982）；②形容词是很重要的成分，承担该结构的主要功能（区别意义），一定不可以省，否则句子不成立（叶长荫，1987；郝思瑾，2007；周国光、赵月琳，2011）；③进入该结构的形容词以单音节为主，多用在口语中（具体参看文献中的例句）。（三）这类句子具有描述性，多用来描述主语的性质或者属性、特征（冯凭，1980；刘月华等，1983；叶长荫，1987；阮绪和，2004；王红旗，2016）。

学者们的研究加深了我们对于该结构的认识，同时也留下了一些疑问。

第二节　关于"体词谓语句"的疑问

一　能进入该结构的形容词有多少？

很多文献对这类体词谓语句的论述一般都采用列举手段，举几个典型的例句然后加以说明分析，但是该结构的范围到底有多大，能够进入该结构的形容词到底有哪些，以往的文献很少专门论及。

我们根据《汉语形容词用法词典》[①]所收录的163个单音形容词进行逐一考察，发现能够进入这类体词谓语句且能与主谓谓语句进行替换的形容词有34个[②]，其中成对的正反义词12组，减去1个重复的，共23个[③]，

[①] 词典的编者在凡例中注明该词典共收录形容词1067条，"主要是常用形容词，也有一部分有特点的形容词"。所以本节的考察并不能涵盖所有能够进入"体词谓语句"的形容词，考察中也发现还有一些可以进入该结构的形容词没有被该词典收录，比如"他中等身材→他身材中等"（"中等"在《现代汉语词典》第5版中注明是形容词）；"这个人脾气犟→这个人犟脾气"中的"犟"。

[②] 我们的考察方式是根据语感造句，对于不确定的词则在北京大学中国语言学研究中心在线现代汉语语料库（CCL）进行核实。有一些形容词只能够构成"体词谓语句"而不能与主谓谓语句变换，这类形容词不纳入统计，比如：林娜蓝眼睛→? 林娜眼睛蓝。还有的词在形式上和意义上满足条件，比如"轻"，"巴老个子瘦小，轻声细语""宋庆龄轻声细语，却又说得十分清晰"。这两例都来自CCL，其中的"轻声细语"也可以转换为"巴老/宋庆龄声轻语细"。但是因为"轻"不能单独使用，所以也不列入。

[③] 有三点需要说明：（1）括号内的名词即是能够满足考察条件的名词，它只是举例性的，没有包括所有符合条件的名词，比如满足"厚/薄"的名词还可以是"脸皮"；（2）括号内的问号"?"表示该字应该有这样的用法，但是语料库中没有找到；（3）"高"出现两次（高矮、高低）只记一个。

分别是：

矮—高（个儿）	白—黑（皮肤）	薄—厚（嘴唇）
粗—细（胳膊）	大—小（叶子）	短—长（头发）
多—少（雨）	坏—好（脾气）	软—硬（心肠）
窄（？）—宽（额头）	深—浅（颜色）	高—低（学历）

还有一些没有反义词而落单的词①，共11个，比如：臭（脾气）、怪（脾气）、红（头发）、急（脾气、性子）、倔（脾气）、浓（眉毛）、平（胸）、晴（天）、碎（嘴）、歪（鼻子）、圆（脸）。

这些形容词占到了单音形容词的21%，也是不小的比例。它们可以描写人的特征，包括身体的部分，比如头发、嘴（唇）、胸、皮肤、胳膊、眉毛、额头等，也包括身体之外的特点，比如脾气、学历；也可以描写事物的部分或特征，比如叶子、颜色等。

二 "体词谓语句"的定性有问题吗？

从引言部分的论述中发现一个现象：各家在讨论这类句子时都默认了例（1）中的"小眼睛"等是一个整体的结构，由此把这些句子视为体词性谓语句，然而并没有论证句子中的"A+N"（"小眼睛/急性子/大叶子"）是一个不可分割的结构。一般来说，线性序列上临近的"A+N"通常是定中结构，这也可能是很多文献没有论证就直接把该结构视为体词性短语，把例（1）定性为"体词谓语句"的原因。但是这种"默认"却并不合适。

现代语言学之父索绪尔提出语言的重要特点之一就是符号的线条性（索绪尔，1999：106）。在结构主义语言学看来，语言是由不同层级的结构单位按照一定的排列规则组合而成的表达系统，也就是小的语言单位按照规则组合成大的语言单位，大的语言单位再根据一定的规则组合成更大的语言单位。

---

① 其实有不少形容词已经和名词凝结成了一个词，比如"细"和"细心"。我们认为"细心"也是从"他心细"再到"他细心"最终完成固化的。冯凭（1980）指出这类体词谓语句形名词组结合相当紧密，已接近于一个形容词，它们有的还经常与一些副词结合，比如"他特别小心眼""你好大胆子"。其实即便是句中添加了副词，它们仍然是存在转换关系的，比如"他心眼特别小/你胆子好大"。所以本节依然把"细心"的"细"算为能够进入"体词谓语句"的形容词。这个问题我们需另行讨论，此处不拟展开。

但是，语言的线条性往往会掩盖句法结构的隐蔽性，线性序列上的临近并不代表句法结构上相关联。生成语言学认为语言的结构有 D-结构和 S-结构之分，两者之间存在转换关系，有时候线性序列上的临近关系与句子的结构关系相一致，但并不总是这样的。比如：打碎了他四个杯子/吃了他三个苹果，单从线性序列上看，"他"和"四个杯子/三个苹果"之间是修饰关系，是一个结构，这也是很多人把该句式认定为单宾语句的重要依据。可是，徐杰（1999b）和陆俭明（2002）分别用"约束理论"和语义指向分析得出结论，"他"和"四个杯子/三个苹果"都是"打碎"和"吃"的宾语，两者是同一个节点下的姐妹关系，而不是修饰限定关系。这就生动地说明，并不能简单地依据线性序列来确定句法上的结构关系。

因此，我们不能因为"小"和"眼睛"在线性序列上临近就认为它们是一个结构。相反，把该结构分析为"体词谓语句"有几个问题需要解释或明确。

（一）"体词谓语句"的定性无法解释它与其他句法格式之间的相关性[①]。赵元任（1979：59）、张静（1987：357）、陈满华（2008：58）等很多学者都指出这类体词性谓语句与主谓谓语句存在变换关系。例如：

(2) [A]式 名词$_1$+形容词+名词$_2$ ⟹ [B]式 名词$_1$+名词$_2$+形容词
　　　张三眼睛小。　　　⟹　　　张三小眼睛。
　　　这个人性子急。　　⟹　　　这个人急性子。
　　　这棵树叶子大。　　⟹　　　这棵树大叶子。

朱德熙（1986）提出了"变换分析的平行性原则"，认为变换前后的两个句式之间必须遵循一定的原则，即变换前后两个句式之间语法意义上的差别一致，句式共现词之间的语义结构关系也必须保持一致。也就是说，如果认为例（2）A 是体词谓语句，"小"与"眼睛"之间是修饰关系，那么就无法解释它与例（2）B 的相关性，因为例（2）B 中"小"和"眼睛"在

---

① 陆俭明（2005：84）指出变换分析的客观依据就是句法格式的相关性，即表面上看起来看似不相同的句式之间实际上存在一定的内在联系。

句法上是陈述关系而不是修饰关系。所以"体词谓语句"的定性没办法解释为什么［A］［B］两类句式中前者的形容词是"体词谓语句"的修饰语，而后者的形容词却是作谓语的主谓短语中的谓语中心。

（二）"体词谓语句"的定性无法解释句末名词性成分的赋格问题。格位理论（Case Filter）得到了世界上很多语言的验证，它的主要内容就是：如果一个具有词汇形式的名词短语出现在句子当中，那么它必须得到格位指派，否则句子不合法。以此来审视"张三小眼睛"就会发现，如果该结构是体词谓语句，那么就无法解释句末名词短语"眼睛"是如何获得格位指派①从而使得句子合法。因为句首名词"张三"可以从句子的中心获得主格指派，形容词"小"不能指派格位，"眼睛"就没办法获得格位指派，但是该句子是合法的，这也说明"体词谓语句"的定性是有疑问的。

（三）该结构不适合补出"是"或者其他动词，而很多体词谓语句都可以在句中补出"是"或其他动词②。比如：

（3）前天星期一。→前天是星期一。（叶长荫，1987）
每个礼拜两三节课。→每个礼拜上两三节课。（箭头左边的例句来自石定栩，2011）
大伙儿你一条腿，他一块胸脯，真过瘾→
大伙儿你啃一条腿，他吃一块胸脯……（同上）

而本节所论及的体词谓语句中不适合添加"是"或者其他动词。对比以下例句：

（4）他们高学历。　　　　　　　? 他们是高学历。
张三红头发。　　添加"是"→ ? 张三是红头发。
这棵树大叶子。　　　　　　　?? 这棵树是大叶子。

---

① 有格位指派能力的只能是中心成分，如动词、介词（都指派宾格），名词指派定语领有格，曲折范畴 I（Inflection）是整个句子的中心成分，负责指派主格。

② 需要特别说明的是此处的"是"是谓语动词，准确说是判断系词，而不是表示强调的助词。"是"的性质与下面的论述密切相关。

例（4）箭头右侧在语感上似乎也能接受，就是会有点怪，主要原因是箭头右侧的例句在逻辑上说不通的，"他们""张三""这棵树"怎么跟"高学历""红头发""大叶子"等值呢？只是因为修辞的原因（以特征代指整个名词①），结构中的名词性成分被省略了，例（4'）才是其完整表达：

(4') a 他们是高学历的人。
　　 b 张三是红头发的人。
　　 c 这棵树是大叶子树。

（四）该结构的否定形式不是添加"不是"，这与很多体词谓语句也不一样。其他的体词谓语句的否定形式是在体词谓语前加上"不是"，比如：

(5) 今天星期天。今天不是星期天。

　　　　　　否定
　　他二十岁。　他不是二十岁。

但是例（4）箭头左侧诸例句的否定应该是下列形式②：

(6) a 他们学历不高。
　　 b 张三头发不红。

---

① 魏在江（2017）认为这是转喻现象。但这并不能解释"这棵树是大叶子"很别扭的原因。

② 这类结构的否定很值得关注，目前所有的教科书都认为该结构的否定是加"不是"。笔者曾问过不少同学，说到这些结构的否定式，他们的第一反应就是加"不是"，但是如果设置具体的语境，比如，A 问"张三有什么特征？"B 回答"张三红头发"，如果此时 C 质疑或者否定 B，有的同学则会认为 C 更倾向于说"张三头发不红啊，挺黑的"。再比如，A 对 B 的优点进行罗列时会说"你高学历，大眼睛"，如果 B 不认可，就会否定说"我学历不高，才硕士毕业；眼睛也不大，眼皮都是单的"，而不大会说"我不是高学历，我不是大眼睛"。还有一个有意思的现象：据笔者观察，语言学专业的学生认可例（6）这种否定式的比例低于非语言学专业的学生，可能的原因是语言学专业学生对一般体词谓语句添加"不是"来否定印象太深刻了，以至于会影响他们对实际语境的判断。

c 这棵树叶子不大。

第三节 形容词谓语句的论证

鉴于以上的疑问，有必要重新思考例（1）各句的性质。我们认为它们是形容词谓语句，具体可以从以下三个方面进行论证：

一 中心语与修饰语地位不平衡

布龙菲尔德（1980：241）指出在向心结构中，一个短语的形类通常跟包含在短语中的中心词的形类相同。所以任何短语或句子的中心成分不可以删除，否则会影响结构的性质或者句子的合法性，而其限定或附加成分的删除不影响结构的性质或句子的合法性，比如：

（7） a 美丽的姑娘（名词性结构）⇒姑娘（名词）
　　　 吃苹果（动词性结构）　　⇒吃（动词）
　　　 我打篮球。（主谓句）　　⇒我打/打篮球。（主谓句/非主谓句）
　　　 价钱便宜。（主谓句）　　⇒便宜。（非主谓句）
　　 b 美丽的姑娘（名词性结构）⇒美丽的（形容词）
　　　 吃苹果（动词性结构）　　⇒苹果（名词）
　　　 我打篮球。（动词谓语句）⇒我篮球（不合法）
　　　 价钱便宜。（形容词谓语句）⇒价钱（名词）

例（7）a 删除了修饰语或附加语，只保留结构的中心语，剪头前后结构的性质或者合法性不受影响；例（7）b 删除了结构中心语，剪头前后结构的性质或者发生变化或者不合法。

例（1）中的形容词不可删除，相反，其后的名词可删除（删除会改变语义或者影响了表义的明确，但是不影响句子的合法性）。例如：

（8） a 张三小眼睛。　　⇒张三小。
　　　 这个人急性子。 ⇒这个人急。

　　　　　这棵树大叶子。　⟹这棵树大。
　　　b 张三小眼睛。　　⟹＊张三眼睛。
　　　　　这个人急性子。　⟹＊这个人性子。
　　　　　这棵树大叶子。　⟹＊这棵树叶子。

　　例（8）a 删除了句末名词虽然表义上与原句差别很大，但是整个句子还是合法的，例（8）b 删除了形容词之后根本就不合法，说明形容词是整个句子的必有成分，不是可以随意删除的。以上的讨论说明例（1）各句的谓语中心成分是形容词，而不是体词结构。

二　短语层面与句子层面不一致

　　偏正短语的"小眼睛"与"张三小眼睛"中的"小眼睛"句法性质不一样。朱德熙（1956、1980：9）指出，形名结构常常表现出一种"单词化"倾向。范继淹（1958、1986：10）进一步指出，形容词性成分和名词性成分结成一个紧密的"形·名"组合，构成一个整体的句法单位。程工（1999：153）更认为"形·名"组合是构词现象而不是句法现象。

　　很明显，以上的论断都是在静态的短语层面作出的，而句子不是一个静态的组合，而是一个动态的实现，语法组件单位只有入句之后才能判定其性质。以上的论断放在短语层面或者在一般的句子中是没有问题的，可是在"张三小眼睛"中"小眼睛"已经不是一个组合，而是分属于不同的语法层次。

　　范继淹（1958、1986：10）研究了"形·名"组合的特点：可以修饰别的名词性成分，比如：大眼睛+姑娘，这是符合一般语言事实的。但是，在"小花大眼睛"中我们却观察到了恰恰相反的现象，例如：

　　　（9）a 小花大眼睛。
　　　　　b＊小花大眼睛姑娘。
　　　　　c 小花是大眼睛姑娘。

　　例（9）b 不合法说明"大眼睛"不能做修饰语，它在例句中并不是"形·名"组合；例（9）c 与例（9）b 形成鲜明的对比，前者之所以合法就是因为"大眼睛"是作为一个"形·名"组合修饰"姑娘"的，然后整个名词短语（"大眼睛姑娘"）作了谓语的一部分，或者说作了"是"的宾语。

阮绪和（2004）指出这类体词谓语句中形名结构的"描述义是潜在的，在构词平面不会显示出来，只有在句法平面才会显示出来"。这一观察无疑是细致的，同样的线性排列，一个在短语层面，一个在句法层面，两者的性质不能混为一谈。更为重要的语法事实是，"张三小眼睛"中的"小"和"眼睛"不是一个整体的结构，两者虽然在线性序列上临近，但它们是没有直接关联的句法成分。这在下面例句的对比中显得更清楚：

（10）a 张三小眼睛。
　　　b *张三小眼睛男生。
　　　c 张三是小眼睛男生。
　　　d 眼睛，张三小。
　　　e 张三眼睛小。

例（10）b 不合法而例（10）c 合法说明"小眼睛"在例（10）b 中不是整体的结构，不能做修饰语，而在例（10）c 中恰恰相反［见例（9）分析］；例（10）a 和例（10）c 的对比说明，两个例句中的"小眼睛"也是不一样的，后者是一个完整的组合，而前者不是。例（10）d 和例（10）e 显示，例句中的"眼睛"移至句首或者主语之后都不影响句子的合法性，在语义上"眼睛"与句首名词成分"张三"是领属关系，"小"和"眼睛"之间不是修饰关系而是陈述关系。

鉴于以上的观察，我们认为处于句子末尾的名词成分"眼睛"跟形容词"小"不在同一层面上。这些对比也说明形容词才是谓语的中心成分，该结构的中心不是形名组合成的体词结构。吕叔湘（1966）指出："谓语里的形容词常常用它的本来的、一般的意义，而形名组合里的形容词非常容易取得引申的、专门的意义。"而在"张三小眼睛"中，"小"用的依然是本意，并没有什么引申义，这也从侧面说明例（10）a 中的"小眼睛"并不是"形名组合"。

三　重音位置的差异

从语音上来说，短语"小眼睛"与"张三小眼睛"中"小眼睛"的重音（自然重音）位置不一样，前者落在位置靠后的"眼睛"上，后句的重音落在"小"上。看例句：

（11）a 张三小眼睛。
　　　b 他有一双小眼睛。
　　　c 张三眼睛小。

例（11）a 的自然重音在"小"字上，而例（11）b 的自然重音在"眼睛"上。尤其需要注意的是，例（11）a 与其变换式例（11）c 的重音位置是一样的。

其实，早有学者注意到这一结构的"特殊性"。张志公认为例（1）各句的名词短语里的修饰语是缺少不得的，名词短语之所以能作谓语，就是因为它前边有那个修饰语，这种名词短语具有形容词性质（转引自冯凭，1980）。白俊耀（1982）把例（1）这种结构叫作"形名谓语句"，以区别于体词谓语句。朱德熙（1984）指出"他们俩黄头发"是定中结构（"黄头发"）作谓语，该结构是以形容词和中心语名词组成的名词性成分，因为它们处于谓语的位置，所以称为"准谓词性偏正结构"。张静（1987：357）认为，可以把"黄头发"等看作名词性短语临时活用为形容词性短语，虽然有点勉强，但能应付过去。陈满华（2008：154）指出体词性短语的形容词赋予整个短语一定的谓词性。刘顺（2003：227）指出这类句子中做定语的形容词是句子的语义结构中心，映现到表层结构上，这类形容词就充当了定语。

修饰语把谓词性特征渗透或赋予整个短语也好、形名谓语句也好、准谓词性偏正结构也好、临时活用也好，句法结构中的定语同时又是语义结构中心也好，这些解释都有一点牵强或者只是换了名称并没有解决实际问题，这也说明学者早已觉察到了其中的悖论。我们知道，中心语之所以是中心语恰恰是因为它能够把其特征渗透给整个结构，而不可能是修饰限定成分把特征渗透给整个结构。这就好比一部戏当中，配角是配合整部戏的，主角才是整部戏的灵魂，而如果"配角"成了戏的灵魂和主导，那"配角"就不再是配角而是主角了。陈满华（2008：53）指出体词谓语句的主语和谓语的语义关系比形容词谓语句①的主谓关系要复杂，形容词谓语一般不外乎是对主语的性质、特征、属性等进行限制或者说明，基本上都可以归于描写、形容的类型。而例（1）各句其实也就是对主语性质特征属性的说明，是描述性的。这也从侧面说明把它们分析为形容词谓语句是合理性的。

学者们之所以用"权宜之计"来处理该结构，是因为在处理过程中他们没有注意到该句式的实际句法结构与线性序列并不一致，没有发觉它的本质特征。如果把例（1）各例看作以形容词为谓语中心语的句子，那么一切问题就都迎刃而解了。

四 总结

形名结构作谓语这一类"体词谓语句"是现代汉语中比较特殊的一种句法结构，有不少学者甚至为其单独命名以便于讨论。本节以《汉语形容词用法词典》中的163个单音节形容词逐一考察，发现有34个单音形容词能够进入该结构，占该词典单音形容词的21%。

"体词谓语句"的定性是把显性的线性序列等同于隐性的句法结构，该定性不仅不能解释它与主谓谓语句（"张三眼睛小"）之间的转换关系，也不能解释该结构中句末名词性成分"眼睛"的格位指派问题，更不能解释该定性带来的诸多矛盾。本节从三个方面论证了该结构是形容词谓语句。

1. 形容词在句子结构中的独特地位（不可删除，使得句子具有描述性）说明它不是处于修饰语的位置，而是谓语中心；2. 偏正短语的"小眼睛"与"张三小眼睛"中的"小眼睛"句法表现很不一样，它们不属于同一个层面，即前者是短语层面，而后者是句法层面；3. 语音重音上来说，作为整体结构入句的"小眼睛"与"张三小眼睛"中"小眼睛"的自然重音不一样，前者的重音在"眼睛"上，而后者的重音落在"小"上。

把例（1）定性为形容词谓语句与朱德熙（1984）的基本主张一致（即只有谓词才能够作谓语，名词一般来说不能作谓语）。这一新的认识不仅可以很好地解释该结构与其他结构之间的相关性，也可以很好地化解学者们在体词谓语句框架下对该结构分析和解释的牵强。

---

① 此处是指通常理解的形容词谓语句，该专著把例（1）作为体词谓语句。

现代汉语中形名结构作谓语的"体词谓语句"其实是一种"误会",误把线性序列上临近关系等同于句子真实的结构关系。如果说该结构与一般的形容词谓语句有什么不同,那就是一般的形容词谓语句中形容词之后一般不再附加名词性成分,而该结构的形容词之后附有名词性成分。至于说如何解释形容词之后名词性成分的格位等问题,下节详细讨论①。

第四节 两种句式的共同特征

观察发现,形名结构作谓语组成的"体词谓语句"和保留宾语句有着诸多共性,我们把例句复述如下:

(12) 这棵树大叶子。　　(13) 王冕死了父亲。
　　　这个人急性子。　　　　　工厂倒了一堵墙。
　　　张三小眼睛。　　　　　　张三掉了两颗牙。

一 句末名词都很自由

两种句式的句末名词性成分有很高的自由度,既可以出现在谓词后面,也可以出现在谓词前面,比如:

(12') 这颗树叶子大。　　(13') 王冕父亲死了。
　　　这个人性子急。　　　　　工厂一堵墙倒了。
　　　张三眼睛小。　　　　　　张三两颗牙掉了。

所不同的是,移位前例(12)和例(13)分别属于"体词谓语句"和保留宾语句,移位后例(12')和例(13')都是主谓谓语句(或者叫"双主语句")。而且移位结构和原结构之间的语法意义差别一致,句式共现词之间的语义关系也是一致的,谓词依然是原来的谓词。

---

① 尽管本节论证了形名结构作谓语的结构是形容词谓语句,但是为了讨论方便,行文仍然把该结构称为"体词谓语句"。

二　句中名词的关系所受的限制一样

例（12）和例（13）两组例句中句首名词性成分和句末名词性成分都有总分语义关系①：这棵树—叶子、这个人—性子、张三—眼睛；王冕—父亲、工厂——一堵墙、张三—两颗牙。一般来说，谓词前后的两个名词性成分之间可以有各种各样的语义关系，比如：教师教学生，"教师"和"学生"之间是类义关系；大象酒其实不是真的酒，"大象酒"与"酒"是上下义关系。

但是例（12）和例（13）两种句式谓词前后的两个名词性成分可能具有的语义关系受到了很大的限制，更为重要的是，这两类句式所受的限制是完全一样的：谓词前后的两个名词成分都只能有广义的领属关系，比如"领有—隶属"（王冕—父亲；这个人—性子；张三—心眼/两颗门牙、工厂——一堵墙）、"整体—部分"（这棵树—叶子）。

三　句末名词的格位需要解释

例（12）和例（13）两类句式中的谓词都没有指派格位的能力②，前者的谓词都是形容词③，"大/急/小"；后者的谓词都是非宾格动词（见第三章讨论），"死/倒/掉"。与此同时，两类谓词后面又都有一个需要被指派格位的名词性成分："叶子/性子/眼睛"；"父亲/一堵墙/两颗牙"。需要格位的句末名词都位于不能指派格位的非宾格动词或形容词之后，但是句子都合法，所以句末名词的格位需要解释。

四　两种句式的同义结构相类似

除了以上三点外，它们还有一个共性：两者的同义结构很相似，分别是："王冕的父亲死了"；"这棵树的叶子大"，也都是"领有名词+的+隶属名词（表整体的名词+的+表部分的名词）+没有指派格位能力的谓词"。

总之，例（12）的"体词谓语句"和例（13）的"保留宾语句"至

---

①　总分语义关系也就是整体与部分关系。见邢福义、吴振国：《语言学概论》，华中师范大学出版社2002年版，第131页。

②　一般认为，能够赋格（结构格）的只有I（曲折成分，赋主格）、P（介词，赋宾格）、Vt（及物动词，赋宾格），而Vi（不及物动词，比如"死"等）和形容词都是不能赋格的。

③　形容词与动词的一个重要区别就是前者不能带宾语。

少在以上四个方面呈现出一致性。按照扩充的格位理论，句末名词性成分没有得到谓词宾格指派是不合法的，但是这些句子都合法，带来的疑问就是：为什么句末名词那么自由？它们的格位是怎么得到满足的？为什么谓语前后的两个名词成分之间的语义关系会受到相似的限制？两种句式看似无关，为什么共有以上特征？

第五节　统一的解释："非宾格谓词"

玻尔马特（Perlmutter，1978）提出了著名的"非宾格假设"（Unaccusative Hypothesis），自此非宾格句法现象得到了学术界的普遍关注。布尔齐奥（Burzio，1986）在此基础上研究认为，动词不能分派外题元角色和不能授宾格之间是相互关联的，即"Burzio 定律"。此后，各国的学者围绕"非宾格"动词与时体、主语及物性以及某些特殊标记的关系等问题进行了丰富的探索。比如，勒让德和斯摩梭斯基（Legendre & Smolensky，2009）论证了法语当中起始体（inchoative）与非宾格的密切关系，即法语当中的所有起始体动词都是非宾格的；迪欧（Deal，2010）以内兹佩尔塞语（Nez Perce）为视角讨论了非宾格与及物性主语之间的关系；亚历山德拉和沙弗尔（Alexiadou & Schäfer，2011）通过"*there*-插入"（"*there*-insertion"）讨论了非宾格动词内部的错配（mismatch）；亚历山大（Alexander，2011）讨论了俄语中相互标记（reciprocal marker）与非宾格动词之间的关系，即只要动词带上了前缀 *vzaimo*-"mutually"（"相互"）就变成了非宾格动词。在汉语言学界，杨素英（1999）用语言事实证明非宾格与非作格在不及物动词内部的对立；黄正德（2007）把一元不及物动词中非宾格和非作格的对立扩展到二元动词和三元动词。这些研究深化了学界对非宾格现象的认识。

但是，正如莱文和拉帕波特（Levin & Rappaport，1995）所指出的，"非宾格"的诊断（diagnostic）应该依据句法特征（syntactic property），理查（Richa，2008）也认为"非宾格"的诊断也会因语言的不同而有不同的结果。所以，尽管"非宾格假说"一开始是针对不及物动词，但是辛葵（Cique，1990）明确提出不及物动词内部非宾格和非作格的区分应该拓展到形容词，该研究通过意大利语和法语等语言中的相关现象论证了非宾格形容词与非作格形容词相互区别、独立存在。魏丽滨（2013）指出汉语的形容词谓语句分为非宾格和非作格,诸如"他们家烂了一筐梨""江北岸荒着大片土地"等属于非宾格形容词谓语结构。

现代汉语中形容词作谓语是其基本的句法功能之一①,因此,有不少学者把动词和形容词统称"谓词"(朱德熙,1982:55)。例(12)和例(13)分别涉及的非宾格动词和非宾格形容词都应该属于"非宾格谓词"(unaccusative predicate;Perlmutter,1978),可以据此对"体词谓语句"和保留宾语句做出统一的解释。

第六节 两种非宾格结构的生成

一 保留宾语句的生成

上一章我们详细讨论了保留宾语句的生成,此不赘述,为了便于阅读,此处把"王冕死了父亲"的生成机制展示如(14):

(14)

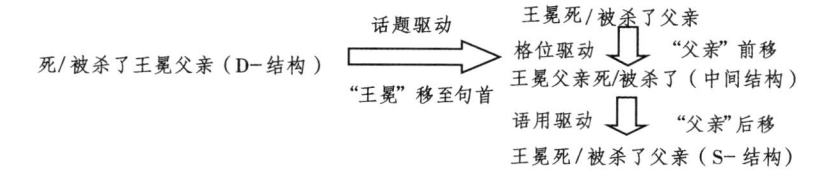

死/被杀了王冕父亲(D-结构) →话题驱动"王冕"移至句首→ 王冕死/被杀了父亲 ↓格位驱动"父亲"前移 王冕父亲死/被杀了(中间结构) ↓语用驱动"父亲"后移 王冕死/被杀了父亲(S-结构)

二 "体词谓语句"的生成

如前所述,作为非宾格句法现象,"体词谓语句"与保留宾语句一样,也是一个深层无主句,所以其基础形式是"大这棵树叶子","这棵树"和"叶子"之间也是领属关系(具体论证参看第三章第三节)。

"体词谓语句"的生成也分有三步:第一步,领有名词性成分"这棵树"受"话题驱动"移至句首;第二步,隶属名词性成分"叶子"因为没有格位,受"格驱动"移位至谓词之前,两个名词性成分分别得到不同层级中心语指派的主格;第三步,隶属名词受语用的影响(凸出句首成分得到突出)漂移(scrambling)至句末,最终生成"这棵树大叶子",

---

① 胡明扬(1996:3)研究认为,口语中形容词作谓语的出现率是53.4%,差不多是作定语的两倍(用作定语的出现率为27.9%)。

如图（15）：

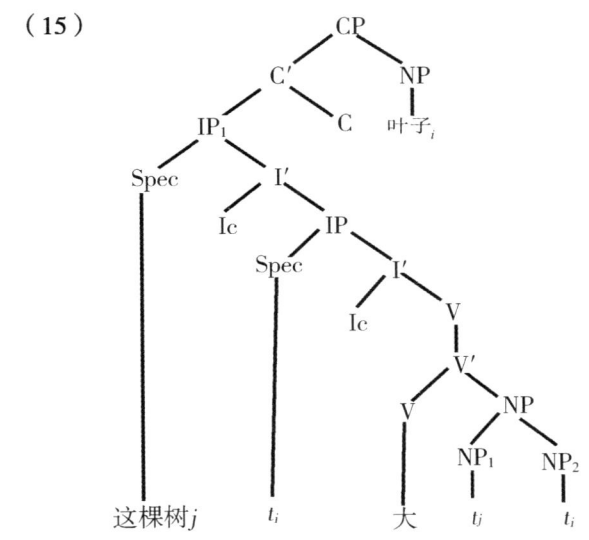

（15）

```
                    CP
                  /    \
                 C'     NP
                / \      |
              IP₁   C   叶子ᵢ
             /  \
          Spec   I'
                / \
               Ic  IP
                  / \
               Spec  I'
                    / \
                   Ic  V
                      / \
                     V'
                    / \
                   V   NP
                      /  \
                    NP₁  NP₂

   这棵树ⱼ    tᵢ    大    tⱼ    tᵢ
```

结构中的 NP 都得到了格位指派①（"这棵树"得到了主格；"叶子"也得到了主格）：两个中心语 Ic 和 Ic_1 分别把主格格位赋予了其前的名词性成分"这棵树"和"叶子"，释放了它们的格能量；句子前面有需要赋格的 NP（"这棵树"和"叶子"），吸纳了中心语的格位能量。该结构遵守了扩充的格位理论（GCF），句子合法。

由此可以看出，"体词谓语句"与保留宾语句的生成方式完全一样，这是因为它们都包含一个"非宾格谓词"，有着相同的 D-结构，相同的句法操作，都有一个中间结构（"王冕父亲死了"/"这棵树叶子大"），NP_2（"父亲"/"叶子"）受语用因素（使得句首成分得到凸显）的影响，隶属名词"漂移"至句末。至此我们也就可以对两种句式存在的诸多共同点作出解释：

（一）两类句式中句末的名词性成分是自由的，既可以出现在谓词之前，又可以出现于谓词之后，是因为同为非宾格句法现象，它们有着相似的 D-结构并且都经历了相似的句法操作，它从句末移位至谓语前得到格位，最后受语用因素影响带着格位漂移至句末。

---

① 徐杰（200：97-101）以跨语言的视角研究了现代汉语中"这棵树叶子大"这类多主语结构，认为该结构是一种 IP 多层递归套叠，"这棵树"和"叶子"分别得到不同层次句子中心语指派的主格。

(二）谓词前后两个名词成分之间的关系之所以比较受限，是因为两类句式在其 D-结构（"死了王冕父亲"/"大这棵树叶子"）中两个名词性成分就是一个整体，是广义领属关系，领有-隶属关系或者整体-部分关系。

（三）作为非宾格句法结构，其句末的名词性成分在原位是没有格位的，它们移位到非宾格谓词前面获得谓素 Ic 指派的主格，受语用因素的影响漂移至句末。看似和 D-结构一样，位置没有变化，但是它们是带着主格回来的。

（四）两类句式同义结构的相似性是由于谓词前后的两个名词成分之间的领属关系可以通过插入具有强制性的领属标记"的"来实现①。

第七节　小结

本章首先在前人研究的基础上总结了学界对形名结构作谓语的体词性谓语句的研究，提出了对于该句式定性的疑问：无法解释它与相关格式的相关性；句末名词成分的格位问题；不能像其他体词谓语句一样补出动词；其否形式也不是添加"不是"。并从修饰语与中心语的地位不平衡、短语层面与句子层面的不同、语音重音的不同三个方面论证了该结构的谓语中心语是形容词本身。这一结论不仅可以很好地解释该结构与主谓谓语句的变换关系，也可以很好地化解之前研究中的牵强和悖论。

考察发现，现代汉语的体词谓语句（"这棵树大叶子"）与保留宾语句（"王冕死了父亲"）有着一系列的共同特点：1. 句末名词性成分很自由，可以在谓词后面，也可以在谓词前面；2. 谓词前后名词性成分的关系受到的限制一样；3. 句末名词性成分的格位问题都需要解释；4. 两者同义句式的结构一样。

基于"非宾格假设"并根据辛癸（Cinque，1990）、魏丽滨（2013）

---

① 需要说明的是：从语义上看，有"的"无"的"关系不大，都是领属性结构，但是"的"的有无会引起整个句法结构的变化。因此，一旦两个名词之间添加了"的"，句子就是单纯的主谓句，而且中心词（"父亲"和"叶子"）也就不能随意移位，这种句子与英语是一样的（英语中没有保留宾语句和体词谓语句）。详见第三章第三节的讨论。此外，更为重要的是，日语中"张三心眼小"这句话也有两种表达，即"张三，心眼小"和"张三的心眼小"。感谢坦桑尼亚达累斯萨拉姆大学孔子学院公派教师黄丹提供的翻译。

等对非宾格形容词的研究，本章认为"非宾格谓词"可以对这两种句式进行统一解释。同为非宾格句法现象，两类句式共有一系列句法特征并非偶然：它们有着相同的 D-结构，也都经历了相同的推导过程，即领有名词性成分受话题化驱动移位至句首，隶属名词性成分受格位驱动移位至谓词前，两者分别都得到了不同层级的句子中心 Ic 指派的主格格位，隶属名词受语用因素的影响（凸显句首成分）携带主格漂移至句末。

本章以扩充的格位理论为基础，在前贤研究的基础上把非宾格动词现象和非宾格形容词现象联系起来统一解释，可以深化学界对现代汉语非宾格句法现象的认识。

第五章

扩充的格位理论与连动句

第一节 连动句研究前史[①]

连动句[②]，顾名思义，就是两个或两个以上动词连用的句子。然而，在汉语语法研究史上，学界对它的研究从第一部语法著作问世到"连动句"的正式提出却经历了半个多世纪。我们大致把它分为五个阶段：

一 第一阶段 共性期

时　　间：19 世纪末至 20 世纪 20 年代中期

代表人物：马建忠

代表著作：《马氏文通》

1898 年出版的马建忠的《马氏文通》（以下简称《文通》）就注意到这种现象，并专列一节"动字相承[③]"（"动字相承五之三"）来讨论。他论述道：

> 一句一读之内有二三动字连书者，其首先者乃记起词之行，名之

[①] 本节内容曾以《汉语连动句研究前史》为题在《汉语国际教育研究》（第 1 辑）发表。此次整理有部分改动。

[②] 本章所谓的"句"是指单句，所谓的"连动"，是针对"动词或动词结构"来说的，而不是"谓语"。很多文献把句子中这种"动词的连用"称为"动词的散动式"（简称"散动词"）"连动""复杂谓语""复谓语"等。详见下文讨论。

[③] 需要指出的是，《文通》中的"动字相承"范围比较大，不仅包括坐动与散动这样的结构关系，还包括先后相承的两个句子间的关系。（见吕叔湘、王海棻《马氏文通读本·导言》，上海教育出版社 1986 年版，第 23 页）

曰坐动；其后动字所以承坐动之行者，谓之散动①。（马建忠，2010：208）

并举例：

（1）故远人不服，则<u>修</u>文德以<u>来</u>。（《论语季氏将伐颛臾》）
（2）欲其<u>长久</u>，世世<u>奉</u>宗庙<u>亡绝</u>也。（《高祖·求贤诏》）

例（1）、例（2）中划"修"和"长久"是坐动词，"来"和"奉""亡绝"是散动词。

从以上两例可以观察到以下几点：（1）选用的例句是古代汉语的②；（2）"动字相承"中"动字"包含了形容词，如"长久"；（3）"动字相承"既可以指单句中的动词连用［例（1）］，也可以指复句中的动词连用［例（2）］；（4）"动字相承"可以是两个动词，也可以是两个以上；（5）连动结构中，"坐动"在前，"散动"在后，后者承接于前者。

小结：《文通》已经关注到汉语中连动现象，由于作者创作理念的原因，它只涉及古代汉语，而没有提到近代汉语的相关现象。即便是对于古代汉语中的这种语法现象，也只是提出来，并没有对它们提出解释。

二　第二阶段　摸索期

时　　间：20世纪20年代中期至40年代初期
代表人物：黎锦熙

---

① 关于《文通》中的"散动"，有人认为它是对译西方语言中的不定式（王力《王力文集》第1卷，山东教育出版社1984年版，第134页；吕叔湘《吕叔湘全集》第10卷，辽宁教育出版社2002年版，第306页），有人认为它相当于英语中动词的"无定法"（infinitive）和分词（participle）（黎锦熙《新著国语文法》，湖南教育出版社2007年版，第73页）。如此一来，"坐动"就是对应于西方语言中的限定动词（定式动词）。需要特别指出的是，《文通》中的"散动"不仅可以出现在坐动之后，还可以用于"起词"（相当于现在所说的主语）、"表词"（相当于现代汉语的形容词性谓语和名词性谓语）、"司词"（相当于现在所说的介词宾语）、"偏词"（相当于名词短语的定语）。详见《文通》"散动诸式五之四"（2010：223-227）。

② 该书选例只取先秦、两汉和韩愈的文章，准确地说是："取四书、三传、史、汉、韩文为历代文辞升降之宗，兼及诸子、语、策"（《文通·序》，2010：5-6）。

代表著作：《新著国语文法》

黎锦熙的《新著国语文法》（出版于 1924 年，以下简称《文法》）是我国第一部系统全面研究白话文文法的著作，建立起了一个比较系统完整的白话文文法体系，奠定了现代汉语语法研究的基础。该书有四处论及动词的连用。

第一处　外动词所带的补足语的三种情况：

Ⅰ　外动词①中间有一类表示使令、请托或劝告等等的意思（反面就是禁止、拒绝等），那被使令、被请托的人或事、物（就是宾语），因为接受了主语的这种动作，便须发生一种相应的动作。这种相应的动作，就是主语所使令所请托的事情，这种事情在句子里面也是补足语。

Ⅱ　外动词中间，有一类表示称谓、认定或更改等等意思的；那些被称谓、被认定的人或事、物（就是宾语），自然要承受一个新名称，或发生一种新关系。

Ⅲ　表示情意作用的外动词，如爱、饿、希望、佩服、赞许、笑骂等，有时只涉及宾语的一部分的属性；这一部分的属性若要在宾语后声明出来，就成了补足语了。

（黎锦熙，2007：27—29）

分别举例如下：

(3) 工人｜请｜我｜报告。
(4) 工人｜推举｜张同志｜做代表。
(5) 我｜爱｜他们｜诚实。

以上各例的格式都是"主语+述语+宾语+补足语"，第一个动词是"述语"（也就是谓语），第二个动词作补足语。补足语分别补充说明宾语所祈使之事；宾语所认定之事；宾语所特指之事。（黎锦熙，2007：28-30）

---

① "外动词"相当于我们现在词类系统中的及物动词。

其中，例（3）和例（4）相当于我们通常所说的"兼语句"，例（5）相当于我们通常所说的"主谓结构作宾语"的句子。

  第二处 动词在句子里有时不做述语，而用作副词性附加语，就叫作"动词的散动式"，简称"散动词"①。
（黎锦熙，2007：72-73）

并举例：

  （6）他<u>笑</u>着<u>说话</u>。

这类情况相当于通常所说的"连动句"。
《文法》还单列一节讨论"复述语"：

  第三处 一个主语而有两个以上之述语的，叫作复述语。可以分为四类：
  Ⅰ 平列的 用"平列连词"。若不是共一个主语，便成平列的复句；
  Ⅱ 选择的 用"选择连词"。若不是共一个主语，便成选择的复句；
  Ⅲ 承接的 用"承接连词"，或竟不用。若不是共主语，便成承接的复句；
  Ⅳ 转折的 用"转折连词"。若不是共主语，便成转折的复句；
（黎锦熙，2007：189—194）

分别举例如下：

  （7）我们<u>一面</u><u>修理</u>房子，<u>一面</u><u>盖造</u>新房子②。
  （8）我<u>打算</u><u>上</u>他那儿<u>去</u>，<u>或者</u><u>请</u>他到我这儿来。

---

① 本句话不是原句，是剔除了无关的词语之后重新组合的。
② 《文法》没有对各例句作如是标注，此处是根据《文法》的原意来标示的，下同。

（9）医生治病，先看病在什么地方，再推断病的原因，再考究病人本来身体的强弱和生活状况，然后开方下药。

（10）他失败了，然而还有希望。

例句中的"加粗部分"就是各类连词，下加"＿＿＿"的动词都是由"同一个主语"支配。以上各例句都是"动词连用"的现象。

此外，《文法》在"复述语"一节的末尾提到另一种连动现象：

第四处 在主要成分方面的复成分，还有下之三式：
（11）你应该多读、多看"国语文"。
（12）我和你都应该多读而且多看"国语文"。
（13）我和你都应该多读、多看，而且多说那些"国语文""国音字母"以及"国语会话""国语文法"。

（黎锦熙，2007：194）

以上三例也是"动词连用"现象。

小　结：《文法》关注到了现代汉语中动词连用现象，并作了较为详尽的分析，但是可以看得出来，它对该类现象的分析还是有捉襟见肘的地方。比如，尽管《文法》对"复述语"和复句的界定采用的是"共一主语，是复成分；不共主语，便是复句"，但是该研究（2007：194）还是指出：有时就是共一个主语，也不能不作复句看待，因为一个主语所带的述语成分太多了，而述语方面所连带或附加的成分又太复杂了，就不能够看作单句了，比如例（9），主语"医生"后面跟了多个动词。此外，《文法》对单复句的处理意见缺乏统一性。对于连动句而言，首先得是单句，例（7）—例（10）这些句子应该算作复句，排除在连动句之外。此外，《文法》只是指出了现代汉语中的动词连用现象，也并未对它们进行解释。

三　第三阶段　深入期

时　　间：20世纪40年代初期至40年代末期

代表人物：王力

代表著作：《中国现代语法》等

第五章　扩充的格位理论与连动句

20 世纪 40 年代是现代汉语语法研究的一个重要阶段。这一时期，语法学家们不再仅仅停留于继续批评、模仿、比附西方传统语法，而是在接受并融汇西方语言学新理论的基础上，切实迈出了探寻现代汉语语法特点的步伐，王力先生是研究成绩最为卓著者之一。

王力出版的《中国现代语法》①（1943、1944）"首先建立起新语法体系"（郭锡良，2011）。其后又相继出版了《中国语法理论》（1944、1945）和《中国语法纲要》（1946 年出版，该书后更名为《汉语语法纲要》），这三本书采用了新的角度分析汉语的句子格式，根据谓语形式之间存在的各种不同的关系挖掘出了很多汉语特有的格式，与本章所讨论的连动句相关的就是"递系式""紧缩式"和"包孕谓语"。

> 递系式　如果一个连系还未能把意思充分地表达，可以再加另一次的连系在后面，这叫作递系式。有时候，还可以用三系式、四系式、五系式等。
>
> （王力：《中国现代语法》，1985：34）

并举例：

(14) 他出去｜开门。（"出去"是初系②，"开门"是二系）

(15) 我叫他｜打你。（"叫他"是初系，"打你"是二系）

(16) 我叫他｜出去｜买点心｜给你｜吃。（"叫他"是初系，"出去"是二系，"买点心"是三系，"给你"是四系，"吃"是五系）（此三例见王力：《中国现代语法》，1985：34）

(17) 是谁｜起这么刁钻的名字？（王力：《中国语法理论》，见《王力文集》第 1 卷，1984：135）

(18) 贾政还嫌打的轻。

(19) 这话说得太重。（此两例见王力：《中国现代语法》，1985：

---

① 上下册分别于 1943 年和 1944 年出版。该书最早是王力先生 1938 年在西南联大的讲义，于 1954 由中华书局重印，1985 年由商务印书馆合为一册出版。它与《中国语法理论》是姊妹篇，前者偏重于讲规则，后者侧重于讲理论。

② 王力先生把第一次的连系叫作初系，第二次的连系叫作二系或次系，以此类推。

88）

以上各例句次系以及次系之后的"系"本身用不着主语，它或借初系的主位为主语①，比如例（14）；"或借目的位为主语"，比如例（15）和例（16）；"或借表位为主语"，比如例（17）；"或借初系的谓语为主语"，比如例（18）和例（19）。

其实，依照现在通常的说法，例（14）属于连动句，例（15）属于兼语句，例（16）属于连动句与兼语句的融合，例（17）是强调句，例（18）和例（19）分别属于述补结构作宾语和谓语的句子。

紧缩式　凡复合句紧缩起来，两个部分之间没有语音的停顿者，叫作"紧缩式"。

（王力：《中国现代语法》，1985：107）

该书一共列举了七种紧缩式，其中积累式的紧缩和目的式的紧缩跟本章讨论的连动句相关，举例如下：

（20）兄弟来｜请安。
（21）大家吟诗｜做东道。
（22）宝玉因和他借香炉｜烧香。
（23）我送他几两银子｜使罢。

其中，例（20）和例（21）属于积累式的紧缩，例（22）和例（23）属于目的式的紧缩。观察发现，例（20）—例（22）中次系的主语都是借初系的主位为主语，相当于我们现在说的连动句；例（23）中次系的主语借初系的目的位为主语，相当于我们通常说的兼语式。

所谓包孕谓语，就是谓语之中还包蕴着另一谓语形式。

---

① 《中国现代语法》中没有对例（14）（该例出自该书第34页）次系的主语作解释，"借初系的主位为主语"是我们比照其他三种情况概括出来的，后三种情况都是书中的原句。详见王力《中国现代语法》，商务印书馆1985年版，第92—93页。

（王力：《汉语语法纲要》，1985：271）

比如：

(24) 大家侧耳听了听。
(25) 贾母倚阑坐下。
(26) 我少不得忍着痛下去取去。
(27) 他也随后带了妹子赶来。
(28) 我从杭州回来。
(29) 大家都往前头来见王子胜夫人。

以上六例正好反映包孕谓语的三种情况：例（24）和例（25）反映的是：两种行为同时说出，其中有一种行为是主要的（后说），另一种行为可认为是那一种行为的实现方法（先说）；例（26）和例（27）反映的是：末品谓词形式①的动词后面，可以黏附一个"着"或"了"字；例（28）和例（29）反映的是：有些谓语形式专用于末品，也就是说，它们虽有谓语的形式，却永远不作整句的谓语②。

其实，例（24）—例（27）相当于我们现在所说的连动句，例（28）和例（29）是介词结构做状语，不算动词连用。

小　结：《中国现代语法》等虽然还没有把连动句作为一类现象专门讨论并解释，并且也是把单句和复句中的相关问题混着讨论（详见书中的例子），但是，这些研究没有像《文通》和《文法》一样，止步于仅仅提出汉语中这种现象并加以命名（古代汉语中的"动字相承"等；现代汉语中的"复述语"等）。王力先生的这些研究把连动现象放入递系式、紧缩式和包孕谓语等进行讨论，不仅观察到了包孕谓语中两个动词之间的先后顺序问题③［可参看上文《汉语语法纲要》中对第一种包孕谓语的解说，例（24）和例（25）］，而且对这些句式的特点，特别是递系式和包

---

① "末品谓词形式"相当于修饰主要动词的谓词形式，包含介词结构，比如例（28）和例（29）。

② 见王力《汉语语法纲要》，《王力文集》第 3 卷，山东教育出版社 1985 年版，第 271—273 页。

③ 时间上的先后顺序正是连动句的重要特点。

孕谓语中次系（二系）的主语情况尝试作出解释，这无疑是一个巨大的进步。

四　第四阶段　争论期

时　　间：20 世纪 40 年代末至 60 年代初

代表人物：赵元任、张志公、殷焕先以及胡附和文炼

代表著作：《北京口语语法》

赵元任（Yuen Ren Chao）于 1948 年在 Harvard University Press 出版了 Mandarin Primer：An Intensive Course in Spoken Chinese，该书于 1952 年由李荣编译并以《北京口语语法》为名在北京开明书店出版，是中国现代语法学的奠基作之一。

赵元任先生率先将美国结构主义语言学的理论方法运用于汉语语法研究，建立了中国现代汉语语法研究的基本框架，对以后的汉语语法研究产生了极其深远的影响。该书借鉴美国结构主义语言学的理论和方法，但并不拘泥于这一派的做法，更善于从中国活的语言中发掘材料，并从中发现了不少汉语不同于印欧语言的语言现象。比如，现代汉语中的"连动式"（verbal expressions in series，"动词结构连用式"，简称"连动式"）的名称就是在《北京口语语法》（以下简称《语法》）一书中提出并作为"汉语很特别的结构"（赵元任，1952：21）列专节讨论的。

《语法》在"造句法"这一章把"连动式"平行于"并列结构""向心结构"["修饰语搁在被修饰语（中心语）的前头"，相当于我们通常说的偏正结构］"动宾结构"进行讨论。它分析了连动式的结构特点，即"动词结构的次序是固定的"（赵元任，1952：21），这正好区别于动词并列结构，后者动词结构的次序可以颠倒，比如"他天天儿写信会客"就可以说成"他天天儿会客写信"。

此外，《语法》还分析了"连动式"中第一个动词结构主要有七种意义：

① 时间次序的先后——等一会儿去：去等一会儿
② 条件——不难受不哭：不哭不难受
③ 地点——在黑板上写字
④ 方法——用心做

⑤ 目的——替我说话
⑥ 比较——你比他矮
⑦ 前置外动词①——把碗砸了

(赵元任，1952：21—22)

观察可知，前两种情况中，两个动词的顺序一经互换，表意就会出现重大差异，后五种情况的连用成分之间根本不能互换。可以看出，该书主要是从词组的角度分析连动式，只指出它是一种句法结构关系，对于它在句中可能承担的功能没有作说明。

在此之后出版发表的《语法修辞讲话》（吕叔湘、朱德熙，1952：15—16），《语法讲话》（十）（中国科学院语言研究所语法小组，1953），《汉语语法常识》（张志公，1953：191—195），《语法学习》（吕叔湘，1953：72—73）等都论及了汉语中的连动句，只是范围和名称上存在差异。

这一时期对于连动句的争论最为集中。首先，存废问题，有不少学者不主张建立"连动句"类别，比如，胡附、文炼（1955：133—144），萧璋（1956），史振晔（1960）从不同的角度论述"连动句"可以划入其他结构，它不应该独立存在于语法体系中；其次，范围问题，吕叔湘、朱德熙（1952：16）认为介词（副动词）结构不能够被视为连动结构的前后项，殷焕先（1954）认为只有那些后一个动作出现时前一动作（动作本身）已经不存在了的结构才是连动句，如"蒙着头睡觉"等就排除在连动之外；最后，名称问题，王福庭（1960b）考虑到结构的一部分可能不是动词性成分，主张用"连谓式"替代"连动式"。

小　结：《语法》紧紧抓住汉语动词（结构）连用现象的形式特征给它正式命名（这一命名意义非凡，"名不正则言不顺"，自此名正言顺了，才方便以后专项研究），并且单设一节对动词间的语义关系进行了描写。然而，它在一定程度上也把连动式与紧缩句混为一谈（比如第二种情况），主张介词结构可以作为连动句的一部分（例如认为"他在家请客呐"是连动句，"在"是介词）。我们的疑问是，既然已经明确"在"在

---

① "前置外动词"指的就是用来提前宾语的"把"。比如"开开这扇门"使用了"前置外动词"就成了"把这扇门开开"。

后一句中是介词，为什么整个结构还称为"连动式"？但是，该著作对"连动式"的相关论述不拘于成见，结合汉语的特点，大胆提出"动词结构连用式是汉语很特别的结构"，这一论断意义重大，把"连动式"提高到汉语特色结构的角度，为连动句研究的深入奠定了基础。

五　第五阶段　接受期

时　　间：20 世纪 60 年代初至 70 年代末

代表人物：丁声树等、赵元任、吕叔湘

代表著作：《现代汉语语法讲话》

中国科学院语言研究所语法小组 1952—1953 年在《中国语文》（月刊）连载发表《语法讲话》。该系列文章于 1961 年由丁声树、吕叔湘、李荣等署名以《现代汉语语法讲话》（以下简称《讲话》）为书名在商务印书馆出版。该书一经出版就在学术界引起了强烈的反响，得到了学术界的一致肯定。周法高（1973）指出，《讲话》"参考了美国结构语言学派和该派以外的语法理论，有些地方兼顾到实用的方便，并没有美国结构语言学派那种拘泥"，可算是国内出版的"最好的一本语法书。"《讲话》的扩散传播和被广泛接受对"连动式"的研究起了巨大的推动作用。

《讲话》继承了《语法》的一些观念，单列一章讨论汉语中特殊句式（连动式、兼语式、连锁式），并把"连动式"定义为"动词结构连用的格式"（丁声树等，1961：112）。《讲话》把"连动式"分为五种：

① 拿动作次序分先后；
② 表示条件的动词结构在前，常用"就"字连接；
③ 表示对象的动词结构在前；
④ 表示方式（工具、凭借等）的动词结构在前；
⑤ 表示时间和处所的结构一般在前，只有用"在"的结构有时候在后，用"到"的结构在后的时候居多。

（丁声树等，1961：114—117）

并分别举例：

（30）武震脱了鞋走进房去。

（31）"打得赢就打，打不赢就走"，这就是今天我们的运动战的通俗的解释。

（32）陈明业跟房东借镐头没借来。/为人民服务。

（33）李琳拿眼直瞅他。/你是客，坐着喝水吧。

（34）我们到下午再谈吧。/喝到第二盅上，他的手有点哆嗦。

很明显，《讲话》延续了《语法》中的很多看法，比如：（1）"连动式"两个动词结构都由同一个主语支配（尽管《语法》正文中没有指出来，但是我们可以通过对书中例子的观察发现）；（2）连动结构之间可以有逻辑关系（比如"条件"等）；（3）介词结构可以作连动式的一部分；（4）只把"连动式"作为一个结构，而没考虑其使用环境，也就是说都没有把"连动式"与"连动句"结合起来，没有区分"连动式"在单句和复句中的使用情况。

除了以上共同点外，《讲话》还有以下几点不同于《语法》：（1）连动结构之间可以有标点［例（33）、（34）］；（2）连接成分可有可无（丁声树等，1961：112—113）；（3）介词结构既可以用在主要动词前，也可以用在主要动词后［例（34）］。这些条件无疑会扩大"连动式"的范围，也成为后来连动句的一个争议点。

赵元任（1968、1979：165—167）单列"连动式"加以详细讨论，不仅论述了该结构与其他句法结构的区别，还把"连动式"第一个动词6种主要意义的基础上（赵元任，1948、1952：21—22）修正概括为10种意义。

吕叔湘（1979：83）指出："自从连动式出现在语法著作中以来，一直有人要取消它，也一直没有取消得了。……典型的连动式很难从形式上决定其中哪一部分是主体，哪一部分是从属。……看样子连动式是要赖着不走了。"该论述算是对这一时期的争论作出的总结，然而我们能够从这一总结中看出不得已。

小　结：这一阶段学界比较普遍的情况是，更多的学者承认或者倾向于承认连动句在现代汉语语法系统中的"特殊地位"。此后出版或修订的多套《现代汉语》教材，比如黄伯荣、廖序东（2007：89—90）、胡裕树（1995：330—332）、北京大学中文系现代汉语教研室（1993：342—344）、邢福义（1991：339—342）、张静（1988：359—361）等，尽管名称不同,但是它们都把"连动句"作为特殊结构加以说明①。值得注意的是之前主张取消该结构独立地位的学者所主编的教材中也把该结构作为特殊结构加以论述(比如张静,1988),这恰恰说明了学界比较普遍地接受连动句是现代汉语特殊句法结构。但是各家对于该结构的范围存在较大出入,对于该结构的研究以描写为主,对其特殊性缺乏严格的论证和充分的解释。

众所周知,以英语为代表的印欧语中,一个句子只能有一个动词作谓语(所以又叫"谓语动词"),如果有两个或两个以上的动词出现在句子中,谓语动词之外的动词必须变换形式,采用不定式或者分词的形式以达到句子的平衡。

在汉语中,尽管汉语的语法学著作从一开始就注意到连动现象,但是由于研究者很大程度上受了西方语言学理论的影响,所以他们普遍采用印欧语的语法体系来描写汉语中的这种现象,要么归入"补足语、散动词"(黎锦熙),要么归入"紧缩式、递系式"(王力),即便是单独把这种现象列出来"动字相承"(马建忠)、"复述语、散动词"(黎锦熙)、"包孕谓语"(王力)、"连动式"(赵元任、丁声树等),也常常因为认识的不明确或者所建立的语法系统的差异②,学者们把连动现象与复句或者紧缩句等现象混在一起讨论,一些问题仍有待厘清。比如,王力(1946、1985:271—273)、赵元任(1948、1952:21)以及丁声树等(1961:114—117)都认为介词结构可以充当连动结构的第一部分。但是王力《汉语语法纲要》(1985:273)还特别指出:有些谓语形式③却是专用于末品④的,它们虽具有谓语的形式,却永远不作整句的谓语,它们只能用来修饰句中的动词[比如例(28)、(29)]。

我们的疑问是:既然是只能作修饰语(状语),永远不能作谓语,那么为什么不直接承认它们(介词结构)不是连动结构的一部分呢?再者,如果把介词结构充当动词修饰语也算作连动结构的组成部分,那么介词结

---

① 杨西彬(2020)详细考察了三十余本(套)《现代汉语》教材对连动句的描写和分类,可参看。

② 《讲话》把通常所说的"介词"归类为"次动词",也就很自然地把介词结构修饰动词结构做状语看作"连动式"了。

③ 此处的"谓语形式"指的就是介词结构,详见例句。

④ "末品"指的是处于修饰语位置的语法成分。

构在某个动词之后，还算不算连动结构？比如：

(35) a 他在床上睡。/他在北京住。
　　 b 他睡在床上。/他住在北京。

《讲话》认为两者都是"连动式"，同时在"连动式"小节结尾处又有这么一段话："用次动词造成的动宾结构，大多数用在连动式里。这类动宾结构在前的时候，可以认为是另一动词的修饰语；在后的时候，可以认为是另一动词的补语"（丁声树等，1961：118）。该书在讨论"动词的修饰语"时正是把例（35）a 中的介词结构处理为"修饰语"（丁声树等，1961：48），在讨论"补语"时也正是把例（35）b 这种结构处理为补语（丁声树等，1961：59）。这从一定程度上反映出把介词结构处理为连动结构的一部分会带来理论内部的不自洽。

然而，无论怎样，我们必须承认，经过学者们这 80 多年的努力，学界对连动句已经取得了丰富的认识①，但是依然存在定性不清、范围不明、理论方法有待更新等问题，此后很长一段时间的相关研究都是围绕这些问题展开，即连动句作为"特殊结构"，其本质特点到底是什么？这些特点在现代汉语语法体系中占有什么地位？如何解释"连动"现象的存在？连动句的范围究竟有多大？以新的语法理论和研究方法重新审视这一结构会带来怎样的新认识？只有加强对这些问题的研究，才会把相关讨论引向深入。

第二节　连动句研究述评

比起汉语中主语、话题、把字句等的研究，连动句的研究并不是现代汉语中争议最多的，但连动句却是分歧最大的句法结构之一，不仅牵涉到该结构范围的大小，更关乎它在现代汉语中是否应该作为独立的句式而存在。

---

① 其实，上述第五个阶段之后还有一个比较集中的争议期，一直持续到现在。越来越多的学者通过类型比较等方法认为"连动句"并不是一种特殊的结构，不应该单列一类。争议阶段的内容与述评部分的内容有重合，所以不再单独列出来，详见下文讨论。

一 关于"连动句"的争议[①]

自语法学界关注到"连动"这一语法现象以来,围绕着其名称、范围、存废、"谓语"的确定、与紧缩句和复句的关系等展开了长时间的讨论。

(一) 名称问题——连动式、连谓式还是其他?

关于现代汉语连动句的争议,最早的是关于名称的争议,是"动词的散动式""复杂谓语""谓语的连续""连谓式"还是"连动式"?

1. "动词的散动式"

黎锦熙在《新著国语文法》(2007:73) 中指出:凡句子,语意只是叙述一件事情的,不怕动词多,实际上只能有一个是述词(主要动词),其余的都不作述词的动词就叫作"动词的散动式",简称"散动词"。

2. "复杂谓语"

吕叔湘、朱德熙的《语法修辞讲话》(1952:16) 把连动现象称为"复杂谓语":一个谓语里要是包含两个或两个以上的动词,这个谓语就复杂起来了。洪心衡 (1963:38—39) 认为"连动非连动的概念又很难划清,而且'他用毛笔写字''他笑着说'里的'用笔''笑着'的确都可以对主语'他'作说明,也就是说可作谓语的",因此同意把这类句子叫作"复杂谓语"。

3. "谓语的连续"

《暂拟汉语教学语法系统》(1956,以下简称《暂拟系统》)把复杂谓语分为两类[②],其中一类就是"谓语的连续"。张志公主编的初级中学课本《汉语》(1956:77) 解释说:在"他上街买东西"这个句子里,谓语"上"后边连用动词"买",这两个动词同时说明主语"他",这是谓语的连续。吕冀平的《汉语语法基础》(2000:322) 认为"几个谓语共戴一个主语,也就是说,一个主语有不止一个谓语,而这些谓语既没有联合关系,也没有偏正关系,这种格式可以叫作谓语的连续"。

[①] 本节内容曾以《汉语连动句研究中的争议与症结》为题发表,见《汉语国际教育研究》(第2辑)。此次整理有改动。

[②] 另一类叫作"谓语的延伸",也就是通常所说的兼语句,详见下一章。

4. "连谓式"

王福庭（1960a、1960b）认为从词类上来说明连动式并不妥当，在句法研究中会发现，"我肚子疼不出去了"这类句子中的"疼"并不能用连用的"动词"概括，因此他首次提出把"连动式"改为"连谓式"。朱德熙的《语法讲义》（1982：160）也把动词或动词结构连用的格式叫"连谓结构"。

5. "连动式"

吕叔湘的《语法学习》（1953：73）指出，所谓"连动式"是指"两个或更多的动词属于同一个主语"。赵元任的《汉语口语语法》（1979：167）不主张用"连谓式"，他不同意王福庭（1960a、1960b）的分析，认为"我肚子疼不出去了"结构中间可以停顿，前后可以逆转，比如"我肚子疼，不出去了""我不出去了，肚子疼"。主要的理由还在于"连动式"并不是两个谓语，而且连动式不仅可以作谓语，还可以作谓语之外的成分，比如主语。因此该研究还是主张称该结构为"连动式"。

此外，吕冀平（2000：322）认为共一主语的谓语的连续又可以叫"连动式"。洪淼（2004）及高增霞（2006）也都是以"连动式"名称来讨论汉语中的相关现象。

（二）范围的问题——偏大还是偏小？

连动句的范围有多大？哪些可以判定为连动句，哪些得排除在连动式之外？各家观点很不一致。

1. 范围偏大

赵元任（1948、1952：21）首次提出"连动式"并指出它的特点，即"动词结构的次序是固定的"，以区别于动词并列结构（后者动词结构的次序可以颠倒），通过作者所举的例子可以看出来，介词结构可以作为连动式的前项。比如：在黑板上写字；用心做；把碗砸了。丁声树等（1961：112—118）继承了赵元任（1948、1952）的思想，并在此基础上扩大了连动式的范围，认为连动结构之间可以有标点［相混于复句，如例（33）、例（34）］，连动成分之间的关联成分可有可无［相混于紧缩句，如例（31）］；介词结构既可以用在主要动词前，也可以用在主要动词后［相混于动补结构，如例（34）］。

宋玉柱（1986：87—88）把形容词也作为连动句的一部分，还分为形容词在前和形容词在后两种情况。前者如:"这事好办";后者如:"听到消息很高兴"。

此外,在标点符号、关联成分的有无方面,两个动作之间能不能有逻辑关系等方面各家都有不同的意见,造成了连动句的盲目扩大,以至于引起了存废之争。

2. 范围偏小

吕叔湘(1953:73)把"复杂谓语"分为两种:"两个动词或更多动词属于同一个主语的"和"两个动词不属于同一个主语,第二个动词的主语就是第一个动词的宾语",后一种叫"兼语式",前者是连动句,又分三种情况:(1)第一个动词是次要的,是附加语①,比如"躺着看书""蒙着头睡";(2)两个动词联立,是联合成分,比如"吃饭穿衣""大吃大喝";(3)两个动词既没有联合关系,也不容易分别主要和次要,比如"他走过去开门"。

吕叔湘、朱德熙(1952、2002:9)排除了介词(副动词)作为连动的前项或后项情况,认为连动句就是两个(或更多)一般动词(排除了介词"被/从""在/往"等)连用的句子。

殷焕先(1954)所讨论的连动式范围最小。他认为:"连动式里后一个动作所表示的一种动作出现时,前一个动作所表示的另一种动作(动作本身)已不存在,即是已成过去。"这样也把"蒙着头睡"之类的句子给排除出了连动句范围,因为"着"表伴随,不可能在第二个动作出现时消失或成为过去。如此一来,"我抓住他的衣领提他起来问他"这样的句子也不能算是连动句。因为"我""问"的时候"抓"和"提"的动作可能依然存在,而"抓"和"提"这两个动作又是同时存在,没有先后,更不存在消失。

(三)存废问题——存在还是取消?

自从比较符合汉语情况的现代汉语语法系统建立以来,连动结构一直是作为摆脱印欧语系束缚从而建立起符合汉语语法体系的重要发现之一。从王力的《中国语法纲要》(1946)等著作把连动相关句法现象纳入具有现代汉语特色的句式——"递系式""紧缩式""包孕谓语"——来讨论,到赵元任(1948、1952)直接指出"动词结构连用式是汉语很特别的结

---

① 此处的"附加语"也就是通常说的状语。

构",再到丁声树等(1961)单列一章讨论汉语中特殊句式(连动式、兼语式、紧缩式),再到"连动式是祖国语言的特色之一,它可以表示祖国语言的简练与灵活"(殷焕先,1954),"'连动式'是汉语句法特点之一,这是和其他民族的语言相比较,特别是和印欧系语言相比较得出的结论"(宋玉柱,1978),"谓语复杂化是汉语的显著特点之一"(吕冀平,2000:321),"连动式是汉语语法所特有的句法范畴,传统印欧语法没有这样一个范畴"(杨成凯,2000)。这些研究和论述都倾向于承认连动句在汉语中的"特殊地位"。同时另一种声音也始终不断,主张取消"连动句",否认它在汉语中"特殊地位"。

1. 主张存在

如前文所述,赵元任(1948)率先提出连动式,赵元任(1979)对其结构模式和语义特点进行了比较详细的描写。丁声树等(1961)继承了赵元任(1948)的观点,并对连动项之间的语义关系进行分析。宋玉柱(1978)不同意张静(1977)主张取消的观点,认为连动式是汉语句法的特点之一,对于那些分不清主次的连动结构就应该称为"连动式",在此基础上对连动式的类型作了分析。朱德熙(1982)把连动结构并列于现代汉语的五大常规结构(主谓结构、述宾结构、述补结构、联合结构、偏正结构)单列一章进行讨论,并对汉语中连动结构的语义关系及各种常见的连动结构进行了细致的描写。

吕叔湘(1979:83)认为连动句一直有学者想取消但是仍没有被取消,"剩下的问题就是要给它划定界限。凡是能从形式上划成别的结构的,就给划出去。留下来的,尽管有的从意义上分别两部分的主次,还是不妨称为连动式,同时说明意义上的主次"。邓福南(1980:87)也认为连动句应该保留,"因为这样一种语言现象不是其他句式所能包括的",同时提出,连动句"应该有一定的范围,凡是能划入其他句式的,就应该排除"。

刘丹青(2015、2017)以类型学的视野研究了连动句在汉语中的独特地位,指出该结构在现代汉语中有着与偏正结构、动补结构等相区别的特征,是一个"显赫的存在"。宋真喜(2000)、洪淼(2004)、李红容(2016)等都认为汉语中存在连动句,并以此为研究对象完成了博士论文。

2. 主张取消

胡附、文炼(1955:139)指出"在语言规律的说明上,连动式起不了什么作用，把它列为一种'式'，还是值得考虑的"。萧璋（1956）通过多种手段证明连动的句法结构都是附加关系或补足关系。最后指出：汉语的句子，无论从意义上，词的组合规律上，重音形式上，都看不出有连动式的类型来。这些句子用扩大的主从动词词组和复句以及其他的说法去分析，大致可以得到比较合理的解答；用连动的理论去分析则使人感到纠缠，不太切合语言实际，很难解决问题，主张不采用该名称。

史振晔（1960）认为"'脱了鞋走进屋去'这种句子尽管被看作典范的连动式，其实也不应叫连动式，因为一方面前一个动词有构成状语的可能，另一方面，它又有构成复句的可能"。张静（1977）认为连动句成了一个包罗万象的大杂烩，该研究搜集罗列了18类被称为连动式的句子逐一进行分析，最后指出这些句式都可以划归到其他句式当中，明确主张取消"连动式"。

邹韶华（1996）通过定量分析方法对连动式的结构中心进行了研究，最后得出结论：连动式中语义中心绝大多数落在后一个动词上面，因此主张取消连动句而把它划入偏正结构。邹韶华、张俊萍（2000）从语言应用的整体考察发现，大部分的连动结构语义中心在后占了绝对优势，几个动词之间的关系基本上不是后补充前，而是前修饰限定后，提出把连动式归入偏正关系中更符合语言的本来面目，也更合理。

保罗（Paul，2004、2008）认为就目前的理解，连动结构在汉语语法体系中没有什么理论地位，在连动标签下的这些现象事实上都代表着特征完全不同的独立结构；因此，主张连动结构应该在汉语中禁用，至少不应该应用于目前在"连动"标签下的结构。邓思颖（2010：184）认为连动句的一些功能也都可以从偏正结构或述补结构推导出来。"取消'连动结构'的独立地位不仅不会对汉语的分析产生什么障碍，还可以简化语法理论，让我们对汉语的句法结构能够有更深刻的认识。"

（四）谓语数量问题——一个还是多个？

1. 一个谓语

朱德熙（1982：160）认为动词或动词结构连用的格式叫"连谓结构"。为了避免把"连谓"看成两个或几个"谓语"的误解，特别注明：连谓结构的"谓"是针对谓词说的，不是指谓语说的（着重号为笔者所加，下同）。也就是说连动句中只有一个谓语动词。

吕叔湘、朱德熙（1952：16）采用的是"复杂的谓语"名称，指出：

"一个谓语里包含两个或更多的动词（包括它的宾语和复杂语），这个谓语就复杂起来了"。也就是说该研究也认为"连动"只有一个谓语，所不同的是，这个谓语不是单一的成分，而是一个连动成分，即连动成分整体作谓语。这个观点得到了比较普遍的接受，经常会看到这样的定义：连动句就是连动短语作谓语的句子，比如吴启主（1990），还包括很多教材，如邢福义（1993：321）、胡裕树（1995：331）等。

石毓智（2001）指出限定动词和非限定动词划分的理据是时间信息的表达，汉语动词最重要的语法范畴（体标记和重叠）也有完全一致的限制，因此认为汉语中存在与英语等语言一样的限定动词和非限定动词的划分。换句话说，在一个句子里能够表达时间信息的只有一个，那就是谓语。

2. 两个或多个谓语

《暂拟汉语教学语法系统》把前后项的动词陈述同一个主语的结构称为"谓语的连续"（转引自洪心衡，1963：37），既然是"谓语""连续"，也就是说连动句中的谓语不是一个；王福庭（1960b）认为连动结构中"连用的两段动词是谓语跟谓语的关系"。《汉语》（1956：77）解释说：在"他上街买东西"这个句子里，是两个动词同时说明主语"他"的，是谓语的连续。

宋玉柱（1978）认为："以连动词组作谓语部分的句子叫'连动式'，其中每一个动词都是一个谓语。"陈建民（1986：229）把连动式看作一主多谓句，指出"连用的各段谓语可以分别连着主语单说"。吕冀平（2000：322）认为是几个谓语，即"几个谓语共戴一个主语，也就是说，一个主语有不止一个谓语"。吕叔湘主编的《现代汉语八百词》（1999：24）认为"连动句里的谓语动词不是一个而是几个"，似乎也是认为连动句的谓语数量取决于结构中动词的数量。

（五）连词、标点的问题——单句、复句还是紧缩句？

1. 连词的有无

①可以有关联词

早期的连动句研究因为处于摸索阶段，所以对于单复句的概念不是特别清晰，讨论连动句时并不限于单句。比如丁声树等（1961：112—113）认为连动成分之间的连接成分可有可无。

②不能有关联词

吕叔湘（1953：73）指出，有些句子虽然中间没有停顿，也似乎算作复合句比作为简单句妥当些，比如"他端起碗来就喝""他散了会才走的"。这类句子相比较于常规的连动句就是多了关联词语"就"和"才"。由此可见，作者认为连动句中一旦加了关联词语就不再是单句了。

洪心衡的《汉语语法问题研究（续编）》（1963：49）认为"他跳墙走了""我们跑步进入会场"跟"你跳过墙再走""我们跑一回步才进入会场"，在意义上是不一样的：在前两例里，"跳墙""跑步"跟后面的动词紧接在一起，突出的是两个动作之间的紧密衔接或者方式伴随，而后两例用"再""才"作关联则体现了动作之间明显的逻辑关系，比如后一例中的关联词语使得两个动作之间表现出了条件关系，暗含了如果不跑步就进不了会场，正因为跑了步才得以进入会场；或者明显的先后关系，暗含的是不急于进入会场，而是先跑了一回步再进去的。

宋玉柱（1978）认为连动式中不能有关联词语，也不能有复句中各分句间的逻辑关系。江天（1980：224）也认为连动式中间"不能插入关联词语"，也就是说，不仅不能有，而且也插不进去。这其实是说，连用的动词中间不能有复句一样的逻辑关系。比如"你买不起别买"就不属于连动句。高增霞（2006：1）在连动式的定义中明确注明是"一个小句含有两个或者更多的动词结构而没有任何明显的连接语素"，其中"连接语素"指的就是关联词语。李可胜、满海霞（2013），李可胜（2015）也认为连动句中不能有关联词。

2. 标点的有无

①可以有标点

如上所言，早期的连动句研究讨论连动句时并不限于单句。比如张志公的《汉语语法常识》（1953：212）认为"车上的人都跳下地来，绕到车后，帮忙推车"这样的句子也是算连动式；丁声树等（1961）也认为连动结构之间可以有标点，比如例（33）、例（34）。

②不能有标点

吕叔湘（1953：73）指出"连动式"的句子有点接近复合句，只要当中有个停顿，就可以算是复合句。宋玉柱（1978）认为连动式"中间不能有语音停顿"，既然没有语音停顿，自然也就不能有标点，因为标点本身就是语音停顿在形式上的表现。江天（1980：224）对连动式界定的诸多标准之一就是"其间没有语音停顿"。杨永忠（2016）指出连动句中动词之间不能有语音停顿，其实也就是说不能添加标点。

《现代汉语》教材讲解短语（词组）时除了五大基本结构（主谓、述宾、述补、偏正、联合）之外，通常会单列一些特殊结构，其中包括"连动结构"和"兼语结构"等。前五种结构都是从语法上分析概括出来的，而后两种结构或者从语言形式上的（两个或几个动词连用），或从意义上（前一个动词的宾语兼作了后一个动词的主语）分析的结果。

这是很奇怪的处理，所以围绕连动句就有了一系列的争议，包括该结构的名称、范围、存废、谓语的数量以及关联词和标点等问题。除了这些争议外，连动句之所以受人诟病是因为它几乎成为无所不包的"万能式"，紧缩句、复句、偏正结构作谓语、述补结构作谓语、联合结构作谓语等都被囊括其中（张静，1977）。

前贤的研究深入、细致，比如，李临定（1986：117—135）把连动句分为10种类型，又根据动词间的语义关系分为14种，这些研究无疑会加深我们对连动现象的认识。其实，各种名称，复杂谓语也好，连动句也好，连谓句也好，都是对动词连用句法现象的概括，都只是一个标签而已；无论把连动结构中动词之间的语义关系描写得多么细致，都不得不面对这么一个问题：作为"汉语中特有的句式"，它为什么会存在？换句话说，该如何解释连动句的存在？

二 语法理论对连动句的解释

（一）功能主义学派[①]

1. 认知语言学的解释

早在20世纪80年代，就有学者用认知语言学上的象似性原则解释连动句存在的原因。戴浩一（1985、1988）结合语言现象提出了时间顺序原则（The Principle of Temporal Sequence，简称PTS），概括了很多曾经被认为互不相干的语法结构的语序规则，其中包括连动句。该研究把连动句分为两类：第一种，动词间有关联词连接，比如：

[①] 此处的功能学派是广义的概念，与形式学派相对应，所以此处把语法化理论也归入功能学派。

(36) 我吃过饭再打电话给你。

第二种，动词间不含关联词，两个动词短语之间是表示连续的行为动作，比如：

(37) 张三到图书馆拿书。/张三拿书到图书馆。

或者后一动作表示前一个动作的目的，比如：

(38) 我们开会解决问题。

杨少康（2012）假定，如果两个动词结构所描绘的动作在语义或逻辑上紧密相关，且享有共同论元，则在趋向律的相邻原则下，距离越近的个体成分越容易在识解中被感知为一个整体，从而建立结构—边界统一体；为了达到经济省力的目的，后一结构的重复论元必须移位至前一结构的论元位置与其融合，论元的移动融合需遵守内部默认原则，从而保证不破坏整个结构的完好性。

李可胜（2015）研究了连动句中 VP 的有界性特征，认为［+有界］是 VP 的重要语义特征，它与句子的时、体范畴有着实现关系，该特征使得 VP_1、VP_2 形成了截然不同的语义模式；在没有相反时间标记的作用下，［+有界］特征将实现为完整体，解读为限时式，而［-有界］将实现为未完整体，解读为泛时式。

2. 语法化的解释

有不少学者尝试从历时演变的角度来解释连动现象，汉语学界最有代表性的就是高增霞。高增霞（2006）认为过去对现代汉语连动句的研究多是在单一层面上对它的小类和界限进行研究，缺乏理论思考，更缺乏对该类现象的解释。因此，该研究从"语法化"的角度对连动句进行分析，把该现象放到整个语言体系中，放到语言的变化与发展过程中去考察，力图把静态考察和动态研究结合起来，从系统关联的角度进行尝试。

该研究认为，由于汉语在形态上不够发达，语序成为一种重要的语法手段，时间顺序原则（PTS）所体现的"先后顺序"不仅是连动式的认知基础，而且已经成为其句法结构的原则；连动式的语序是序列模式的语法化,如果说结构中的动词之间有某种句法关系,这种关系就是顺序意义;连动式内部是不同质的,临摹层面(客观层面、逻辑层面、认知层面)不同,其典型性也不相同。临摹不同层面的连动式各成员在典型程度上形成了一个连续统。先后顺序的三个层面与连动式的典型性的关系体现如下(高增霞,2006:67—78):

客观层面的先后顺序——典型范畴的连动式,比如:

(39)坐火车回武汉;去看病人;上街买菜;听了很高兴。

逻辑层面的先后顺序——非典型范畴的连动式,比如:

(40)坐着不动;拉住手不放;站起来要走;鼓掌表示欢迎

认知层面的先后顺序——边缘范畴的连动式。比如:

(41)夹着一支烟说;端着脸盆去洗脸

而且,根据视角模式和有界性两个变量,三类连动式处于这样的连续统上(高增霞,2006:79):

典型连动式			非典型连动式		边缘连动式	
[先后]	[先后]	[目的性]	[同时]	[目的性]	[同时]	

运动的视点模式　　　　　　　　　　静止的视点模式
几个分离动作　　　　　　　　　　　一个整体动作
V_1 有界性强　　　　　　　　　　　V_1 无界性强
语法化程度低　　　　　　　　　　　语法化程度高

由此认为连动式是处于话语组织和句法结构的过渡环节,是一种很不稳定的结构。然后作者利用汉语以及跨语言的材料从共时和历时的角度论证了该结构是小句整合的结果,与其他简单谓语句、动词拷贝等格式都不相同,它是处于语法化链条更高、更初始的环节,是篇章话语组织和句法组织的中间环节。其结构特点既有相对的凝固性又有相对的松散性,既有句法性又有话语性。

连动式作为复杂句式，反映了人类思维发展精密度的提高和语言运用能力的加强以及把复杂的内容详细表达出来的要求。为了语用上叙述的经济、简略，不必把每件事情都说清楚，可以把整个复杂现象作为一个事件，各个环节作为整个事件的组成部分，表现在句子层面上就需要把几个小句压缩为一个句子，有些本来完整的小句会失去部分甚至全部陈述性而充当句子的一个成分。连动就是处于复句和单句之间的一个过渡现象（高增霞，2006：106），即：

```
复句                              单句
详细（elaboration）  ——————→  简略（compression）
               连动句
```

此外，李诗景（2013）进一步研究了连动句在跨从句语法化过程中的作用，认为连动句处于语法化链条上更初始的环节，这决定了该结构进一步语法化的倾向，即"并列句>连动句>简单句"，连动句可以视为跨从句语法化整合的结果。

（二）形式主义学派

1. 标准理论

邢欣（1987）是国内比较早地采用形式语法理论来研究连动结构的文献。该研究对连动句产生分歧的主要症结进行分析，认为无法用中心词分析法和直接成分分析法解释其结构关系，仅从静态分析出发停留于表层结构形式，忽略连动式中深层结构（语义结构）中的隐含成分是不能找到解决办法的，应该从表层结构逐渐深入深层结构才能解释其结构特点。该研究认为连动式的表层结构是：

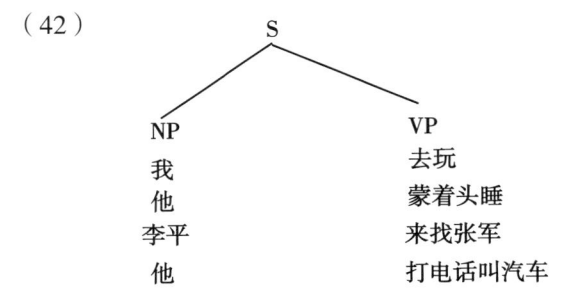

（42）
```
            S
           / \
         NP   VP
         我   去玩
         他   蒙着头睡
         李平  来找张军
         他   打电话叫汽车
```

其深层结构是：

（43）

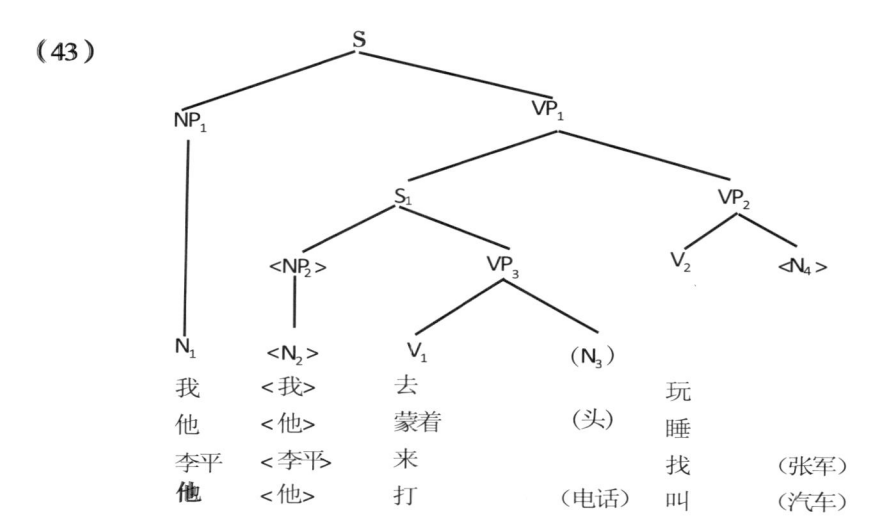

```
                        S
            ┌───────────┴──────────┐
           NP₁                    VP₁
            │            ┌─────────┴─────┐
            │            S₁             VP₂
            │      ┌─────┴─────┐      ┌──┴──┐
            │    <NP₂>        VP₃    V₂   <N₄>
            │      │       ┌───┴───┐
           N₁    <N₂>      V₁    (N₃)
           我     <我>      去            玩
           他     <他>     蒙着            睡
           李平   <李平>    来           找  （张军）
           他     <他>      打    （电话） 叫  （汽车）
```

其中深层结构 VP₁ 中有一个嵌入句 S₁，它紧跟在主体句的主语 N₁ 后，通过转换，深层结构嵌入句主语 N₂ 被删除，隐含在主体句的主语 N₁ 中，N₁ 就成了 V₁ 的潜在主语。其转换过程可以表示为如下图示：

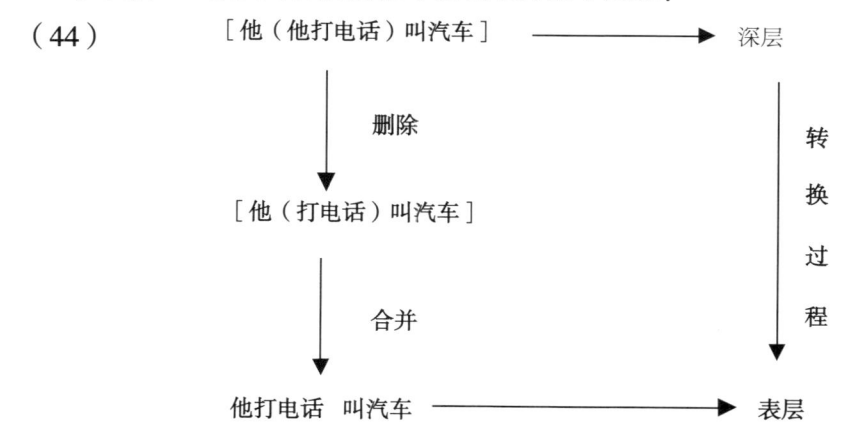

（44）　　［他（他打电话）叫汽车］─────→ 深层

　　　　　　　　│
　　　　　　　删除　　　　　　　　　　　　　转
　　　　　　　　↓　　　　　　　　　　　　　换
　　　　　　［他（打电话）叫汽车］　　　　　过
　　　　　　　　│　　　　　　　　　　　　　程
　　　　　　　合并
　　　　　　　　↓
　　　　　　他打电话 叫汽车 ─────────→ 表层

2. 管辖与约束理论

刘道英（2000）指出，把"我们买布做衣服"这类句子分析为连动句并认为两个动词同时说明同一个主语的看法是欠妥当的，这是因为只看到了表层形式，而在深层形式中，第二个动词前有一个空位，该空位与第一个动词的主语"我们"同指；句首的名词"我们"是第二个动词的主语（PRO）的控制语，也就是说，PRO 是以"我们"为先行语的。

保罗（Paul，2008）研究认为汉语的连动结构有两类：第一个动词作为中心，第二个动词是第一个动词的补语；第一个动词是状语，用来修饰第二个动词。该研究认为汉语的连动结构可以由其他的句法结构推导出来。

杨永忠（2016）认为可以在生成句法框架内对不同语序（SVO 和 SOV 型语言）的连动句作出统一的解释，由于各成分在深层结构上存在不对称性成分统制（即 VP_1 不对称性成分统制 VP_2），两种类型的语言都遵循语序—时序对应原则。该研究指出，连动结构中存在一个空谓词和一个空论元位置，它们的隐现导致了不同类型连动结构的生成。

3. 最简方案

邓思颖（2010：182）运用轻动词理论把两种连动结构描述如下：

（45）……$[_{TP}$ 主语 $[_{vP}$ $[_{XP}$ 动词$_1]$ $[_{vP}$ 动词$_2]]]$

（46）……$[_{TP}$ 主语 $[_{vP}$ 动词$_1]$ $[_{CP}$ 动词$_2]]]$

也就是说，在例（45）中第二个动词是词根，它组成了小句，第一个动词是附在根句 vP（轻动词短语）的状语；例（46）中第一个动词是词根，第二个动词组成的另外一个小句 CP 做了前者的补足语。以"躺着看书"和"闹着回家"为例，两者的结构图分别是例（47）和例（48）：

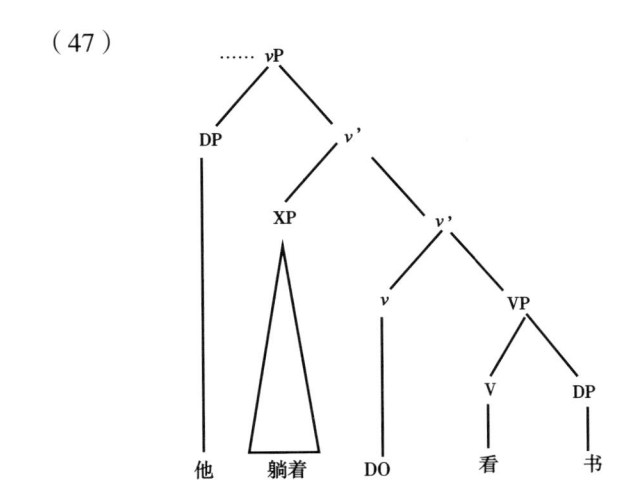

（47）

```
          ……vP
         /    \
        DP     v'
        |    /   \
        他  XP    v'
            /\   /  \
              v    VP
         躺着       /  \
              DO   V    DP
                   看    书
```

（48）

```
            ……vP
           /    \
          DP     v'
          |     /  \
          他   v    VP
               |   /  \
               DO V    DP
                  |    △
                  闹着  回家
```

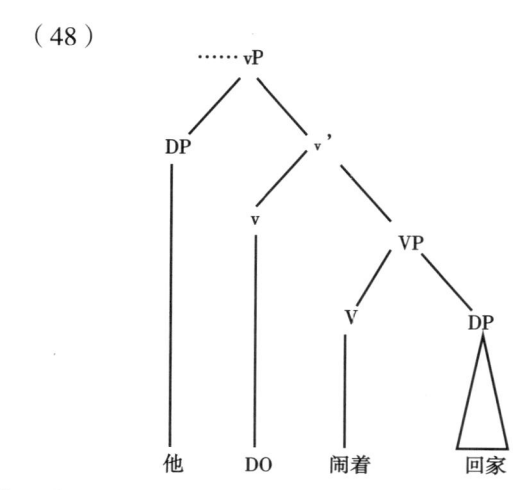

如此一来，例（47）就可以划为偏正结构（状中结构），而例（48）就可以划为述补结构。

孙文统（2010）以最简方案（MP）对现代汉语的连动结构的生成作出分析，认为"我去图书馆看书"就是"我去图书馆，我看书"，后者是原型连动结构"我去图书馆看书"的可替换理解；第二个代词"我"在原型句子中一定不能出现，它在原型句中是被一个空语类替代的，"我去图书馆看书"应该是这种形式：我$_i$去图书馆 PRO$_i$看书。

在论证了 VP$_2$ "看书"是非限定性的基础上该研究认为作为内嵌句的 VP$_2$ 可以分析为 VP$_1$ 的补语成分，整个结构的生成如下：第一步，补语成分先与第二个动词合并派生 [$_{V'2}$ [V$_2$ C]]；第二步，左向与 PRO 合并派生 VP$_2$，即 [$_{VP2}$ PRO [$_{V'2}$ [V$_2$ C]]]；第三步，左向与 T$_2$ 合并派生 T$_2$'，即 [$_{T2'}$ T$_2$ [$_{VP2}$ PRO [$_{V'2}$ [V$_2$ C]]]]；第四步，T$_2$' 左向与 specifer（标识语）合并派生出 TP$_2$，即 [$_{TP2}$ spec [$_{T2'}$ T$_2$ [$_{VP2}$ PRO [$_{V'2}$ [V$_2$ C]]]]]；第五步，TP$_2$ 左向与其支配成分 V$_1$ 合并派生 V$_1$'，即 [$_{V1'}$ V$_1$ [$_{TP2}$ spec [$_{T2'}$ T$_2$ [$_{VP2}$ PRO [$_{V'2}$ [V$_2$ C]]]]]]；第六步，左向与 DP 合并派生 VP$_1$，即 [$_{VP1}$ DP [$_{V1'}$ V$_1$ [$_{TP2}$ spec [$_{T2'}$ T$_2$ [$_{VP2}$ PRO [$_{V'2}$ [V$_2$ C]]]]]]]；第七步，VP$_1$ 左向与 v 合并派生 v'，即 [$_{v'}$ v [$_{VP1}$ DP [$_{V1'}$ V$_1$ [$_{TP2}$ spec [$_{T2'}$ T$_2$ [$_{VP2}$ PRO [$_{V'2}$ [V$_2$ C]]]]]]]]；第八步，左向与 DP 合并派生 vP，即 [$_{vP}$ DP [$_{v'}$ v [$_{VP1}$ DP [$_{V1'}$ V$_1$ [$_{TP2}$ spec [$_{T2'}$ T$_2$ [$_{VP2}$ PRO [$_{V'2}$ [V$_2$ C]]]]]]]]]；第九步，左向与 T$_1$ 合并派生 T$_1$'，即 [$_{T1'}$ T$_1$ [$_{vP}$ DP [$_{v'}$ v [$_{VP1}$ DP [$_{V1'}$ V$_1$ [$_{TP2}$ spec [$_{T2'}$ T$_2$ [$_{VP2}$ PRO [$_{V'2}$ [V$_2$ C]]]]]]]]]]；第

十步，左向与 spec 合并派生 TP_1，即 $[_{TP1}\ spec\ [_{T1'}\ T_1\ [_{vP}\ DP\ [_{v'}\ v\ [_{VP1}\ DP\ [_{V1'}\ V_1\ [_{TP2}\ spec\ [_{T2'}\ T_2\ [_{VP2}\ PRO\ [_{V'2}\ [V_2\ C]]]]]]]]]]]$；第十一步，PRO 移位至 [spec TP_2]，V_1 移位至 v，PRO 原位删除，最后得到图示（49）：

（49）

```
                TP₁
               /  \
             spec  T₁'
                  /  \
                 T₁   vP
                     /  \
                    DP   VP₁
                        /  \
                       v    V₁'
                  V₁+ΦDP   /  \
                          V̶₁̶   TP₂
                              /  \
                            PRO   T₂'
                                 /  \
                                T₂   VP₂
                                    /  \
                                 P̶R̶O̶   V₂'
                                      /  \
                                     V₂   C
```

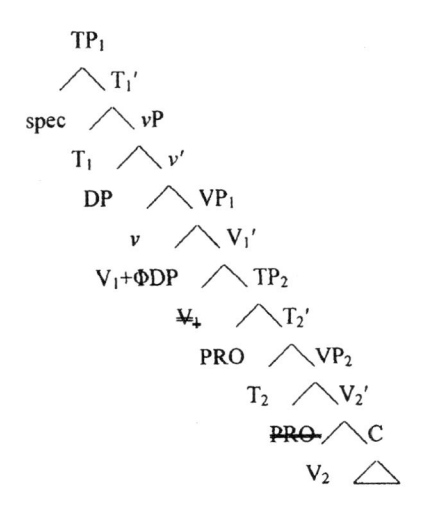

三　研究述评

（一）关于定义

如上所言，各学者对连动句定义的认识存在诸多差异，定义或者太严格，或者太宽泛。有的认为动词中间可以有停顿，可以有关联词语，两个动词间可以有逻辑关系，介词结构也可以作为连动句的一部分，而有的意见恰恰相反。之所以造成这些差异，很关键的问题是学界对什么是"连动"莫衷一是，从而造成了对单复句尤其是单句与紧缩句界限等问题的认识存在差异。如果要对一个问题有深入的认识，首先要对该研究对象有比较清晰的界定，只有对象清楚了，才有可能进行合理的研究，得到恰当的结论。

（二）关于解释

现代语言研究追求三个充分，即观察充分、描写充分和解释充分。以结构主义为基础的传统研究对连动句作了细致的分类，并且对连用动词之间的语义关系进行了详细的说明，这些研究很大程度上做到了观察充分和描写充分。然而在现代语言学看来，语言研究的终极目的不是仅仅停留于观察和描写，更要进一步对所观察描写到的现象作出合理的解释。

在对连动句观察和研究的基础上，现代语言学的不同理论对连动现象进行了解释，这充分提升了人们对连动句的认识。但是，在我们看来，这些解释都存在一定的问题，距离"解释充分"还有一定的距离，我们分开来讨论。

1. 关于认知语言学的解释

戴浩一（1985、1988）的研究解释了连动的顺序，很有说服力，但是该研究仍然没有解释连动结构中不同的动词可以共享一个"主语"的原因，也就是说，该研究没有对第二个动词能够不满足题元准则作出解释。李可胜（2015）虽然对连动句中动词有界性和时体表达的关系作出了解释，但是该研究并没有对连动句的句法特征作出解释，即没有解释"连动"得以存在的原因。

杨少康（2012）的研究漏洞比较多：首先，该研究认为连动结构是先有两个小句并置，这并不合理。"连动式的意义不能单纯地以两部分相加来理解"，有些凝固性强的结构"必须从整体上来理解"，比如："破口大骂""埋头工作"等（高增霞，2006：101）。因此，连动结构并不是两个小句简单的并置。其次，该研究认为，并置之后，后面的动词结构重复的论元必须移位至前一结构的论元位置与其融合，原因是"经济原则"，这里面有两个问题，①移位动力问题，如果说是为了经济原则，是能不移位就不移位的，移位本身就不是一种优选，并不符合人类语言表达的惰性；②如果说移位之后是两个论元融合在一起了，那么，其论元角色如何处理？有没有违反题元准则？

2. 关于语法化的解释

以语法化理论为视角对连动句的研究摆脱了之前研究的局限，把该句式的历史发展（历时研究）与现状（共时研究）紧密结合起来，探讨了该句式的发展脉络，但是对于一些核心问题，仍没有给出比较满意的解答。

高增霞（2006）、李诗景（2013）都指出连动式在语法化中有着的重要地位，"很多语法化现象都是以连动式为必要条件，从连动式这个语境中产生的，连动式是许多语法现象的'温床'"（高增霞，2006：45）。尽管这些研究指出了连动式与其他语法现象的衍生关系，但是仍没有解释语言中为什么会出现连动式，比如高增霞（2006：84—85）指出连动式要求 V_1 具有较高的有限的有界性，如果两个动词的主语所指相同，V_2 在结构上必须强制性地删略，其"主语必须是零星式，否则就形成紧缩复句，而不是连动式"，即强制性的同指论元承前删略原则。承前删略原则可以解释一般的连动句，但是对于比较复杂的句子，比如"我帮他干活"中，"干活"的施事主体比较复杂，既可能是"他"，也可能是"我"，还可能中"我+他"，该原则就不好解释了。

3. 关于形式语言学的解释

学者借助形式语言学理论对连动句的生成作了富有意义的探讨，但是也有一些问题仍没有解释清楚。

邢欣（1987）引入了"深层结构"和"表层结构"转换的概念从动态的角度分析连动句，深化了该结构研究。但是该研究的处理有以下疑问：（1）深层结构 VP_1 中有一个嵌入句 S_1，其主语与 N_1 同音删略生成连动句，但是问题是为什么 S_1 不是嵌入 VP_1 的右侧而恰恰嵌入左侧？（2）从题元结构理论来说，N_1 与 N_2 的题元角色分别是什么？（3）单看 VP_1 部分，已经是"我打电话叫汽车"了，如此一来，句首的 NP_1 与 VP_1 之间是什么样的结构关系？

刘道英（2000）依据题元理论指出连动句中后项动词前有一个空主语 PRO，并且以第一个动词的主语为先行语。相比于之前的很多研究，该研究很有意义的：它不仅注意到表层结构和深层结构的区别，而且还根据题元理论进行说明。但是该研究并没有解释 PRO 是如何产生的，也没有解释它为何以句首名词为先行语。

保罗（Paul, 2008）和邓思颖（2010）的研究有两个疑问：（1）只讨论了有两个动词短语连用的现象，或者是第一个动词短语作核心成分，或者是第二个动词短语作核心动词。问题是如果有三个或更多动词结构连用呢？比如：我穿衣服上街买菜回家做饭。如何确定哪一部分是状语或补语？（2）没有说明连动句最重要的特征。第一个动词短语作核心成分也好，第二个动词短语作核心成分也好，这都是可以分得清核心成分的句子，那些分不清核心成分的句子该怎么处理？比如，为什么认为"他闹着回家"中"回家"就是"闹着"的目的，而不可以是"闹着"作为"回家"的方式（相对于"哭着回家"）？

孙文统（2010）的研究是很有意义的探索，该研究对三种不同的连动结构作出了统一的解释。但是有几点不妥：（1）一个句法结构的语义理解并不能替代其句法解释。孙文认为"我去图书馆看书"在意义上等同于"我去图书馆，我看书"，这是把单句和复句的概念混为一谈；（2）该研究认为这个句子中的动词"去"和"看"分别是一价谓词（one-place predicate）和二价谓词（two-place predicate），即"去"必须有一个论元，"看"必须有两个论元（孙文统，2010：23）。诚如此，句子中"图书馆"的语义角色和格位是哪个核心成分指派它的？（3）如果按照其语义结构解释，两个代词"我"的题元角色分别由"去"和"看"赋予，如何解释两者重叠而句子又没有违法？（4）该研究指出"我去图书馆看书"应该是"我$_i$去图书馆PRO$_i$看书"，其原因是在其语义结构里（"我去图书馆，我看书"）有两个同指的代词"我"，第二个代词"我"在原型句子中一定不能出现，只能被一个空语类替代的。这样论断的依据是什么？为什么会有这种情况？

杨永忠（2016）很有创造性地对不同语序不同类型的连动句提供了统一的分析模式，该研究提到了连动结构的主语共享和宾语共享，认为主语共享是连动结构的显著特征，是连动结构生成的必要条件。但是该研究依然没有解释连动结构的核心问题，即为什么该结构存在主语共享，该结构什么时候存在宾语共享，如何解释连动句的主语共享和宾语共享。

总之，连动句的定义、名称、范围以及与紧缩句、复句等的关系等问题都有待澄清。此外，汉语为什么会有这种结构？如何解释它与英语及其他语言相关结构的异同？如何弥补之前各家解释的不足？这些都需要我们做进一步的探讨。

第三节 连动句的生成机制

一 连动句的范围

在讨论连动句的生成之前有必要先对"连动句"的范围作一个界定。
（一）连动句的界定
1. 界定
我们认为，连动句是由两个或者两个以上可以独立作谓语的动词[①]连

[①] 既然"动词"是能独立作谓语的词，那么副动词（也就是介词）自然排除在外。

用，表示前后动作相承①行为的单句，前后动词项之间不能有停顿、标点、关联词语以及类似于复句之间的逻辑关系，各连动项可以陈述同一个主语，也可以陈述不同的"主语"②。从以下几点具体说明：

（1）形式上：动词之间不能有停顿，这主要区别于复句；动词之间不能有关联词语，这主要区别于紧缩句③。"我上街买菜"属于连动句，而"我上街，买菜"属于复句；"我放学回家"是连动句，而"我一放学就回家"属于紧缩句④。

（2）意义上：动词之间可以表示动作相承的先后顺序意义，而且不能有其他类似于复句之间的逻辑关系。

先说"动作相承的先后顺序义"。这个条件主要是把"连续动词结构"⑤和"连动句"区别开来，即不是所有的连续动词结构都属于连动句，因为前者的前后项动作之间不一定有先后相承的关系，而后者的前后项之间必须有相承关系。所以说，很多文献中讨论的连动句"她笑着说/他躺着不动"等，都不是连动句，它们只是"连续动词结构"："她笑着说"中前后动词（具体来说是"动作"）之间没有前后相承关系，而是同时发生的，即"他笑着的时候是在说话；他说话的时候是笑着的"（如果把"她笑着说"改变为"他说着笑了"就属于连动句了）；"他躺着不动"（例句出自吕叔湘，1979：83）很难分清前后项的轻重，两者之间是

---

① 杨西彬（2018）认为"动作相承"是连动句的核心特征，"连续动词结构"（Serial Verb Consructions）可以分为"动作相承"和"动词相连"。这一区分对加深"连动"现象的认识有着重要的意义，其中"动作相承"主要涉及连动句（含第六章要讨论的兼语句），"动词相连"主要涉及部分偏正结构和动词并列结构等，学界围绕相关"连续动词结构"的很多争议都可以由此理清。

② 如果是陈述不同的主语，即为兼语句，见第六章。

③ 我们同意高增霞的观点，即连动句具有相对凝固性的特点，这主要是因为其中间没有停顿，有停顿的几个动词结构连用在概念上被看作几个分散的事件，在形式上也被看作几个独立小句；没有停顿的几个动词结构连用，不仅在概念上被认为是反映了一个整体的事件，在结构上相应地被认为是一个小句而不是多个小句。见高增霞《现代汉语连动句的语法化视角》，中国档案出版社 2006 年版，第 100 页。

④ 洪心衡（1963）比较详细地讨论了动词之间有无关联词语的意义差异，可参看。

⑤ 我们不主张使用"动词连用结构"，因为表述太过含糊，还容易与"连动句"相混。我们主张使用"连续动词结构"名称，即"Serial Verb Consructions"的直接翻译。见杨西彬（2016b）。

解释说明关系，"躺着就是不动；不动是躺着的"①。依照本节对连动句下的定义，这些结构都不是连动句，不在本节的范围。

《马氏文通》（1898、2010：208）曾指出，所谓"动字相承"是指"一句一读之内有二三动字连书者，其首先者乃记起词之行，名之曰坐动；其后动字所以承坐动之行者，谓之散动"。这一论述指出了连动句的重要特点，即前后项存在相承关系，后者承接于前者。所以，"他躺着看书"应该有两种理解，第一种理解就是"他看书，躺着看的"，第二种理解就是"他躺下来看书"，比如在"他躺着看书去了"一句中，这个意思就很明显。只有后一种理解才是本节要讨论的连动句，前一种理解不是②。

再者"动词之间不能有类似于复句的逻辑关系"。这主要区别于并列关系的句子和紧缩句，比如，"买一送一"这个结构，乍一看是属于连动结构，可是仔细分析却不是：因为两个动词之间存在着明显的逻辑关系，即"送一"是以"买一"为前提或条件的，也就是说，只有"买一"了，才会"送一"，不"买一"是不会"送一"的。此外，前后项动词的主语也不一样，"买一"是顾客"买"，"送一"是店家"送"的。

（3）功能上：两个或者几个动词既可以陈述同一个主语，也可以陈述不同的"主语"，而且还必须是在一个句子（单句）内。比如"我打电话叫车"中，"打电话"和"叫车"都陈述同一个主语"我"；"我催他上学"中，"催"是陈述"我"的，"催"的对象是"他"，"上学"又是陈述"他"的③。

此外，还有一点需要说明：我们认为，同样的词汇在不同的历史时期会有不同的用法，尤其是一些动词的意义逐渐虚化，慢慢失去动词的一些特征，其题元结构也会发生一定的变化。比如，朱德熙（1982：165）认为"我来看看"是由动词"来"构成的连动结构。但是，我们认为此处"来"在很多情况下其动作意义已经很不明显了，最便捷的验证方式是去掉"来"并不影响句子意义的表达。我们可以再对比一组例句：

---

① 杨红、石锓（2016）认为这类属于"重复型连动结构"。按照上文连动句定义中"动作相承"这一点，这类前后注释类结构不属于连动句，只是属于"连续动词结构"大类。详见杨西彬（2020）。

② 王福庭（1960a）曾指出典型的连动句"他上街买菜"也有两种理解，"买菜"可以是"上街"目的（连动），"上街"也可以是"买菜"的方式（偏正）。

③ 这种结构一般叫作兼语句，详见第六章。

(50) a. 我去买菜。
b. 我买菜去。

很明显，(50) a 中的"去"是一个意义实在功能完备的动词，"去+VP"意在强调施动者从事什么事，而不强调其位移，趋向义很弱；而在(50) b 中，"去"的动作性很弱，"VP+去"则意在强调施动者的位移，趋向义较强（陆俭明，1985）。吕叔湘和赵元任则分别认为"VP+去"中的"去"已经虚化为表"先事相"（"预言动作之将有"）的辅助词和"目的语助词"（转引自陆俭明，1985）。朱德熙（1982：166）进一步指出，有的"来/去"在结构中只起连接作用，没有实在的意义，比如，"要按照专业的性质来进行改组/用坚忍不拔的精神去克服困难"，这两个结构中，即便是"来/去"互换位置，其意义也没有很明显的差别[①]。

2. 与其他句式的区别

有时候连动句与其他句式很容易混淆，本小节谈一谈它们之间的区别。

(1) 连动句与主谓结构作主语的句子

吕叔湘（1953：71）指出句子形式作主语，谓语动词大多是个"是"，别的动词不多。比如"大禹治水是古代的传说"。赵元任（1979：166）认为连动句（S+V_1+V_2）跟主谓结构作主语的句子（S-V_1作主语，V_2作谓语）是不同的，前者如果有停顿或助词，只能在 S 之后（直接成分分界），如"他（呀，）开车走了"；后者则如有停顿或助词，出现在V_1之后，如"他开车（呀，）是件怪事"。所以可以通过停顿或者插入语气词来区别两种句子。

(2) 连动句与并列结构作谓语的句子

这两种句子的区别是明显的：并列结构的内部次序可以互换，比如"他天天就是吃饭睡觉→他天天就是睡觉吃饭（意义不变）"。而连动句中两个动词要么不能互换顺序，比如"我打电话叫车→? 我叫车打电话"

[①] 如此一来，我们就不能够把所有句子中的"动词"都认为是功能完备的动词，也就是说，同样的动词在不同的结构中其句法表现并不一定全然一致。因此，我们同意高增霞（2006：66—78）对连动句进行分类的观点，即把连动句分为典型连动句、非典型连动句和边缘连动句三个类（详见前文讨论）。本节的讨论以典型范畴的连动句为主，对于非典型范畴的连动句和边缘范畴的连动句不过多涉及。至于说不同时期同一个动词的题元结构是如何变化的，则是一个很复杂的问题，与本章无关，不拟讨论，但是本章的分析原则上也适合于后两种连动句。

(不合理);要么换了顺序后意思往往产生变化,比如:"你等一会出去→你出去等一会(意义有变)。"玉柱(1984)认为"她每天淘米洗菜"这样的句子虽然有两个动词连用,但是它们之间是并列关系,是属于联合结构作谓语的句子①。

(3) 连动句与紧缩句

玉柱(1984)认为"我戴上帽子就走"中,虽然"戴上帽子"和"走"之间也表示连续发生的动作,但是两者之间有表示关联作用的副词"就",因此不应该算作"连动句",而应该属于紧缩句;紧缩句是由复句紧缩而来的,该类紧缩句就是由连贯关系的复句紧缩而来的。

洪心衡(1963:49)比较详细地讨论了句中有无关联词语对句子意义的影响。因为关联副词"就"的关系,上句中除了表示连贯关系外还可以表示条件关系,即"走"的条件是"戴上帽子",也就是说"我"只有"戴上帽子"了,才"走"。对比一下典型的连动句"我戴上帽子出门了",很明显,这里的"戴上帽子"和"出门"只是动作的相承,而没有条件关系、连贯关系等之类的逻辑关系。

此外,有的句子哪怕没有关联词语,我们也不能够把它作为连动句。我们可以用一则笑话来说明紧缩句和连动句之间的区别。

> 某年2月14日情人节之前,网上流传着这么一则笑话:快到情人节了,刚才我去楼下买东西。老板问我:"先生买花么?""买花干什么啊?""买花送女朋友啊。"我答道"哦,买多少花能送个女朋友啊?"然后老板默默地把花收回去了……

很明显,这则幽默就是"我"和老板对于"买花送女朋友"的不同理解。老板对顾客说"买花送女朋友啊"的意思是"你买花送给你女朋友",是属于连动句;而顾客却(故意)把它理解为一种花店促销策略,"以送女朋友的方式来促销",即"顾客买花老板送女朋友"(类似于"买一送一"),这属于紧缩句。老板发现顾客理解错了或故意刁难(老板哪有现成的女子促销给顾客啊),于是只能"默默地把花收回去了"。

---

① 其实,从广义来讲,并列结构作谓语的句子也是"连续动词结构"。为了使我们的研究对象更纯粹些,本章不打算探讨该类结构,留待以后专门考察研究。

（4）连动句与强调句

"是"在现代汉语中最常用的用法是作为连系动词使用，表判断。但是它还有另一种常见的用法，即表强调。比如"他是杀了人"这句话，"是"在句中强调谓语。像这种结构，也不能把它视为连动句。

朱德熙（1982：164—174）主要讨论了五类"连谓结构"（即本章的连动结构），其中有一类叫作"由动词'是'组成的连谓结构"，比如："是他把电视机弄坏的"，朱先生分析指出，在这类格式里，真正的主语成了"是"的宾语，整个句子在形式上没有主语。吕叔湘主编的《现代汉语八百词（增订本）》（1999：500）认为这是"是+小句"的结构，"强调一件事情的真实性"。我们认为在这类句子中，"是"只表示强调，在句法上不发挥什么作用。最简便的判定方式是，去掉"是"并不影响句子的合法性和句义的完整性，只是少了强调的意味而已。所以"是+小句"这类句子也不是连动句，而是强调句。

总之，必须划清连动句跟与其相似结构的界限，我们也有足够的理由把主谓结构作主语的句子、并列结构作谓语的句子、紧缩句以及强调句与连动句区别开来，也只有这样，才能使研究对象更加明确，为得出可靠的结论奠定基础。

二 相关理论

格位理论是生成语法重要的理论模块之一。扩充的格位理论认为，如果一个名词有词汇形式就必须得到格位指派；同时必选型的格位指派者必须释放格位。为了讨论的方便，我们把扩充的格位理论复述如下：

（51）扩充的格位过滤器 [The Generalized Case Filter（Xu，1993、2003：117）]

  a. *NP，如果有词汇形式但是没有得到格位指派
  b. *必选型格位指派者，如果没有释放自己的格能量的话

连动句的生成除了跟扩充的格位理论密切相关，还跟题元理论（Theta Theory）关系密切。所谓题元理论就是关于题元角色分派的理论，题元理论的核心就是题元角色是怎么分派出去的，名词短语是如何得到题元角色的。每一个动词都有其相应的题元结构，而且该题元结构信息是存

储于词库中的。比如：

(52) a. fly：V；[NP$_{[+\text{THEME}]}$]
b. kill：V；[NP$_{[+\text{AGENT}]}$ NP$_{[+\text{THEME}]}$]
c. put：V；[NP$_{[+\text{AGENT}]}$ NP$_{[+\text{THEME}]}$ PP$_{[+\text{LOCATION}]}$]
d. give：V；[NP$_{[+\text{AGENT}]}$ NP$_{[+\text{THEME}]}$ NP$_{[+\text{THEME}]}$ 或
NP$_{[+\text{AGENT}]}$ NP$_{[+\text{THEME}]}$ PP$_{[+\text{GOAL}]}$]

这些大脑词库中的题元信息结构就可以很好地解释如下语言现象：

(53) a.? *The ground fly.
b.? *The desk killed the cat.
c.? *The cat killed the desk.
d. *I put the book.
e. *I put on the table the book.
f. *Mike gave the money toward the boy.

以上各例句之所以不成立，或者是因为斜体部分没满足题元结构信息，或者是题元结构不完整。a 中的名词短语 the ground 不能担当 fly 分派的述题题元角色；b 中 the desk 和 c 中的 the desk 不能承担 kill 分派的施事或受事题元角色；d 的题元结构不完整，表地点/方位的题元角色没有出现；e 出现了 put 所要求的两个名词短语（"on the table""the book"），但是它们的位置错了；f 中的"toward the boy"承担不了 give 所分派的"受益者/目标"这一角色。

换言之，如果一个句子要想成立，不仅动词的每一个题元角色都得分派出去，而且，句中的每一个名词短语也都要得到一个题元角色。一个名词短语得不到适当的题元角色就不能成为合法的形式，这一限制就称为题元准则（theta criterion）：

(54) 题元准则
a. 每一个主目语都必须充当一个题元角色
b. 每一个题元角色都必须分派给一个主目语

介绍完这些理论，下文将进一步探讨连动句的生成机制。

三 连动句的生成[①]

（一）统一处理还是分别处理

有研究认为连动句应该统一处理，比如李和汤普森（Li & Thompson, 1973）认为"他拿刀切肉"和"他拿钥匙开门"没有区别，从而提出了几乎一致的结构：[$_S$ NP$_1$ [$_{VP}$ V$_1$ NP$_2$ [$_S$ NP$_3$ [$_{VP}$ V$_2$ NP$_4$]]]][②]，即"他$_i$拿刀NP$_i$切肉""他$_j$拿钥匙NP$_j$开门"。

也有研究者倾向于把连动句分开处理，划分出小类。吕叔湘（1979：83）分为前重后轻的结构或者前轻后重的结构，或者分不清轻重的结构，比如：

（55）a. 坐车回家/赶着干活（前重后轻）
　　　b. 买菜去/说着玩儿（前轻后重）
　　　c. 躺着不动/这东西留着有用（前后难分轻重）

邓思颖（2010：181—184）把连动句分为两类：前重后轻和前轻后重，比如"闹着回家"，"躺着看书"。然后主张把前者归入动补结构，后者归入偏正结构，从而取消连动句独立存在的资格。很明显，该研究不认为例（55）c 属于连动句。根据杨西彬（2020）的分析，只有动作相承类的连续动词结构才是"连动句"，所以例（55）b 也排除在连动句之外。

例（55）a 情况也比较特殊，应区别对待。比如"（他）躺着看书"，不少文献都把它视为连动式中"前轻后重"的形式（吕叔湘，1979：63；邹韶华，1996）；有学者直接认为它是偏正关系（邵敬敏，2007：191；邓思颖，2010：184）。为什么该结构不可以是表示目的？也就是说"看

[①] 本节的部分内容曾以《汉语连动句的句法研究及相关理论问题》为题在"语言教学与研究国际学术研讨会暨《语言教学与研究》创刊35周年庆典"（北京语言大学，2014）上宣读。论文待刊。

[②] 该研究对连动句的句法结构的观点跟本节的观点是基本一致的。不同的是，为了得到S-结构，他们提出了一个强制应用的同一主语删除规则，VP$_2$ 的主语 NP$_3$ 与句子主语 NP$_1$ 相同而删略；而我们认为，NP$_3$ 不出现不是因为删除的结果，而是因为其他原则导致了它不能以词汇的形式出现而必须是隐性的。详见下文讨论。

书"是"躺着"的目的,比如"他躺着下棋呢,没有躺着看书。"王福庭(1960a)曾讨论了这类句子的歧义。陈建民(1986:228)指出"我坐在床上看书"是歧义结构,既可以说"坐在床上"是修饰"看书",也可以说"看书"是补充说明"坐在床上"的。同样,有些结构也很难断定就是前重后轻,比如"他闹着回家",有不少学者都认为它视为连动式中"前重后轻"的形式(Paul,2008),邓思颖(2010:184)进一步认为该结构可以归入述补结构。在我们看来这也是歧义结构,"(他)闹着回家/他坐在床上看书"之所以可以理解为偏正结构还可以理解为述补结构,主要是因为观察角度不一样。如果我们着眼于事件整个过程,就是述补结构,即"他"先"闹着/坐在床上",要"回家/看书",是前重后轻结构;如果着眼于最后的结果,就是偏正结构,即"他"通过"闹/坐在床上"的方式要"回家/看书",呈现的结果是"他回家/看书","闹着/坐床上"是"他"保持的状态,是前轻后重结构。这很容易理解,在认知语言学看来,相对于动态的动作或事物,意象图式中静态的行为或事物更容易成为一种背衬或说参照①。

其实,无论是"他躺着看书"也好,还是"他闹着回家"/"我坐在床上看书"也好,它们的两种理解都可以在形式上表现出来,即通过重音体现出来,比如:

(56) a. 他躺着看书。
　　　b. 他躺着看书。
(57) a. 他闹着回家。
　　　b. 他闹着回家。

劳尔(Law,1996)讨论了汉语中的"他送了一个箱子来"和"他拿刀切肉",通过语序、副词范围以及提取等手段把两者区别开来,认为两者虽然看起来都是连动结构"$NP_1\ V_1\ NP_2\ V_2\ (NP_3)$",但是它们的句法结构并不一样,分别是:

---

① 再比如,"钉子"和"蚊子",我们可以说"钉子右边的蚊子",却很少说"蚊子左边的钉子"。见陆俭明、沈阳《汉语和汉语研究十五讲》,北京大学出版社2003年版,第443页。

(58) a. NP$_1$ [$_{VP}$ V$_1$ NP$_2$ [$_{VP}$ V$_2$]]
　　　b. NP$_1$ [$_{VP}$ [$_{VP}$ V$_1$ NP$_2$] [$_{VP}$ V$_2$ NP$_3$]]

也就是说,"他送了一个箱子来"是第一个动词以第二个动词结构为补语,"他拿刀切肉"中第一个动词结构是第二个动词结构的附加语(adjunct)。

我们赞同该研究对"他送一个箱子来"的分析,而不同意其对后者的分析,因为该研究对后者分析所依赖的基础是有问题的。该文献把"他拿刀切肉"和"他拿钥匙开门"翻译为"He cut the meat with a knife"和"He opened the door with a key"。很明显,这把汉语中带有动作意义的"拿"都翻译为介词①。我们认为它们的翻译也可以是"He used a knife to cut the meat"和"He took a key to open the door"。如此就可以对应于汉语的连动结构,结构的语序依然是按照动作的先后顺序。如上文所论述,如果着眼于事件的整个过程的话,应该就是"他"先"拿刀/钥匙",然后去"切肉/开门";如果着眼于结果的话,就是"他""切肉/开门",用的是"刀/钥匙"。

所以,我们认为不能笼统地按照"连动句"统一处理,应该分情况分开处理,根据连动句最突出的特征来判定结构是否属于连动句。所有的连动句,即动作发生有相承关系,在线性序列上表现出来就是动词一前一后出现②,这些句子是可以统一处理的。

(二) 格位释放序列原则 (PCDS)

我们看如下例句:

(59) a. 我去菜市场买菜。
　　　b. 小王拿书读。

---

① 尽管"拿"的动作意义可以很弱,可以作为介词使用,但是如果是介词,整个结构肯定不是连动结构了。

② 周国光(1998)设定了三个参考因素来判断连动结构的主要动词——动词在句法结构中的地位(较高层次还是较低层次)、动词对于句法结构构成所起的作用(能缺少还是不能缺少)、动词对句法结构中名词性成分的格性质的影响,通过对儿童语言习得过程中连动结构的分析,认为连动结构中处于前项的动词是主要动词,即认为连动结构中前项是核心,后项起补充说明作用。

根据题元准则可知，例（59）a 中动词"去"有两个题元角色可以分派：施事角色和方向/目标角色，动词"买"也有两个题元角色可以分派：施事角色和受事角色；例（59）b 中动词"拿"有两个题元角色可以分派：施事角色和受事角色；动词"读"也有两个题元角色可以分派：施事角色和受事角色。

例（59）的一个共同特点是，第一个动词的题元角色都分派了出去，而第二个动词的题元角色"没有完整分派"。按道理说，这些句子都是不合法的，然而它们却是无一例外的合法。为什么会这样？可以解释说后一个动词前面"省略"了一个主语，问题是，为什么会省略？再者，"省略"的成分往往可以补充出来，可是以上各例句第二个动词前都不能补充出来，否则句子不合法，比如：

（59'） a. ＊我去菜市场我买菜①。
　　　　b. ＊小王拿书我读。

如果不是省略，那怎么解释？

从理论上讲，表层结构中没有出现本该出现的论元而不影响句子合法，可以有两个解释：（1）第二个动词的论元也是句首名词；（2）该动词的论元出现了，但是隐性成分（covert element）。

如果说第一种解释，即句首名词不仅是第一个动词的论元同时也是第二个动词的论元。这是符合我们正常语感的，正如之前的很多研究所指出的，连动结构中的两个或多个动词都是陈述同一个主语的（丁声树等，1961：112；宋玉柱，1986）。这种解释虽然满足了题元准则（54）b 的规定，即每个动词都必须把它的题元角色分派给一个主目语，但是违反了题元准则（54）a 的规定，即同一个主目语只能充当一个题元角色。因此说，这种解释并不合理。

所以，更为可行的解释是第二个动词前有一个隐性施事论元。那么，它是 Pro 还是 PRO 呢？我们知道，Pro 与显性的代词相对应，具有［-Anaphor，+Pronominal］的特征，是可以补出来的；而 PRO 是不受管辖

---

① 此处可以说成"我上菜市场，我买菜。"这就是两个独立的事件了，都是小句，两句合起来是复句，不再是单句，也就无所谓"连动句"了。

的，具有［+Anaphor，+Pronominal］的特征，一般是不可以补出来的。参考例（59'）可以认为（59）各例句第二个动词前面不是Pro，而只能是PRO。这就很好地解释了第二个动词的论元问题，PRO承担了题元角色，并且以第一个动词的主语为先行语。

我们首先确定了隐性成分的存在，然后确定了其身份，即PRO。接下来的问题是，为什么PRO会存在呢？

扩充的格位过滤器就为这个问题提供了很好的视角。前文说过，徐杰（Xu, 1993、2003：117）把格位指派者分为可选型的格位指派者和必选型的格位指派者。依照该研究，汉语的曲折成分I只包括了谓素（Predicator），写作Ic，而英语的曲折成分，除了包括谓素之外，还包括了时态（Tense）和一致关系（Agreement），写作Ie。英语的Ie是强特征，所以要求其格位必须得到释放；而汉语的Ic是弱特征，因此格位可以不释放，所以汉语中句子的主语可以出现也可以不出现。

我们的问题是，到底哪些是弱特征？哪些是可选型的格位指派者？哪些是必选型格位指派者？有没有规律？通过对语言事实的观察我们提出一个原则：

（60）格位释放序列原则（The Principle of Case Discharging Sequence, PCDS）

一个不含从属小句的单句①中，如果出现两个或者两个以上类型或功能相同的中心语，那么，

i. 序列靠前的中心语是强特征，序列靠后的中心语是弱特征②；
ii. 强特征不一定释放格位，弱特征一定不释放格位；
iii. 中心语格位释放必须遵循格位释放序列原则。

---

① 比如，"我听说他明天回来"就是一个包含从属小句的单句（"他明天回来"就是从属小句），"他走过去开门"就是不包含从属小句的单句，前者是主要动词后接CP，后者是主要动词后接IP。之所以强调"不含从属小句"的单句，是因为我们认为两者在句法表现上存在很大的差异，应该区别开来。

② 此处的"强特征"和"弱特征"指的是中心语释放格位要求的强弱，该术语与最简方案中的强特征、弱特征没有关系。特别需要说明的是，强弱特征是相对于赋格成分（各类中心语）面对指称相同的NP时才显示出来的，也就是说，如果授格成分不相同，中心语也就无所谓强弱特征，其格位必须释放出去。具体参看第四节关于主语共享和宾语共享的解释。

也就是说，语言中的格位释放与否跟中心语的强弱特征有关，中心语的强弱特征由语言线性序列的先后顺序决定①，序列靠前的强特征可以释放格位，也可以不释放格位（因语言而异），而序列靠后的弱特征都不释放格位，语言间不存在差异。

（三）连动句的生成

根据上文的讨论，例（59）可以复写为例（61）：

（61）a. 我去菜市场 PRO 买菜。
　　　b. 小王拿书 PRO 读。

这些连动句可以用树形图（62）表示。

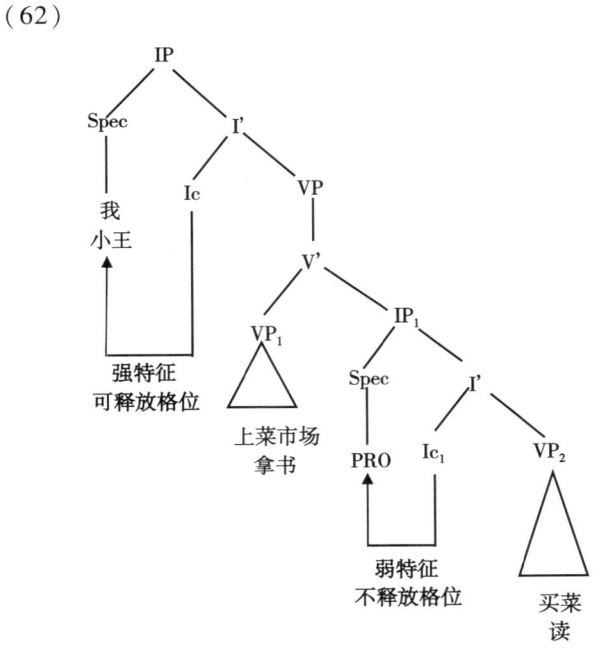

（62）

```
                    IP
                   /  \
                Spec   I'
                 |    /  \
                 我  Ic   VP
                小王      / \
                       V'   
           强特征      /  \
         可释放格位  VP₁   IP₁
                    △    /  \
                  上菜市场 Spec  I'
                   拿书   |   / \
                        PRO Ic₁ VP₂
                              △
                        弱特征  买菜
                       不释放格位  读
```

很明显，Ic 是在线性序列中靠前位置，所以它所携带的中心语的特征是强

---

① 语言符号的线条性，即在线性序列上有前有后，决定了句法成分之间的不平等。索绪尔指出线条性原则是"显而易见的，但是似乎常为人所忽略，无疑是因为大家觉得太简单了。然而这是一个基本原则，它的后果是数之不尽的；它的重要性与第一条规律（笔者注：符号的任意性）不相上下"。见索绪尔《普通语言学教程》，商务印书馆 1999 年版，第 106 页。我们认为格位释放序列原则正是语言线条性在句法上的直观反映。

特征，可以释放主格格位给 VP 的施事论元"他/我"，而线性序列中靠后位置的 Ic_1 所携带的中心语是弱特征，不能释放格位给其论元，于是造成其论元成为隐性成分，标识为 PRO。

这一分析与李和汤普森（Li & Thompson，1973）对连动句的句法结构的观点相类似却有不同，差别是：为了得到 S-结构，后者提出了一个强制应用的同一主语删除规则，VP_2 的主语与整个句子主语相同而删略；而我们认为 VP_2 的主语没有出现不是删除的结果，而是因为格位释放序列原则导致了它不能以词汇的形式出现而必须是隐性的。

以上讨论的是两个动词连用，如果是三个或者三个以上的动词连用怎么办？很简单，图形继续往下操作就是了，比如：

（63）他上菜市场买菜做饭。

这是表层结构，在 D-结构中，它应该是：

（64）他上菜市场 PRO 买菜 PRO 做饭。

其结构图，如（65）所示。

（65）

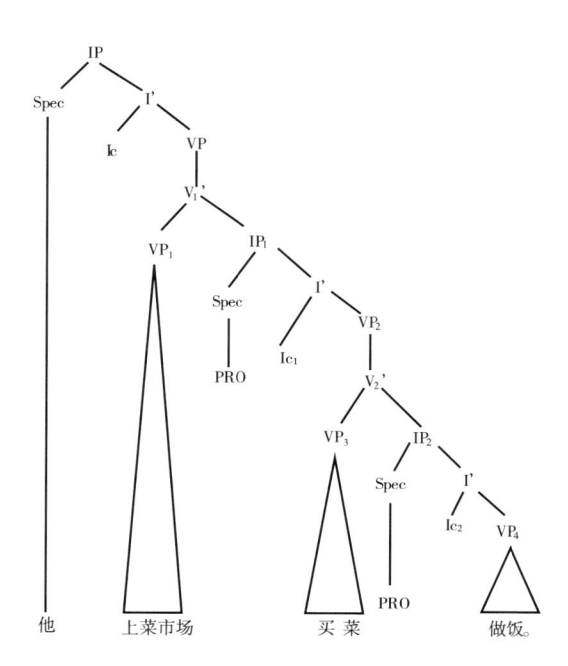

如果句子更复杂，比如"他上菜市场买菜回家做饭"，其 D-结构就是"他上菜市场 PRO 买菜 PRO 回家 PRO 做饭。"相比较于例（65）就是多了一层而已。

可能会有这样的疑问了：以上的例句都是主语出现的例子，作为强势特征，主格格位得到了释放；可是在汉语中，主语是可以不出现的，比如在篇章结构中出现的连动句，这该如何解释？

在我们看来，不出现主语的连动句与上面所讨论的连动句并没有什么不一样，比如：

(66) ……他现在就是一家庭"煮夫"，经常上街买菜……

该例句中"上街买菜"这一连动结构相比于本节开始的其他例句，单从形式上看，其共同点就是处于序列靠后位置的动词短语本身是弱特征，一定不能释放格位；其唯一的差别就是该句中第一个动词的施事论元没有出现。在我们看来，例（66）依然遵守"格位释放序列原则"，即作为强特征序列靠前的中心语，"它不一定释放格位"，也就是说它有资格优先释放格位，但是尽管有这样的资格，它依然可以放弃这个资格。这就好比一个有钱人（句子中心语），他有能力买下一个别墅（赋主格），但是如果没有需要（主语不出现），也就不用硬要花钱购买这别墅（不用赋主格）。

除了上文讨论的例句，我们认为以下例句与本节的讨论相关。

(67) a. 我打算回家。
b. 张三准备考研究生。
c. 罪犯企图逃跑。
d. 他设法安心工作。

以上例句通常被称为"动词宾语句"，朱德熙的《语法讲义》（1982：59）把（67）各例句中的第一个动词称为"谓宾动词"，也就是说这里的第一个动词必须以动词为宾语。沈阳（1994：101—104）认为以上各例句中都存在"隐含型空语类"①，即例句中第二个动词结构（VP）前面都存在空位。

在我们看来，例（67）各例与本节讨论的连动结构并没有不同。理由如下：根据连动句的定义，以上各例的后项动词确实都是相承于前项动词；根据题元准则，每个动词都得把其题元角色分派出去，但从表面上看，以上各例的第二个动词需要分派受事角色且已经把受事角色分派出去，例（67）a 中"回"——"家"，例（67）b 中"考"——"研究生"；例（67）c 和 d 不需要指派受事角色；但是它们都没有把其施事论元角色分派出去，然而却并没有影响句子的合法性。可以推定，该角色出现了，但是它们是隐性的；它们又补不出来，正是 PRO。

吕叔湘（1979：110—111）也曾指出：汉语中的"他问我去不去"之类的句子中"去不去"的主语没有露面，如果翻译为英语，就要用主谓短语形式。通过比较可以看出，作为句子的一部分，动词短语跟主谓短语的作用相同。推而广之就可以说，动词短语有主谓短语的作用，因为只要有动词，就有"表述"，这个动作系属于哪个事物，都可以由语境推知，而不管代表这个事物的名词或代词有没有出现在该动词前面。

所以，（67）各例句的 D-结构应该是：

(67') a. 我打算 PRO 回家。
　　　b. 张三准备 PRO 考研究生。
　　　c. 罪犯企图 PRO 逃跑。
　　　d. 他设法 PRO 安心工作。

其句法结构如图（68）所示。

---

① 沈阳（1994：22）把汉语当中的空语类分为三大类：省略型空语类、移位型空语类和隐含型空语类。其中，隐含型空语类与本节的 PRO 相当，其最突出的特点是：该位置不能补出任何有形词语。

(68)

```
                IP
               /  \
            Spec   I'
                  /  \
                 Ic   VP
                       |
                       V'
                      /  \
                     V    IP₁
                         /  \
                       Spec   I'
                             /  \
                           Ic₁   VP₁
                                 /\
                                /  \
                               /____\
```

我　　　　打算　　PRO　　回家。
张三　　　准备　　PRO　　考研究生。
罪犯　　　企图　　PRO　　逃跑。
他　　　　设法　　PRO　　安心工作。

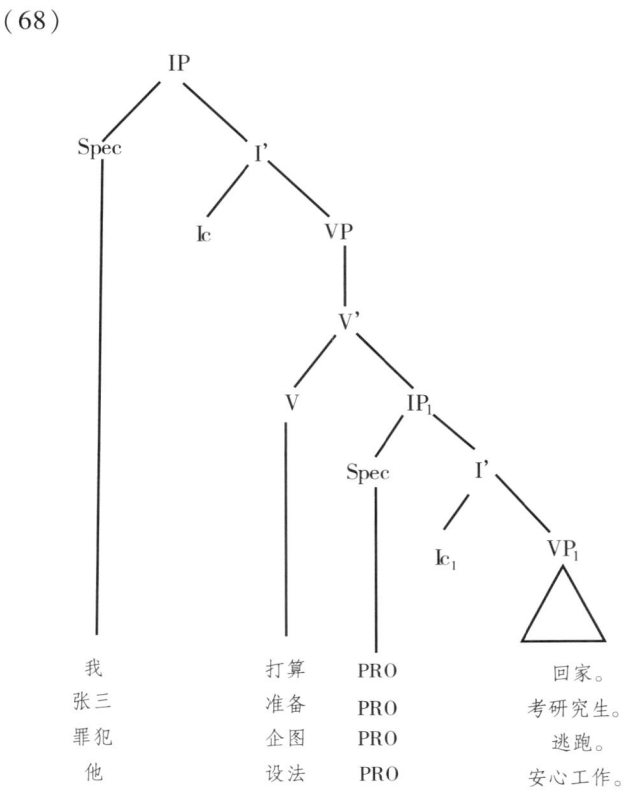

由此可见，无论在形式特征上，还是从动词间的"相承"特点上，还是在句法结构上，例（67）与其他连动句没有什么不一样的，例（67）各例的后项动作相承于前项动作，前项动作必须要求有后项动作相承，这类前项动词还有一个专门的名称，谓之"谓宾动词"（朱德熙，1982：59）。

需要指出的是，在此之前并没有人把例（67）这类结构作为连动句处理，我们这么做不是为了标新立异，而是建立在客观分析基础上的。首先，依据题元理论对其 S-结构进行分析，认为它们与典型的连动句在形式上是一样的；其次，根据扩充的格位过滤器对其结构进行分析，发现它们与典型的连动结构并无二致；最后，它们也符合连动句定义，即前后项动词之间有相承关系。因此我们认为它们同属于"连动句"。

第四节　语言的差异与格位释放序列原则

一直以来，连动句都被认为是汉语的特殊结构之一（赵元任，1952：

21；丁声树等，1961：112；殷焕先，1954；吕冀平，2000：321），早在20世纪30年代，西方就有学者发现埃维语（Ewe①；Westermann，1930：126，转引自 Kofi，2008）存在连续动词结构（Serial Verb Contructions）。但是，随着调查和研究的深入，学界对于连动句的认识已经发生了不小的变化，尤其是20世纪80年代以来，学者们发现该现象广泛存在于大洋洲、西非、东南亚、亚马逊河流域等许多语言中（Sebba，1987；Lord，1993；Durie，1997；Stewart，2001；Sudmuk，2005；Song，2007），包括藏缅语族中的 Kuki-Thaadow（Ettlinger，2006）以及我国境内其他少数民族语言，比如彝语（胡素华，2010）、拉祜语（李春风，2012）、哈尼语（李泽然，2013）、湘西苗语（余金枝，2017）等，甚至以英语为代表的印欧语中也存在"连动"现象（Yin，2007）。

本节将对比汉语连动句与其他语言中连动句的异同，并对它们作出合理的解释。

一 其他语言中的连动结构

我们看其他语言中连动结构的表达：

（69）Thai（泰语；以下例句引自 Sudmuk，2005：2）
a. ka:nda: dɤn pay sɨ: nǎŋʏ:
 Kanda walk go buy book（Kanda waiked away to buy a book.）
 坎达 走 去 买 书
 "坎达走去买书。"
b. ka:nda: ʔaw mî:t hàn kùy
 Kanda take knife cut chicken（Kanda took a knife to cut a chicken）
 坎达 拿 刀 切 鸡肉
 "坎达拿刀切鸡肉。"
c. ka:nda: yɨ:n rɔ:ŋple:ŋ
 Kanda satand sing（Kanda sang, while standing.）

---

① 该语言是尼日尔—刚果语系的一种，主要流行于非洲的加纳共和国东南部和多哥共和国南部，使用人数超过三百万人。

坎达　　站　　唱歌

"坎达站着唱歌。"

d. ka:nda: tham kê:w tê:k

　Kanda　make　glass　break（Kanda made a glass broke）

　坎达　　弄　　玻璃　　破

　"坎达弄破了玻璃。"

(70) Korean（朝鲜语；以下例句引自 Song, 2007）

a. Mia-ka　　　hak.kyo-ey　　kel-e　　　ka-ass-ta.

　Mia-NOM　　school-DIR　 walk-INF　go-PST-DC

　"Mia went to school on foot."

b. Mia-ka　　ppang-ul　　hak.kyo-ey　　cip-e　　　　ka-ass-ta.

　Mia-NOM bread-ACC　school-DIR　pick up-INF go-PST-DC

　"Mia picked up the bread and went to school."

c. Mia-ka　　sakwa-lul　　khal-lo　　　kkakk-a　　mek-ess-ta.

　Mia-NOM　apple-ACC　knife-INST　pare-INF　eat-PST-DC

　"Mia pared an apple with a knife and ate it."

d. Mia-ka　　Cihwan.i-ekey　　chayk-ul　　sa-a　　　cu-ess-ta.

　Mia-NOM　Cihwan-DAT　　book-ACC　buy-INF　ve-PST-DC

　"Mia bought a book and gave it to Cihwan."

(71) EWE（埃维语）

a. E - kpa　　ha　　dzi.（以下例句引自 Agbedor, 1994）

　3sg compose　song　sing

　他　　谱　　曲子　　唱

　"他谱曲子唱。"

b. E - ku　　tsi　　no.　（同上）

　3sg fetch　water　drink

　他　　取　　水　　喝

　"他取水喝。"

c. Kofi tutu devia dze anyi.（同上）

　K. push child-the fall down

　K 推　　小孩　　倒

　"克菲推倒了小孩。"

d. tsitsa yɔ mi_i va (suku). (该例句引自 Collins, 1993: 60)
   teacher called us come (chool).
   老师　号召　我们　来　（学校）。
   "老师号召我们来（学校）。"[①]

(72) Logba（洛格巴语，除了 a 句引自 Ameka, 2005: 8，其余引自 Dorvlo, 2008: 194-195）

a. Ufi　　　o-fiamɔ́　　　oklé　　　lí-si
   u-fi　　　o-fiamɔ́　　　o-klé　　　lí-si
   3SG-take CM-handkerchief 3SG-tie CM-head
   "She has used a handkerchief to wrap around her head."

b. Ebitsiɛ̂　　ɔkpɔ　kla　fɛ　ɔyɔ́　nango　ɔkpiɛ　etsi.
   e-bitsi=ɛ̂　ɔ́-kpɔ　kla　fɛ　ɔ-yɔ́　nango　ɔ-kpiɛ　etsi
   CM-Child=DET SM.SG-move hide into CM-tree big AM-INDEF under
   "The child went and hid under the one big tree."

c. Ómi　　kampɛ　tso　kɔɖiatsya　nu.
   ó-mi　　kampɛ　tso　kɔɖiatsya　nu
   3SG-take scissors cut banana in
   "He took scissors and cut banana."

d. ɔsáá　　　ómi　　uhɛ　　ri　　pepa.
   ɔ-sá=á　　ó-mi　　u-hɛ　　ri　　pepa
   CM-man=DET SM.SG-take CM-knife hold paper.
   "The man holds a paper with a knife."

(73) 彝语

a. a^{55}ka^{33}　ʑe^{31}ʐo^{55}　fu^{33}　dzɯ^{33}　ndzɔ^{33}.（以下例句引自胡素华，2010）
   阿呷　洋芋　烧　吃　持续进行体
   "阿呷在烧洋芋吃。"

b. ŋa^{33}　i^{33}ti^{33}　a^{33}ʂʅ^{55}　gu^{33}　gu^{55}　ga^{55}　mi^{44}.
   我　衣服　新　量词　缝　穿　意愿式
   "我要缝件新衣服穿。"

c. tshʅ^{33}　tɯ^{31}　a^{55}ʑi^{33}　tɔ^{33}　la^{33}.

---

① 本句属于汉语学界通常所说的兼语句，详细讨论见下一章。

他　　起身　孩子　抱　来$_{趋向}$

　　"他起身来抱孩子。"

d. tsh ʅ^{33}　pe^{33}　ŋa^{55}　tɕʅ^{33}　ɕʅ^{31} ti^{55}.

　　他　　踢　　我$_{领格}$　脚　中

　　"他踢中我的脚。"

(74) 英语

a. 我　出去　买　东西。

　　I　go out　buy　something

　　"I go out to buy something."

b. 他　躺　床　上　看　书。

　　He　lied　the bed　on　read　book

　　"He lied on the bed to read a book."

c. 他　企图　逃跑。

　　He　try　escape

　　"He tried to escape."

d. 我　鼓励过　　　他　努力工作。

　　I　encourage-past　him　work hard.

　　"I encouraged　　　him　to work hard."

e. 跟　他们　一起　去　吃。

　　with　them　together　go　eat

　　"Go eat with them."

　　可以看出，连动结构在以上所举语言中的表现很相似。主要有以下共同点：(1)"连动"的前项和后项有明显的时间序列关系；(2)连动句的后项动词一般"共享"前项动词的主语，也就是说后项前都有空语类PRO；(3)连动结构可以共享宾语①，也可以不共享宾语；(4)连动的各项之间没有连词连接②，没有停

---

　　①　在比较长的一段时间里，有学者认为共享宾语是连动结构的必要条件（Baker, 1989）。

　　②　需要指出的是，在以上各例句中，有的语言翻译成英语时动词之间用了and，其实英语中"and"除了可以表示并列关系外还可以表示目的关系（徐盛桓，1987）。

顿；(5) 连动项之间没有并列、偏正、述补①、述宾等关系。

汉语与泰语、洛格巴语以及彝语的语序等是比较相像的，然而我们也不难发现汉语连动结构有自己的特点，主要表现为：(1) 主语可以不出现；(2) 不一定共享宾语；(3) 不仅可以作谓语，还可以作主语、宾语和定语等；(4) 文献中看到的多是两个动词连用，汉语中还可以有更多的动词连用。

对于英语有必要多花些笔墨。一般认为汉语和英语在连动句的有无上是截然不同的两种类型，但是有研究表明英语中也有连动句。印辉（Yin，2007）认为英语有三类连动结构（Serial Verb Constructions），其中例（74）e 属于目的类连动结构（purposive SVCs），与汉语的连动句没有任何差异，除了作谓语外还可以作补语，比如"I only leave to go eat nearby, and then I come back." Mendoza told The Associated Press by telephone.（"我只离开去附近吃饭，然后我回来，"门多萨通过电话告诉美联社记者。例句来自网络搜索）

需要注意的是，例（74）e 中的"go"已经不具备动作意义或者说动作意义很弱，只是表明了动作的方向。该结构同样可以用"格位释放序列原则"解释：例（74）e 中居前的中心语本身是强特征，但是祈使功能删除了祈使句的时体特征（司罗红，2016），所以前项动词的主语不出现；而语序上靠后的中心语具有弱特征不能释放主格格位，后项动词的主语也没出现，所以整个结构主语"空缺"。汉语祈使句中连动结构的情况也一样，比如"快去读书！"这句话没有主语也是同样的原因。而在"I only leave to go eat nearby"中居前的中心语释放了主格格位，居后的中心语（to go、eat）不释放格位，例（74）a—d 与此类似。英汉差异的详细解释见下一节。

二 统一的解释：格位释放序列原则与句法实现

我们认为，以上各种语言中存在那么多共同特征和差异是扩充的格位过滤器（GCF）和格位释放序列原则（PCDS）共同作用的结果。为了便于讨论，我们把扩充的格位过滤器（51）和格位释放序列原则（60）复述如下：

---

① 虽然说有的语言的连动翻译为汉语时成了述补结构，比如泰语例（69）d 和彝语例（73）d。但是我们认为这是语言差异造成的，即泰语和彝语中，(弄)"破"、(踢)"中"的动作意义还很明显，所以在该语言中它们可以单独充当句子成分，而在汉语中两者的动作意义很弱，只能作为某个句法成分的组成部分。

(75) 扩充的格位过滤器 [The Generalized Case Filter, Xu (1993、2003：117)]
      a. * NP，如果有词汇形式但是没有得到格位指派
      b. * 必选型格位指派者，如果没有释放自己的格能量的话
(76) 格位释放序列原则（The Principle of Case Discharging Sequence, PCDS）
一个不含从属小句的单句中，如果出现两个或者两个以上类型或功能相同的中心语，那么，
    i. 序列靠前的中心语是强特征，序列靠后的中心语是弱特征；
    ii. 强特征不一定释放格位，弱特征一定不释放格位；
    iii. 格位释放必须遵循格位释放序列原则。

（一）格位释放序列原则与语言的共性

如果说连动句的语义和形式特征是前后项动作之间有相承关系，连动项之间没有停顿和连接词，没有并列、偏正、述补、述宾等关系，那么其句法上的特征就是主语共享或宾语共享。

首先讨论主语共享的情况。我们认为之所以出现主语共享，首先是因为连动句中前后项动词的施事角色相同，序列靠前句子的中心语属于强特征，具有优先释放格位的能力，而作为序列靠后的句子的中心语属于弱特征，一定不释放格位。汉语中的例子可以参看例（59）a，英语以例（74）a "I go out to buy something." 为例，其句法结构为图（77）：

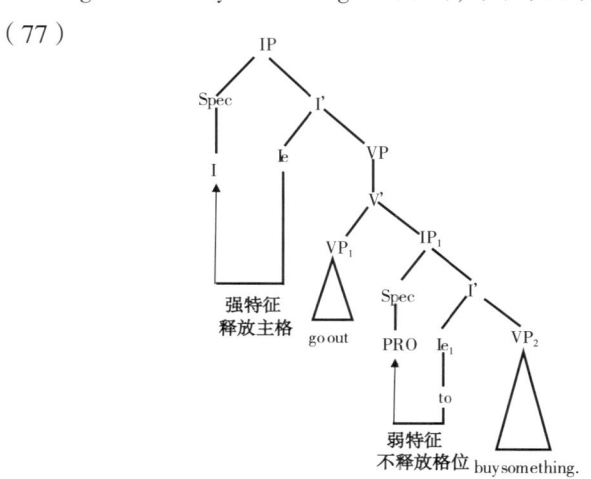

（77）

```
                IP
              /    \
           Spec    I'
            |     /  \
            I    Ie   VP
                       |
                       V'
                     /    \
                   VP₁    IP₁
                    |    /  \
                  go out Spec I'
                         |   /  \
                        PRO Ie₁  VP₂
                             |
                             to
                                 buy something.
```

强特征
释放主格

弱特征
不释放格位

例（74）a 和例（59）中句首名词得到的主格都是由序列靠前的强特征"Ie"或"Ic"授予的，序列靠后的弱特征就不能释放格位，后项动词前施事论元空位。对比例（62）和例（77）会发现，作为弱特征，汉语和英语的差别在于，汉语没有标记形式，而英语有弱特征标记"to"：例（77）中第二个句子中心语"to"因为本身就不具备 [-Tense] 特征，所以不能释放格位①。这恰恰说明，语言中序列靠后的句子中心语无论有没有显性的词汇标记形式，它都是弱特征不能释放格位，形成"PRO"。

相对于主语共享，学界对于宾语共享现象关注不多，刘辉（2009），彭国珍（2010），田启林、单伟龙（2015）研究了这类同宾结构的归属或句法地位，但是对于宾语共享的解释并不多。接下来分析宾语共享的情况。先讨论宾语不共享的情况，这也是格位释放序列原则决定的：作为中心语的动词，它们必须把自己的格能量释放出去，所以其后必须出现有形的名词性成分，造成的结果就是连动结构的前项动词和后项动词都带有自己的宾语，比如例（61）a 和例（63）。也就是说如果前后项动词的宾语不一样，前后项动词也就无所谓强弱特征②。

之所以会出现宾语共享的情况，是因为如果前后项动词的受事相同，

---

① 有一点需要说明，英语有些结构有时也没有显性的弱特征标记"to"，也得靠语序来识别中心语的强弱特征，比如：

  i. Tom likes playing football.

  ii. Tom likes to play football.

很明显（ii）后项动词的弱特征显示为没有时体特征的"to"，而（i）没有显性标记，按照格位释放序列原则，后项中心语（Ie_1）不能释放格位，所以必须变形为动名词形式来中和（neutralize）它的格能量。（i）和（ii）的共性在于两者的后项中心语是弱特征，都不释放格位，在形态上采取了两种形式，或者采用显性标记"to"，或者采用动名词形式，它们的作用是一样的，都是为了中和后项中心语的格能量以满足扩充的格位过滤器。当然，（i）和（ii）在语义上有差别。相同的情况的动词还有 remember/stop/forget 等，它们后面既可以接"to do something"也可以接"doing something"。什么原因造成了这种差别？这是个很有意思的课题，留待日后继续研究。

② 其实这并不难理解，之所以存在共享主语，是因为前后动词的施事相同才表现出来中心语格位释放能力的差异。如果前后项动词的施事不相同，比如，我去上街，你买菜。这个句子中前后项动词"上街"和"买菜"之间并没有动作上的相承关系，它们是并行完成的动作，该结构就不是简单句，而是复句了。再比如"这棵树叶子大"，徐杰（2001：97-102）认为该结构是一个 IP 套叠结构，"这棵树"和"叶子"分别得到不同层次句子中心语指派的主格，按照格位释放序列原则，类型相同的中心语是弱特征不能释放格位的，"叶子"可以得到主格就是因为两个套叠 IP 的主语是不一样的，所以没有强弱之分。

那么它就必须遵循格位释放序列原则，即只有序列靠前的动词才能优先释放其宾语格位，序列靠后的动词作为弱特征就不能释放其格位，这就造成了空语类，该空语类与前项动词的宾语同指。比如：

(78) a. 我做饭吃。
  b. 我$_j$做饭$_i$PRO$_j$吃 e_i。
(79) a. I cook something to eat.
  b. I$_j$ cook *something*$_i$ PRO$_j$ to eat e_i.

例（78）a 和例（79）a 是 S-结构，其 D-结构分别是例（78）b 和例（79）b，也就是说格位释放序列原则不仅造成了后项动词与句子主语同指的 PRO，还造成了与前项动词宾语同指的 e①。

此外，连动句不仅可以独立成句，还可以作为句子的组成部分，比如：

(80) a. 张三哭着回家让他们很失望。　（作主语）
  b. 我梦见她出门旅行。　　　　（作宾语）
  c. 上街买东西的事不要麻烦我。（作定语）
(81) a. That he cried to go home made them disappointed.
  b. I dreamed that she went out to travel around.
  c. Things about going out to buy something should not bother me.
(80') a1. *张三哭着张三回家让他们很失望。
  a2. *哭着张三回家让人很难过。
  b1. *我梦见她出门她旅行。
  b2. *我梦见出门她旅行。
  c. 上街买东西的事不要麻烦我。

---

① 这种空语类不是处于主语的位置，所以不属于 PRO/Pro；它们受到了题元管辖，但是也不存在移位，所以也不属于语迹（NP 语迹或 wh-语迹）；它们的前面有与其同指的成分（即先行语），因为不存在空算子移位，所以又不像是寄生空位（parasitic gap）。该空成分的性质是一个很有意思的课题，我们留待以后研究。

(81') a1. * That he cried he to go home made them disappointed.

a2. * That cried he to go home made them disappointed.

b1. * I dreamed that she went out she to travel around.

b2. * I dreamed that went out she to travel around.

c. Things about going out to buy something should not bother me.

以上例句也可以得到很好的解释：连动结构在句中无论作什么成分都遵守"格位释放序列原则"（PCDS），即连动结构的主语可以都不出现，比如例（80）c 和例（81）c；但不能同时出现，比如例（80'）a1、b1 和例（81'）a1、b1；只要主语出现一定是出现在序列靠前的动词短语之前，而不能出现在序列靠后的动词短语之前，比如例（80'）a2、b2 和例（81'）a2、b2。

（二）格位释放序列原则与语言的个性

与其他语言对比，汉语之所以存在以上所述的特点，也是可以在现有的理论框架内得到合理的解释。

首先，汉语中之所以主语可以不出现，是因为汉语的句子中心语 Ic 是可选型的格位指派者（Optional Case assigners），而英语等之所以句子不能没有主语是因为它们的句子中心语 Ie 是必选型的格位指派者（Obligatory Case assigners）。由此还可以发现另外一个比较有意思的现象，尽管依照格位释放序列原则，序列靠前的中心语是强特征，但是强弱特征存在相对性。比如，在汉语中序列靠前的中心语是强特征，这是相对于序列靠后的中心语而言的；相对比于英语中序列靠前的句子中心语的强特征，汉语中居前的句子中心语的强特征也是"弱"特征了，因为英语中的强特征要求其格位能量必须释放出去。

其次，作为有指派宾格能力的动词，无论先后，它们都是强特征，其格能量必须得到释放；只有当其宾语一样时，在先后顺序上才显示出来强弱特征。

最后，还有一个问题，格位释放序列原则如何解释如下现象[①]：

---

① 这是周振峰博士提出的疑问，谨致谢忱！

（82） a. You can put ads in or on taxis.
b. 你跟不跟我去金华？

例（82）a 中介词"in"和"on"是类型和功能相同的中心语，例（82）b 中的两个"跟"也是类型和功能相同的中心语，两个例句也不包含从属关系的单句，按照格位释放序列原则，例（82）a 中居前的中心语成分"in"应该是强特征释放格位，居后的"on"应该是弱特征不释放格位；例（82）b 中第一个"跟"应该需要释放格位的强特征，而居后的"跟"是一定不释放格位的弱特征。即：

（82'） a *You can put ads in taxis or on.
b *你跟我不跟去金华？

但是例（82'）的两个例句都不合法，而例（82）的两个例句恰恰相反。这是为什么呢？是格位释放序列原则有问题吗？如何解释例句中的介词悬空（Preposition stranding）现象呢？

我们的解释是：此处的介词悬空是经过了某种操作造成的表面现象。徐杰、田源（2013）认为，例（82）b 中的"跟不跟我"与"吃不吃饭"一样，都经历了先重叠（吃饭不吃饭/跟我不跟我），然后删除[1]（吃饭不吃，吃不吃饭；跟不跟我）。同理分析，例（82）a 的完整形式是"in taxi or on taxi"，由于经济原则（也属于语用）的要求，第一个介词结构中名词性成分被蒙后删略。王士元（Wang, 1967）认为正反重叠形式，"跟不跟我去金华/ in or on taxis"，是并列结构，都是由"并列结构的方向性限制"造成的，即重复的词语是向右分支，要逆向蒙后省略（Ross, 1967）。

需要注意的是，例（82）与本章所论的连动结构不一样，例（61）是遵循句法原则（格位释放序列原则）的原因造成了空位，且该空位是无法由显性成分填补，而例（82）是由语用的原因（经济原则）造成的

---

[1] 黄正德认为这种重叠是语音层面的操作，跟句法无关；删除则发生于句法层面，必须遵循句法原则。徐杰、田源则认为，重叠和删除都属于句法层面的操作，只是操作顺序上重叠必须先于删除。详细论述见徐杰、田源（2013）。

缺省，缺省的位置可以用显性成分复原。比如：

（82"） a You can put ads in taxi or on taxis.
　　　　 b 你跟我不跟我去金华？/你跟我去金华不跟我去金华？
（83'） a *我去菜市场 我 买菜。
　　　　 b *小王拿书 小王/他 读。[同例（59'）]

三　重新审视汉语中的限定式存在与否之争

黄正德（1987、1998）、李艳慧（Li，1990）、胡建华（1997）、汤庭池（Tang，2000）采取了一系列的手段论证汉语与英语一样，存在限定式和非限定式的区别。黄正德（1983：142）认为汉语的时态没有系统的标记，但是仍然有办法把限定动词和非限定动词区别开来，即通过情态词"会"来鉴别：非限定动词前不能附加带"会"，限定动词则能前加"会"，比如：

（84）　* 我劝张三 会买这本书
　　　　 我 会劝张三买这本书。

该研究还认为，非限定动词前不能出现完成体标记"有/没有"，而限定动词前则可以，比如：

（85）　*我劝张三 没有买这本书。
　　　　 我 没劝张三买这本书。

在此基础上，提出了三条标准识别非限定从句（含有非限定动词的从句）：不能出现表示情态的词，比如"会"；不能出现体貌成分，比如完成体标记"有/没有"；从句空主语（PRO）受到强行控制。

徐烈炯（Xu，1986、1994）通过实例逐条证明以上三条标准都是站不住的，认为从句中能否出现情态词、能否出现体貌成分、空主语指称哪一个对象都与主动句动词的意义有关；一些相关的汉语语言事实并不能通过假设汉语中存在抽象的限定式和非限定式的区别得到解释。黄衍（1992）指出讨论汉语中是不是存在 PRO 从根本上说就是讨论汉语中是不是存在限定式和非限定式，该研究认为英语中有关 PRO 的分析不适合汉语分析，也就从侧面否认了汉语中存在限定式和非限定式的区分。饶萍（2004）趋向于认同徐烈炯和黄衍的观点，同时指出汉语中是不是存在限定式和非限定式并不重要，但是该研究承认汉语中确实存在十分类似于英语中 PRO 的空语类。

胡建华（1997）指出，即便徐烈炯对黄正德的分析方法所作的批评是对的，仍然不足以证明汉语中不存在限定动词和非限定动词的区别，因为有可能黄正德的区别标准存在问题。该研究认为扩充的投射原则、PRO 定理和格位理论相互作用造成的必然结果就是汉语中存在非限定从句，并由此提出了汉语非限定结构的判定标准，如下：

(86) 一个小句（clause）被判为一个不定式句，当，且仅当其主语位置同时满足（a）和（b）：
(a) 它是一个 θ 位置（题元位置）；
(b) 它是一个不可词汇化（lexicalization）的位置。

由此认为诸如"他决定戒烟/他设法不抽烟"都是非限定从句作宾语。

石毓智（2001）指出限定动词和非限定动词划分的实质是动作行为的时间信息的表达，同一个句子中可以有多个表示同一时间位置发生的动词，但是只有一个动词能够具有表达该时间信息有关的语法特征，而非限定动词可以有不同的表现形式（比如英语的三种语法形式，分词、不定式和动名词），它们的共同特征就是都没有动作行为的时间性。而汉语尽管没有稳定的表示绝对时间位置（时态）的语法标记，但是汉语语法系统中的体标记"了"和"过"以及小时间量的重叠形式（"VV/V 了 V"，比如"看看/看了看"）都可以表示相对的时间位置，都与时间信息的表达有关，汉语句子尽管可以出现多个表示动作行为的动词，但是只有谓语中心动词具备两个特点：可以带"了/过"；可以重叠。该研究认为汉语动词最重要的语法范畴（体标记和重叠）在时间信息表达上有着完全一致的分布规律，从而认为汉语的动词存在限定式和非限定式的区分。

邢欣（2004：99）没有直接讨论汉语的限定动词和非限定动词，而是从另一个角度来考察兼语句中前后动词短语在句法上的差异。该研究以动词短语前能否添加时态限制词［仅限于"已经（已）""正在（正、在）""将要（将、要、就要）"］为主要标准把兼语句中动词短语分为动态动词短语和静态动词短语，即能带限制词的动词短语是动态短语，不能带限制词的动词短语是静态短语。

  本节不拟对以上研究作出评论，只是想通过本章对连动句的研究提出我们对汉语限定性和非限定性的思考①。如前文所述，现代汉语的连动句遵循格位释放序列原则（PCDS），序列靠后的中心语是弱特征，不释放格位，从而造成了空位主语。而英语与汉语的表现是一致的，所不同的是英语中除了在序列上有先后之外，还有一个显性的形态标记"to"等来显示该动词结构没有时体特征从而不释放格位，而汉语只有线性序列上的先后顺序。我们无法否认两种语言中所表现出来的这种一致性，所以结合本章对连动句的研究结论，我们至少可以认为现代汉语中存在动词限定式和非限定式的区分，至于两者区分存在的范围还有待进一步考察。

第五节　小结

  本章从连动句研究前史说起，讨论了连动句的研究现状，对存在的各种争议，比如名称的选用、范围的大小、存废之争、谓语数量以及标点和连词的有无，进行逐一分析；同时回顾并评点了各理论流派对连动句的分析研究。

  为了把该结构与主谓结构作主语的句子、并列结构作谓语的句子、紧缩句以及强调句等结构区别开来，我们从三个方面（意义、形式和功能）对连动句作出了界定，即连动句是由两个或者两个以上可以独立作谓语的动词连用，动作间前后相承，表示前后相继行为的单句，前后谓项之间不能有停顿、标点、关联词语以及类似于复句之间的逻辑关系，各谓项既可以陈述同一个主语，也可以陈述不同的主语。

  本章在扩充的格位理论的基础上，结合语言事实提出了"格位释放序列原则"（PCDS）对汉语的连动句作了统一处理，详细分析了汉语连动句的句法结构并以此解释了现代汉语以及其他语言中连动结构得以存在的

---

① 需要说明的是，我们在前文的讨论中认为汉语中存在 PRO，但是这并不影响此处的讨论。

原因，即"连动"只是一种表面现象，表面上看起来是动词直接连用的句子实际上是动词之间存在着没有语音形式却有着句法作用的空语类（PRO）造成的假象。跨语言的例子说明，连动句并不是汉语的特殊句式。格位释放序列原则不仅可以解释连动结构中主语共享现象，还可以解释该结构宾语共享现象。

　　本章比较详尽地分析了不同语言中连动句的共性和个性，并结合相关原则对这些异同进行了合理的分析和解释：汉语与其他语言的共性在于它们都遵循格位释放序列原则，即类型相同序列靠前的中心语可以释放格位，序列靠后的中心语不释放格位；其差别在于有的语言中序列靠后的中心语所表现出来的弱特征有形态标记，比如英语的不定式标注"to"和动名词标记"-ing"，而有的语言中没有弱特征标记，比如汉语。在此基础上重新审视汉语中的限定动词和非限定动词之争，认为汉语存在两者的区分。

　　需要特别明确的是，尽管我们认为只有动词相承关系的连续动词结构（Serial Verb Constructions）才属于"连动"，本章着力解决的也是连动句的生成机制，但是所提出的"格位释放序列原则"同样适用于其他连续动词结构，比如兼语句（见第六章）、偏正结构（"躺着看书"中"躺着①"修饰"看书"）、部分动补结构、动词并列结构等，因为这些结构与连动句一样，居前的中心可以释放主格格位，居后的中心语不可以释放格位。对于这些结构的生成机制，因为时间和精力的原因，本书暂不涉及，以后再专文论述。

　　最后要补充的是，作为中国第一部系统的语法学著作，《文通》功不可没；然而也正是因为它是汉语语法研究的开创者，模仿在所难免，它因以拉丁文法为模板进行创作而广受诟病。很多学者对《文通》把句中动词分为"坐动"和"散动"不以为意。王力在《中国语法理论》（1984：134）中说"《马氏文通》把和西洋不定式相当的动词叫作'散动'，实在是多余的"。孙玄常（1984：110）在《马氏文通札记》中说："有人拿西方语法来比附，说'坐动'相当于句子里作谓语（predicate）的动词，即

---

① 金奉民（1991）指出"着"的唯一的语法意义就是"状态"；孙瑞（2012）认为"着"的语法意义是"状态的持续"；杨西彬（2013b）认为"V+着"的格式义是"状态在持续"，其中"着"关涉的是状态。可参看。

是具有 mood、tense、voice 等变化的动词，散动相当于无定式（infinitive）、分词（participle）和动名词（gerund），马氏心中大约也如此"。

然而，这些质疑似乎并不能说明《文通》提出"坐动"与"散动"的对立是错误的。本章的研究恰恰说明，汉语与英语在连动结构上表现的是如此一致！两种语言都是由于居后的中心语携带的弱特征不能释放格位从而造成了后项动词施事论元的空位。如果说有区别，那只是：汉语后一个动词的弱特征仅仅依靠居后的语序表现出来，而英语中除了语序外还通过弱特征标记形式来体现。

我们似乎又回到了《马氏文通》及《新著国语文法》的说法，但是这并不意味着倒退：首先，前者模仿本身是基于语言的共性，这没有错，只是缺乏合理的解释；其次，用扩充的格位理论和格位释放序列原则统一解释这些现象，认为连动句不是汉语的特色，依然是语言的共性。认识到共性是第一步（在共性的基础上作出比附、论断），而合理的解释可以让"共性"立足。只有找不到对"共性"的解释，才会出现所谓的语言个性；所谓"个性"，是没法从共性的角度进行解释的语言现象。

刘丹青（2017）认为"连动"作为现代汉语显赫的存在，很多形式语法学者对连动句的态度往往是忽视的，或者避而不谈，或者否认它的独特地位。李亚非（2014）指出连动句触到普遍语法的薄弱之处。我们认为，这些"薄弱之处"恰恰是深化理论最佳的切入点。而本章正是在格位理论的重要发展成果（即扩充的格位理论）的基础上，针对这些"薄弱之处"对现代汉语的连动句进行探索，以期解决之前研究中的疑难问题，为句法理论的完善和发展做出可能的贡献。

第六章

扩充的格位理论与兼语句

第一节 引 言

兼语句通常是指由兼语短语充当谓语的句子。所谓的兼语短语是指由一个动宾短语和一个主谓短语套合而成的短语,前者的宾语兼作后者的主语,即形成一个有宾语兼主语双重身份的"兼语"(邢福义,1993:323;胡裕树,1995:332)。比如:"我请他们吃饭/我叫他走开",我们可以把兼语句码化为:$NP_1+VP_1+NP_2+VP_2$ ($+NP_3$)。

宋玉柱(1978)指出"兼语句"[①]这一术语的提出是与其他民族的语言,特别是以英语和俄语为代表的印欧语言相比较之后得出来的结论,因此该术语的出现"不是偶然的,它是汉语语法[②]研究更加重视汉语特点的一种表现,它的出现使汉语语法研究更加符合汉语的实际"。所以,一直以来,这种句式被认为是现代汉语的特殊句式得到了较为普遍的关注。尽管有学者否认其独立的地位,比如史存直(1954)、张静(1977)等,但是更多的学者还是有意无意把该句式作为特殊句式进行独立研究。

---

① 宋玉柱用的是"兼语式",也就是本章的"兼语句"。文献中有的用前者,有的用后者,本章不拟区分。但是,就本章所涉及的研究对象来说,用"兼语句"更为合适。因为严格来讲,"兼语式"不仅可以指兼语结构独立成句的"兼语句",还应该包括充当句子谓语成分之外其他成分的兼语结构,比如:"我让他来是对的。""我让他来"这一兼语结构在句中作主语,兼语式可以包括充当主语成分的兼语结构,但是兼语句不包括这类句子和该结构。本章集中考察的是兼语结构作谓语的句子,即兼语句。但是本章虽然不专门研究兼语结构充当谓语成分之外的句法结构,但结论依然适用于该类句法结构。

② 该研究所言的"汉语语法"指的其实就是现代汉语语法,该文献所谈及的都是现代汉语中的例子。

其实，现代汉语中的兼语句与古代汉语中的兼语句是一脉相承的，有学者研究了古文中的兼语句，比如张玉金（2001、2003）、张景霓（1999）分别考察了殷墟甲骨文和西周金文中的兼语句的类别，前者把甲骨文中的兼语句分为八种句式，后者把金文中的兼语句分为三类；有学者研究了古、近代汉语作品中的兼语句，比如，史震己（1983）研究了《左传》中的兼语省略现象，杜焕君（2003）比较详细地考察了《战国策》中兼语句的类别及其结构语义特征，赵小东、黄宜凤（2006）从句法、语义、语用三个平面分析了《世说新语》中存现动词"有"引导的兼语句，孙圆圆（2005）研究了《搜神记》中的各类兼语式的特点以及它们充当句法成分的情况，郑剑平（2004、2005、2007）分别讨论了《金瓶梅》中的"教"字兼语句、"使"字兼语句、"叫"字兼语句以及它们的类型；张赪（2013）研究了宋代文献中的使役句（使令义和致使义）的语义特征，认为该结构的语义主要由主语、兼语的论元角色决定，同时与实义动词的语义有关。董秀芳（2015）分析了古代汉语和现代汉语中兼语句的差别，即前者中兼语可以省略，而后者中的兼语往往不可以省略。

所以，兼语句是现代汉语的"特殊句式"的说法并不准确，因为古代汉语中也存在这种句法结构。那么说兼语句是汉语的特殊结构形式是不是就准确了？兼语句的类型到底有哪些？"兼语"现象为什么存在？如前文所述，按照题元准则，一个名词性成分只能承担一个题元角色，但是"兼语"身兼两职，而兼语句为何依然合法？

本章在回顾前贤研究的基础上，援用生成语言学框架的原则与参数理论中扩充的格位理论及与之相关的理论模块对现代汉语中的"兼语句"进行重新审视，以期得到新的结论来深化对该句式的认识和理解。

第二节 兼语句研究述评

一 "兼语句"的提出

汉语语法的奠基之作《马氏文通》（以下简称《文通》）就关注到古代汉语中的"兼语"现象，他在"动字相承五之三"一节中曾举例：

(1) 是使民养生丧死无憾也。（《孟子·梁惠王上》）（马建忠，

1898、1998：216）

并解释："使"为坐动词，"民养生丧死无憾"为"承读"。

刘复于1920年出版的《中国文法通论》（以下简称《通论》）首次提出了汉语中的"兼格"。《通论》在讨论文法的研究层次时引用了《文通·例言》（马建忠，1998：16）中的一段话：

> 间尝谓《孟子》"亲之欲其贵也，爱之欲其富"。两句中"之""其"两字，皆指象言，何以不能相易？《论语》"须之能勿劳乎，忠焉能勿诲乎？"两句之法相似，何为"之""焉"二字变用而不得相通？"俎豆之事，则尝闻之矣，军旅之事，未之学也"。两句之法亦要同，"矣""也"二字何亦不能互变？

作者对第一句话分析道："之"字是单格的代词，只作"亲""爱"两字的受格；"其"字是兼格代词，他一面作"欲"字的受格，另一面又作了"贵""富"两字的主格①（刘复，1920、1939：12）。

黎锦熙于1924年出版了《新著国语文法》（以下简称《文法》），作为第一部比较系统的现代汉语语法著作，也注意到了现代汉语中的兼语现象。《文法》接受了《通论》提出的"兼格"②，认为"工人请我报告/我的话引起他们发笑/主人让客坐"中，"报告""发笑""坐"都是说明宾语所祈使之事，其中的宾语（"我/他们/客"）"一方面是对于前面的述语，是在宾语的位置；另一方面对于后面的补足语，它又是主语的位置了；所以这类句子的宾语，可以说是兼宾主两种资格而有之，故亦名兼格"（黎锦熙，2007：30）。

王力（1943、1944）讨论了兼语结构，该书把这种结构称为"递系式"③，比如：

---

① 作者还特别注明：这和马氏的讲法微有不同；"单格""兼格"两名词也是自己造出来的。

② 《文法》除了上文所举的"祈使"意义的兼语句之外还讨论了另外两类兼语句。也就是说，《文法》只是继承《通论》的名称，但是兼语句的范围已经超出了《通论》。详见下文讨论。

③ 王力（1985：34）指出，如果一个连系还未能把意思充分地表达，可以再加另一次的连系在后面，这叫作递系式。有时候，还可以用三系式、四系式、五系式等。该书的"递系式"范围比较广，不仅包括兼语句，还包括连动句、述补结构作谓语的句子、强调句型等。详见第五章。

(2) 我叫他｜打你。("叫他"是初系,"打你"是二系)

赵元任的《北京口语语法》(李荣编译并于1952年出版)在谈到主语类别时指出有一类主语是"宾语兼主语——体词结构可以是前头动词的宾语,同时又是后头谓词的主语"(1952:19),在讨论散动词的翻译时指出"动词加宾语加散动词译成宾语兼主语(着重号为笔者所加,下同)后头的动词"(赵元任,1952:53-54),比如:

(3) 我叫他来。

这里就提到了(散)动词前的名词"他"是宾语兼主语的"兼职"身份。

丁声树等1961年出版的《现代汉语语法讲话》(以下简称《讲话》)继承了赵元任(1952)的很多观点并将其发扬光大,该书单列一章讨论现代汉语的特殊句式,其中就有"兼语式"。

从刘复的《通论》提出"兼格"到《讲话》明确提出"兼语式"经历了30多年的探索。虽然说它们都是对某一语言现象的观察,但是"兼语式"无疑比"兼格"更具生命力,在相当长的一段时间里,这一名称得到了学界的比较普遍的认同。这一名称之所以深入人心,有两方面的原因:(1)汉语是形态变化不丰富的语言,标记特征不多,所以"兼格"中的"格"是学界比较难以接受的;(2)"兼语式"不再是对于零星现象的关注和解释,而是概括了一类现象并把它们作为独立句式进行研究,更多关注了汉语的"特点"。

兼语句的提出相对于汉语语法研究有着重大的意义,赞同也好,反对也罢,都无疑会引起学界对这类语法现象的集中关注,而正是这些关注深化了学界对于这类句式的认识。但是,不可否认,在取得丰硕成果的同时,争议也从来没有停止过。

二 关于"兼语句"的争议

自语法学界关注到"兼语"这一语法现象以来,围绕着其名称、范围、存废、NP_2 的结构地位、VP_2 的结构地位等问题展开了丰富而热烈的讨论。

(一) 名称问题——兼语句、递系式还是其他？

1. 兼语句（式）

"兼语句（式）"着眼于结构中第二个名词（NP$_2$）的"双重角色"而不管 VP$_1$、VP$_2$ 之间的层级关系。丁声树等（1961：112）认为"风吹着雪花漫天乱飞"中"雪花"是"吹着"的宾语，同时又兼作"满天乱飞"的主语，这种宾语兼主语的成分就叫作"兼语"，含有兼语的句子就叫作兼语句，这是学界首次明确提出来"兼语式"。此后很多学者都采用这一名称，比如杨因（1981），崔应贤、盛永生（1990），陈建民（1986：247），吴启主（1990：66），张斌（2002：422），邢欣（2004：6），陈香玲（2015）等。这一名称在学界影响比较大，很多通行的《现代汉语》教材都采用了这一名称，比如黄伯荣、廖序东（2007：90），邢福义（1993：323），胡裕树（1995：332）等。牛保义（2013）称为"兼语构式"。

2. 递系式

"递系式"是着眼于 VP$_1$、VP$_2$ 之间的层级关系而不关心结构中 NP$_2$ 的"双重角色"。王力（1943、1944；又见 1985：34）首次提出"递系式"。此后，张志公（1953：221），吴竞存、侯学超（1982：199），陆俭明（2002b）等主张使用该名称。除了递系式外，还有一些与之相关的名称，比如："递谓式"（吕叔湘，1953：73）、"复杂的递谓结构"（张礼训，1978）、"递系结构"（北京大学中文系现代汉语教研室，2006：350）。

3. "复杂谓语"

《暂拟汉语教学语法系统》（1956，以下简称《暂拟系统》）首次提出"复杂谓语"，并把复杂谓语分为两类①，其中一类就是"谓语的延伸"。初级中学课本《汉语》（1956：77）解释说：在"我叫他来"这个句子里，谓语"叫"后边还有动词"来"，它对谓语"叫"的意义有所补足，同时又对"叫"的宾语"他"有所说明；有时候谓语后边还可以是形容词，如"这使我很兴奋"。

除了以上名称之外，邢欣（1984）把这种结构称为"综合式"句型，李临定的《现代汉语句型》（1986：163）讨论兼语句时把"兼语"两个字打上引号，认为"也可以另换一个名称"。

---

① 另一类叫作"谓语的连续"，即我们通常所说的连动句，详见第五章讨论。

(二) 范围问题——偏大还是偏小？

1. 范围偏大

黎锦熙（2007：27—30）讨论了三种兼语结构：①由带有"使令"意义的VP_1构成的兼语句（"工人请我作报告"）；②由"称谓认定"意义的VP_1构成的兼语句（"他们叫我老哥"）；③由"爱恨"意义的VP_1构成的兼语句（"我爱他们老实"）。很明显，除了第一类外，该书的兼语句还包括通常所说的双宾语句和主谓结构作宾语的句子。吴竞存、侯学超的《现代汉语句法分析》（1982：199）；陈建民的《现代汉语句型论》（1986：247）；李临定的《现代汉语句型》（1986：136—137）划定的兼语句与《文法》的分类差别不大。

吕叔湘（1953：74）认为兼语句（原文称为"递谓式"）不仅包括"他叫你明天早点去"，还包括"我倒杯茶你喝""你把它拿来我看看"。王力（1954、1984：100）认为"初系谓语的一部分或全部分即用为次系的主语者"，这种句式就是兼语句（文中称为"递系式"）。该研究把兼语句分为三类（1984：93—98）：（1）目的位为主语，如："迎春又命丫头点了一支梦甜香"；（2）表位为主语，如："是谁起这样刁钻名字？"（3）谓语为主语，如："我来的不巧了"。可见，该分类不仅包括"是"字强调句（去掉"是"后并不影响句子的合法性和句意的表达），还包括"的"字结构。

黄伯荣、廖序东主编的《现代汉语》（下册，2007：90）把兼语句分为四类，前三类跟《文法》一样，不赘述，第四类是"有"／"是"字式，前一个动词表领有或存在等，比如"他有个妹妹很能干""是谁找我啊"。其中后一个例子中的"是"很明显也是表强调的，不是动词。

丁声树等（1961：119）把"被"字句作为一种特殊的兼语句，认为在"张三被李四杀了"中，"李四"是兼语。赵元任（1979：72）指出有时候带小句宾语的动词与带兼语的动词有交叉，两者之间的区别不是绝对的，比如"我看见他在那儿写信"，作者认为有两解，既可以是小句宾语句，又可以是兼语句。

2. 范围偏小

刘复的《通论》用了一个古汉语的例子说明"兼格"，但是可以看得出来，所举例子是有"使令"意义的，"亲之欲其贵也，爱之欲其富"也就是"信任他就想让他有地位，爱护他就想让他富有"。邢欣（2004：

21) 认为兼语句必定带有"致使"特征,这是兼语句的框架特点。也就是说,[+致使]义是兼语句中 VP_1 的共同语义特征,兼语句可以理解为致使、导致、引发另一个动词 VP_2 作为 VP_1 的结果或产生的状态。这样一来,就把"有"字类、"爱恨"类等排除在兼语句之外了。杨大然(2006)等在讨论兼语句时也把 VP_1 的"致使义"作为区分兼语句和其他句型的重要标准,没有"致使义"的句子都不作为兼语句讨论。

(三) 存废问题——存在还是取消?

1. 主张存在

自从丁声树等(1961:118-122)把兼语句作为特殊的句法结构单独讨论以来,在很长的一段时间内,主张兼语句应该独立成类的观点占了主导地位。赵元任(1979:71)、邓福南(1980:90)也把兼语句单列一节讨论该结构的特点及与其他结构的区别。杨因(1981),崔应贤、盛永生(1990)等也认为汉语中兼语句是单独的句类。如前所述,几部有影响力的高校《现代汉语》教材也都认为兼语句应该独立存在,比如黄伯荣、廖序东(2007:90),邢福义(1993:323),胡裕树(1995:332)等。

有不少学者甚至认为兼语句的提出是语法研究贴近汉语实际、重视汉语特点的表现(宋玉柱,1981),有的学者认为兼语是一种普遍存在的跨语言现象,不仅在现代汉语中存在,在古代汉语中也存在;不仅汉语有,其他语言也有(李香玲,2015)。邢欣(1984)认为兼语句的内部组合关系与其他句子不同,具有它自己的独特性。张孝荣、张庆文(2014)认为兼语句有着与连动句截然不同的特征,后者是主语控制结构,前者是宾语控制结构,两者不存在隶属关系。

尽管一直有学者质疑兼语句的独特性,但是正如吕叔湘(1979:83)所论述,尽管一直有人要取消它,"也一直到现在没取消了"。

2. 主张取消

尽管相当长的一段时间内主张兼语句存在的观点占优势,但是,主张取消的呼声从这一术语出现的第二年到现在就没停止过。史存直(1954)首先对兼语句发难,该研究从意义出发分析认为如果该结构中存在"兼语",那就意味着它是两个表述的结合,这与单句的概念相抵触;该研究认为这种结构仍然只是一个表述,没有必要单独设立"兼语"。萧璋(1956)紧随其后,从词的组合规律上、重音情况等分析入手,提出应该把该结构归入"扩大的主从动词词组"或"复句",兼语的分析方法不切合语言实际,很难解决问题,主张取消兼语句。

李临定、范文莲(1960)认为所谓"兼语"是不存在的,它或者只能作前面动词的宾语,或者只是后面动词的主语,不可能身兼二职。张静(1977)汇总了学者们提出的各种兼语句,认为它们都可以划入现成的句法结构里,兼语句的存在是多余的,主张取消。符达维(1980)认为兼语句的观点是把语义可能性当作了结构现实性,违反了句法分析的原则,兼语句是不存在的,这些结构实质上是其他句型。

朱德熙(1982:162)认为把连动结构中 NP_2 与 VP_2 有明显关系(NP_2 可以理解为 VP_2 的施事)的一类独立出来划为兼语句"恐怕不一定妥当",应该归入连动句。苏丹洁(2012)认为兼语句的说法在理论上不能成立,它不能很好地揭示其句法特点和句式本身的意义,也掩盖了其内部所包括的句型各自独特的语义特征,对认识汉语这类句子的系统以及相关的语言规律并无裨益,主张取消"兼语句"。

形式学派一般都否认兼语的存在,学者们引入了空语类理论,认为 VP_2 前存在着空位 PRO,该空语类往往与 NP_2 同指,从而造成了"兼语"假象。邢欣(2004:141)提出这个兼语句只是有兼语之名而无兼语之实,可以取消。持该观点的学者还有邓思颖(2010)、童晓峰(2014)等。

(四)NP_2 的结构地位

讨论 NP_2 的结构地位其实就是讨论它与 VP_1 和 VP_2 的结构关系。

1. NP_2 与 VP_1 的关系

很多学者认为 NP_1 是 VP_1 的宾语。赵元任(1979:71-72)采用句式变换的方法来证明 NP_1 是 VP_1 的宾语。朱德熙(1982:162)指出,无论 NP_1 与 VP_2 之间意义上有什么样的联系,从结构上说,NP_1 只能是 VP_1 的宾语,并指出在人称代词有格变化的方言里,代词作主语和宾语的形式不同,而在兼语句中用的就是宾格形式,比如浙江海盐通园话(胡明扬,1957)、青海循化话(尹龙,1985)。李临定(1986:158-159)利用"把"字句转换证明了 NP_1 在结构上是 VP_1 的宾语。邢欣(2004:10)通过语音停顿、加状语扩展等方法来证明 NP_1 只能是 VP_1 的宾语。

2. NP_2 与 VP_2 的关系

坚持汉语中独立存在兼语句的学者都认为 NP_2 不仅是 VP_1 的宾语,同时还兼任 VP_2 的主语,形成了"兼语"状况。范继淹(1985)从语义关系（NP₂是VP₂的施事，两者构成主谓关系）、语言形式（汉语的结构关系很多依靠语序来确定，而在语序上NP₂位于VP₂之前，跟其他的主谓结构没有多少差别）判断NP₂不作VP₁的宾语，而是作VP₂的主语。董秀芳（2015）指出尽管有形态的语言显示兼语中NP₂是宾格标记，但是上古汉语中的宾语不能承前省略，而兼语可以承前省略，NP₂在上古汉语中更接近主语。

有很多学者并不认为NP₂与VP₂之间存在主谓关系，比如符达维（1980）指出把NP₂与VP₂理解为一个主谓结构是把句子深层结构中没有关系的两个成分硬扣在一起的错误分析。朱德熙（1982：162）也明确指出NP₂只能是VP₁的宾语，"不能看成VP₂的主语"。李临定（1986：159-160）指出从语义关系上NP₂作VP₂的主语，但是除了语义关系之外没有办法从结构上来证明它们之间的主谓关系；同时提出采用针对名词的提问和主语的有定性来验证这一判断。

形式学派的学者对于NP₂与VP₂之间有没有结构关系存在两种截然不同的观点。比如成镇权（2007）等认为两者之间不存在结构关系，邢欣（2004：11）也提到可以用主语的有定性和对"兼语"部分的提问来判定NP₂不能是VP₂的主语。也有部分形式语言学者认为NP₂是VP₂的主语，比如杨大然（2006）认为"这件事让我很难堪"中"我"跟"很难堪"构成一个完整的命题一起作"让"的述题成分；胡波、文卫平（2007）认为"张三使他生气了"中的"他"是"生气了"的主语；温宾利、袁芳（2009）指出NP₂是VP₂的主语，只是因为句法操作的原因得到的是宾格。

（五）VP₂的结构地位

除了NP₂的结构地位的争议外，学界对VP₂的结构地位也存在着不同处理意见。其实，VP₂的结构地位除了它本身在句中的功能外，很大程度上都跟VP₁相联系。主要有三种观点：认为VP₂是句子的谓语，称为"谓语说"；认为VP₂是VP₁宾语，称为"宾语说"；认为VP₂是VP₁（NP₂）的补语，称为"补语说"，下面分别讨论。

1. 谓语说

如前文所述，很多学者把兼语句定义为"由一个动宾短语和一个主谓短语套合而成的短语"（吕叔湘，1979：61；邢福义，1993：323；黄伯荣、廖序东（下），2007：90；胡裕树，1995：332），毫无疑问，这一表述就是把 VP₂ 当作 NP₂ 的谓语。吕叔湘（1953：74）把兼语句叫作"递谓式"。丁声树等（1961：112）认为兼语句的特点是"两个主谓结构套叠在一起"，即"风吹着雪花漫天乱飞"中"风/吹着雪花"和"雪花/满天乱飞"套叠在一起。

杨因（1981）指出汉语中有些及物动词除了要求名词宾语之外，还要求宾语所标示的人或物产生相对应的动作或者状态（VP₂），宾语与表示动作或状态的词语（VP₂）又构成主谓关系。陈建民（1986：246-247）指出"我叫他来"这一句子的结构特点是"第一个谓语是及物动词，它后面带上一个名词性短语，而这个名词性短语在意念上又是第二个谓语的主语"。

还有一种观点，VP₂ 是整个句子的谓语之一，比如邢欣（1984）认为兼语句的特点就是两个动词短语是整个句子的两个谓语，它们之间互不为成分。这类句子属于兼语式的一主多谓句。

2. 宾语说

张静（1977：175-178）分析了学界认同度比较高的兼语句，认为"大家鼓励他参加竞赛""祝你身体健康"等与双宾语结构一致，都该划为双宾语句，即核心动词分别带了名词近宾语和动词远宾语；该研究同时指出把该结构处理为兼语句不妥当的一个重要原因是，VP₂ 有时候并不仅仅属于兼语（NP₂），它同时也属于全句的主语，比如"我请他吃饭"其中一个意思是，"我"也吃饭，"他"也吃饭，"我跟他一起吃饭"。如果说"吃饭"只属于 NP₂，就不合适。而在兼语句中有不少这样的句子①。

符达维（1980）认为，"兼语句"论者把"我请他看一场戏"中的"他"和"看一场戏"看作主谓结构，是只看到了"表层"中它们在先后序列上靠在一起，而没有深入"深层"中去。因为深层中除了有"请/谁"（"请/他"）之外，并没有"他怎么样"这样一个问题需要回答，而有"请/谁"（"请/他"），"请/（干）什么"（"请看一场戏"）。这与"（我）给他一本书/告诉他一件事"的结构相一致，整个句子是由深

---

① 邢福义、朱德熙也讨论过类似的现象，文中举的例子是"我帮助他干活"，认为这句话的理解要看具体的语境，既可以理解为"我帮助他，我干活"，又可以理解为"我帮助他，他干活"，还可以理解为"我帮助他，我和他一同干活"。见邢福义《形式主义一例》，《中国语文》1960年第12期；朱德熙《语法讲义》，商务印书馆1982年版，第163页。

层结构"我请他请看一场戏"按照 ab+ac=a（b+c）的公式转化而成的双宾语句结构。

3. 补语说

黎锦熙（2007：28-30）认为兼语句的格式是"主语+述语+宾语+补足语"，VP_1 是"述语"（也就是谓语），VP_2 作补足语分别补充说明宾语所祈使之事，宾语所认定之事，宾语所特指之事。史存直（1954）不赞同兼语的观点，认为兼语句仍然是一个表述，没有单独设立"兼语"的必要，直接把 VP_2 看作补语。李临定（1986：161）指出兼语句中的 VP_2 常常表示 VP_1 引起了什么结果或要达到什么目的，可以分析为补语。范晓（1996：501）认为 VP_2 在兼语句中是补充说明 VP_1+NP_2 这一动宾短语的，与该短语构成述补关系，所以应该分析为补语成分。

邢欣（2004：146）认为 VP_2 不是谓语中心语，只是谓语 VP_1 的补充成分，可以分析为补语。持相同观点的还有黄正德（1983：18）、杨大然（2006）、成镇权（2007）、邓思颖（2010：189）、童晓峰（2014）等。

三 语法理论对兼语句的解释

理论的提出是建立在一定语言事实的基础上的，提出理论又应该为语言现象作出合理的解释。学者们以不同的语法理论为视角对兼语句都作出了相应的解释，我们把这些解释分为结构主义理论的解释、功能主义理论[①]的解释、形式主义理论的解释，下文将分开讨论。

（一）结构主义理论对兼语句的解释

这里所说的结构主义理论主要以美国描写语言学派为代表的语法分析理论。该理论最大的特点就是注重语言的层次性，反映到句法上就是对句法结构进行层次分析。这种分析方法认为，任何一个句子都可以逐层分析，在分析时指出每一层次的两个直接组成部分（切分），并指出它们之间的关系（定性）。

但是，在分析兼语句时遇到了麻烦。比如"我叫他打扫卫生"，第一层划在"叫"之后还是"他"之后呢？如果划在"叫"之后，那么"他打扫卫生"是什么关系？如果划在"他"之后，那么"叫他"与"打扫卫生"的结构关系又是什么？吕叔湘（1979：84）对兼语句的定义就是

---

① 此处的功能语法理论是广义的概念，包括语用学、认知语言学、语法化、构式语法等。

一个动宾结构套上一个主谓结构,这与层次分析法的二分法相违背,也是学者们取消兼语句说法的重要理由。

邢福义(1982)指出"兼语式是一种凝缩性的特殊结构",并举例分析道,"我诚恳地请求你不要降低了你的身份"中的"你"有分有合:分,一个作宾语,一个作主语;合,就成为一个宾主混合体"兼语"了。

吴竞存、侯学超(1982:201)在邢福义(1982)研究的基础上指出,"叫你回去"中的"你"是两个"你"的合并形式,即"叫你(你)回去","叫你"和"你回去"应该看作"叫你回去"的直接组成部分。这样既维持了"叫"和"你"的联系,又维持了"你"和"回去"的联系。"叫你"和"你回去"又相互联系而显示出"使令"意义,即"让你"的意思。如此一来,把"你"分析为合并形式,整个语段就可以分析为①:

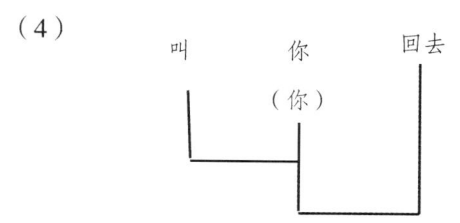

(4)　　叫　　你　　回去
　　　　　　　(你)

"分合兼语"的结构分析解决了 NP_2 的"兼职"问题,也对兼语结构提出了相应的分析。

(二) 功能主义理论对兼语句的解释

徐烈炯、刘丹青的《话题的结构与功能》(1998:51)依据话题在句中的不同分布把话题分为三类:主话题(main topic)、次话题(subtopic)和次次话题(sub-subtopic)。主话题是全句的话题,位于句首,比如"烈性酒,我从来不喝";次话题是位于主语和动词短语之间的话题,比如"我烈性酒从来不喝";次次话题是谓语动词之后的话题,比如"我请他喝烈性酒"。依据该研究,兼语句的主语位于句首,是主话题;兼语位于动词之后,是次次话题(徐烈炯、刘丹青,1998:75-76)。袁毓林(2003)在此基础上指出主话题是全句的话题,次话题是谓语的话题,次次话题是兼语句中 VP_2 的话题。

---

① 该层次切分图是根据作者的表述画出来的。

项开喜（2002）跳出动词中心观的分析框架，把 VP_2 看作兼语句的语义焦点，运用认知语言学对该句法结构的认知语义基础进行了考察研究，提出"直接施力"和"间接施力"，认为兼语结构中既有"直接施力"成分，又有"间接施力"成分，它们分别与结构中的动词（VP_1 和 VP_2）有着直接和间接的施动关系。比如：

（5）我叫小王去了一趟北京。

该句中有两个施事（施力）成分，"我"是"叫"（VP_1）的直接施事（施力）成分，"小王"是"去了一趟北京"的直接施事（施力）成分，同时，"我"还是 VP_2 这一动作行为的间接施事（施力）成分。由此认为兼语句是一种"双施力语义结构"。

该研究在考察兼语结构中 VP_1 的语法化轨迹和分析双施力结构的语义等级的基础上，提出该结构式遵循的"此消彼长，施力守恒"的原则，即前后两个施力成分（NP_1 和 NP_2）形成合力（"总施力"）来完成某种动作行为或实现某种结果（VP_2），该总施力是一个定量，由两个施力成分分配完成，一个趋强，另一个便趋弱；反之亦然。该研究还根据结构中两个施力成分的消长关系构建了汉语句式的连续统，从而给了兼语句一个较为明确的定位。

苏丹洁（2011）以使令义兼语句在汉语作为第二语言教学与实践过程中的效果为基础，依托构式语法提出人类普遍存在着大致相同或类似的概念空间，认为"A 使令 B 做某事"较为普遍地存在于世界上大部分地区人们的认知之中，诸多语言的母语者在理解加工"使令"义时，大都有着相同的语义构块，即使令者、使令方式、使令对象、使令内容。这反映了人类概念空间中对兼语结构的表达是大致相同的；指出汉语的兼语句内容配置不是"施事—动作—受事/施事—动作"，而是"使令者—使令方式—使令对象—使令内容"（比如：老师—派—班长—打扫卫生）。苏丹洁（2012）运用构式语块分析法对兼语句进行重新分析，认为各类兼语句可以分为七种不同的构式。

李香玲（2015）在认知语法理论框架内以话语功能的视角对汉语的兼语句进行了细致的分析，通过对兼语句语义建构的认知分析指出，兼语句是由 NP_1、VP_1、NP_2 和 VP_2 四个成分通过语义凸显重合联结而成，即兼语句中的两个话语（$NP_1+VP_1+NP_2$）和（NP_2+VP_2）通过兼语 NP_2 的述题话题双重语用身份层层推进，构成一个完整的话语（$NP_1+VP_1+NP_2+VP_2$）；在该结构中兼语的主要作用是句内话语衔接功能，该功能通过把结构中两个动作行为或者两个事件中具有依存关系的成分进行双重语义重合（即"兼语"）得以实现；兼语相当于一个隐性连接词，它在语义层面起语义联结作用，句法层面起句法联结作用，而且句法层面的联结象征其在语义层面的联结。该研究不仅从大量的兼语句实例归纳出了该结构的构式义，即兼语句表示事件之间的因果关系，而且探讨了兼语句的语义建构，建立了兼语句的认知分析框架。此外，该研究还利用兼语句语义建构的认知分析框架详细分析兼语（NP_2）在不同兼语句的语义建构中的联结作用，并进一步探讨了"兼语"现象中其自身话语衔接功能的普遍性。

（三）形式主义理论对兼语句的解释

当传统的语法理论对兼语句到达瓶颈的时候，形式语言学的引入为该句式的研究注入了新的活力，学者们开始以新的眼光看待这种现象，并尝试对该结构的存在作出解释。

形式学派对该结构的研究分为两派：一种认为兼语句应该统一处理，以邢欣（1984、2004），温宾利、袁英（2009），邓思颖（2010）等为代表；另一种认为兼语句存在不同的类型，应该分类处理，以杨大然（2007），成镇权（2007）等为代表。下面我们分别讨论。

1. 统一处理

邢欣（1984）引入了转换生成语法来分析让传统理论捉襟见肘的兼语句，认为兼语句是由深层结构通过一定的转换规则生成的表层结构。兼语句的深层结构包含着主体句 S 和嵌入句 S_1，以"妈妈叫他回来"为例，这句话的深层结构是"妈妈叫他（他回来）"［表示为"NP_1-VP_1-(-NP_3-VP_2)"］，其中"妈妈叫他"是主体句 S，"他回来"是嵌入句 S_1。嵌入句的主语 NP_3 与主体句的宾语 NP_2 重复，因为两者线性位置紧密相连，NP_3 在转化的过程中被删除，主体句与嵌入句通过合并得到表层结构的"妈妈叫他回来"。

邢欣（2004：53）仍然认为兼语句是由两个小句（主体句和内嵌句）套合构成的，但是，相比于邢欣（1984）的观点略有变化，以"张三让李四回来"为例来说，其变化主要体现在该研究引入了空语类概念，并运用控制论来解释兼语句，也就是说内嵌小句不再是"李四回来"，而是"PRO 回来"；兼语之所以出现是因为 PRO（该研究认为该 PRO 是基础生成的）与主体句的宾语"李四"同指。也就是说，在句法功能上，"李四"不仅是主体句中"让"的宾语，还是空语类 PRO 的控制语。该研究分析了兼语句的语义特征，指出兼语句中 VP_1 作为句子谓语其共同特征是[+致使]义，VP_2 相当于英语中不定式的非时态性静态动词短语，是 VP_1 所引出来的结果，是 VP_1 的补充成分，在句法结构上是其补语（2004：66）。

刁世兰（2009）认为兼语句中的两个动词分别陈述不同的对象，即 VP_1 陈述全句的主语 NP_1，VP_2 陈述 NP_2，VP_1 的两个论元分别由全句的主语 NP_1 和 VP_2 的主语 NP_2 承担，VP_2 的论元由 NP_2 承担，如果 VP_2 是两价动词的话，NP_3 承担另一个论元角色。所谓的"兼语"是 VP_1 的后一个论元与 VP_2 的前一个论元重合，也就是说两个不同的题元角色投射到了同一个句法位置上。比如"我让他买东西"是由"我让他"和"他买东西"两个部分构成，"让"的题元角色分别由"我"和"他"承担，"买"的两个题元角色分别由"他"和"东西"承担，动词短语和它们的题元角色是一一对应的。该研究认为，把"他"分析为一个论元既充当施事题元角色又充当受事题元角色的观点是没有根据的，因为两种题元角色不属于同一个动词短语结构，所以"兼语"也就没有违反题元准则。

成镇权（2007）在最简方案框架下讨论了兼语句的句法语义问题，在借鉴英语宾语控制结构和例外赋格结构的基础上，提出了汉语兼语句的两种分析模式，展示了两种分析方法下兼语句的语义关系和句法推导过程。该研究指出宾语控制分析模式更有利于对汉语兼语句的描写和解释，在该分析模式下所谓的"兼语"实质上是主句宾语 NP_2 与 VP_2 的空主语（类似于 PRO）语义同指的假象。兼语句中的 VP_2 是一个语义上指代某个事件的非限定式小句，表达致使动词 VP_1 对 NP_2 产生的影响或结果，在句中作补语。

温宾利、袁芳（2009）在最简方案框架下以"控制的移位理论"和"移位的拷贝理论"为基础提出了"拷贝移位分析"模式，探讨汉语兼语句的推导过程，解释了一个名词性成分获得两个题元角色的问题。该研究认为"兼语"的出现是因为兼语成分 NP_2 及其拷贝分别参与了前后两个动词短语的推导运算，即 NP_2 先与其后面动词短语 VP_2 的主语位置合并，并充当后者的施事题元角色；由于 VP_2 与 T 合并生成非语段的 $T_{def}P$，所以 NP_2 没有被授予主格处于活动状态，当 $T_{def}P$ 与前动词 VP_1 合并时 NP_2 被 VP_1 探测到；最后，特征核查时，受 VP_1 题元角色的要求，NP_2 的拷贝在 VP_1 的宾语位置合并被赋予宾格，并充当受事题元角色；当句子的推导式移交到语音部分之后，语链上的最高拷贝以宾格形式被拼读，从而形成线性结构中的兼语现象。

邓思颖（2010：185）引入轻动词理论分析了现代汉语兼语句，认为使役意义的兼语句由表示使役的轻动词 CAUSE 和表示变化的轻动词 BECOME 这两个轻动词共同构成。以"我请他来"为例来说明：该句的第二个动词短语前存在空语类 e，句中的主要动词"请"是词根，它先跟第二个动词形成的成分"e"来合并，并且让这个成分作"请"的补足语。然后再把 BECOME、"他"、CAUSE、"我"等成分一一套叠上去。如图：

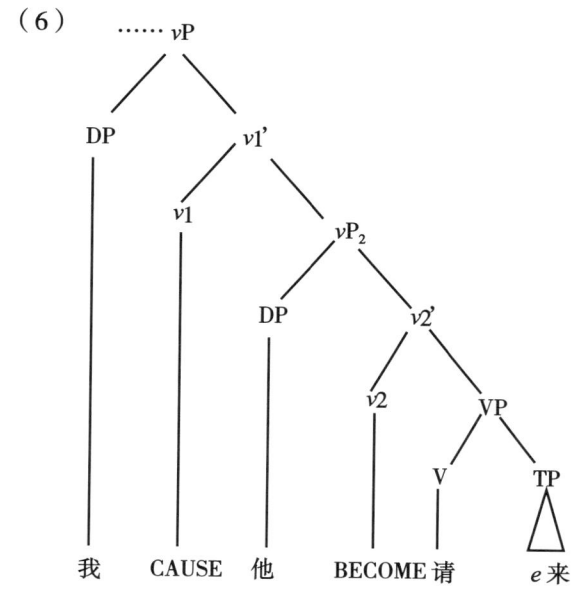

（6）

```
          ······vP
         /      \
        DP      v1'
        |      /   \
        |    v1    vP₂
        |    |    /   \
        |    |   DP   v2'
        |    |   |   /   \
        |    |   |  v2    VP
        |    |   |  |    /  \
        |    |   |  |   V    TP
        |    |   |  |   |    △
        我  CAUSE 他 BECOME 请  e 来
```

"请"首先移入"BECOME"，再移入"CAUSE"，最后得到"我请他来"。其他类的兼语句以此类推，只是选择的轻动词不一样，比如"领导表扬他们干劲大"就是"领导 DO 他们 表扬 e 干劲大"；"我喜欢这孩子聪明"就是"我 BE 这孩子 喜欢 e 聪明"①。同时因为这两个句子只有一

---

① 此处引用只是用来说明该研究用轻动词对"兼语句"的分析方法，该研究认为这类也算兼语句。在我们看来，这类句子不属于兼语句，而是小句作宾语的句子。具体见下文讨论。

个轻动词,在结构上就比(6)少一层。

袁芳、魏行(2015)以存活式推导模式分析了兼语句,指出兼语句从句的投射是 CP,应分析为控制结构;尽管兼语句分为限定控制型和非限定控制型两类,但是其生成机制是一样的,即 NP$_2$ 与 VP$_2$ 合并形成轻动词短语 vP 得到题元角色,由于没有格位 NP$_2$ 先合并到 [Spec Tdef P],最后合并到 [Spec VP$_1$] 位置,其格特征得到核查并获得宾格。

2. 分类处理

杨大然(2006)主张兼语句有不同的类别,不能采用统一的模式进行分析。该研究在刘永耕(2000)提出的"使令程度"的基础上依照语义把兼语句分为四类:A 类,VP$_1$ 为隐性使令动词,比如"他捡起鸡毛当令箭";B 类,VP$_1$ 为命令、强迫、鼓舞类动词,比如"雷锋精神鼓舞我们前进";C 类,VP$_1$ 为称呼定名类动词,比如"他们叫林黛玉做'潇湘妃子'";D 类,VP$_1$ 是表现词汇意义的致使类动词,比如"这件事情使/让/令我很难堪"。该研究应用"时态假说"理论对以上四类兼语句中空语类的句法分布进行分析,认为 A 类和 B 类中的空语类是基础生成的 PRO,谓语动词(VP$_1$)分别属于二价控制动词和三价控制动词;C 类和 D 类的空语类是移位产生的 NP 语迹,谓语动词分别属于三价例外赋格(ECM)动词和二价例外赋格动词。

胡波、文卫平(2007)也主张兼语句应该分类分析,该研究把兼语句分为两类,分别以"张三使他生气了"和"我们请他来北京"为例,认为:第一类兼语句中不存在空语类,"他"由"生气了"分派题元角色,并与之构成主谓关系小句,再一起作主句动词"使"的补语,然后提升到 AgrOP 的指示语的位置核查并定值为宾格;第二类兼语句"来"之前存在空语类 PRO。两类兼语句分别分析为提升结构和控制结构。

四 研究述评

前贤的研究和探索丰富了学界对于兼语句的认识,但是无论是哪种理论背景的研究,都厘清了一些问题,同时又带来了新的疑问,我们仍然按照理论流派分开讨论。

(一)结构主义语言学的分析

结构主义语言学理论是最早,也是对现代汉语语法研究影响最大的现代语法理论,学者们依照该理论对兼语句的探索和发现有着重大的意义。

从"兼格"的提出（刘复，1920），到对兼语句的最初分析（黎锦熙，1924；王力，1943），再到对兼语句的认识达成的"共识①"（吕叔湘，1979），再到对兼语现象提出的解释（邢福义，1982；吴竞存、侯学超，1982），这些研究都对后来的研究产生了重大影响，尤其是吕叔湘（1979：83）把兼语句单独作为一节讨论，并指出"兼语式也仍然一直有人要取消它，也一直到现在没取消了"。这一论述肯定了兼语句存在的合理性，差不多奠定了兼语句在现代汉语句法中的地位。邢福义（1982）是结构主义语法理论框架下对"兼语"现象作出的最为合理的解释，对之后的研究影响很大，吴竞存、侯学超（1982：201）；刁世兰（2009）等明显是在此基础上的发挥和延伸。但是还有以下四个问题没有解决：

1. "兼语"存在的原因缺乏让人信服的解释。吕叔湘（1979：83-84）只是明确了兼语句这种句法结构在现代汉语中的独特性，但是并没有解释为什么兼语句会存在；邢福义（1982）和吴竞存、侯学超（1982：201）对兼语句的存在作出了解释，即兼语句中的NP_2分开了是宾语和主语，合在一起，就是兼语。该研究比之前的研究更进一步，但是"有分有合"只是对"兼语"存在的简单表述，没有解释其深层原因，即为什么在该结构中存在"有分有合"？换句话说，是什么原因造成了"有分有合"，从而造成了"兼语"？

2. 这些研究无法达到理论内部的自洽。结构主义语法理论框架下的语法分析方法是直接成分分析法，即从句法结构的外部形式入手，对句子的直接组成成分进行分析的方法。由于句子中相邻的直接成分和句子的层次性一致，所以该方法又叫"层次分析法"；又由于通常的直接成分分析法是对句子结构的各个部分不断地一分为二，一直到不能再切分为止，所以该方法又叫"二分法"。但是采用该方法分析兼语句时却遇到了困难，"兼语"的存在使得"二分"无法实现，从而造成了结构划分的困境，这与理论本身所主张的"二分"相违背。正如吕叔湘（1979：84）所说，兼语句比较严重的问题是不适合层次分析，这成为主张取消兼语句的一个有力理由。

---

① 此处的"共识"是指对兼语句特点的认识，兼语句是主谓结构（动宾结构）和主谓结构的套合，NP_2既是VP_1的宾语，又是VP_2的主语，由此产生了兼语现象。"共识"并不表示学者们对兼语句存在共同的认识，因为质疑和否定的声音从来没有停息过（详见上文讨论）。

3. 这些研究有以语义解释代替句法解释的嫌疑。语义分析可以作为句法分析的一种手段，也可以作为句法分析的突破口，但是语义分析并不能完全替代句法分析，语义表达都要落脚于句法结构。吴竞存、侯学超（1982：200）认为"派他参加"的直接成分是"派他"和"他参加"，两个句子合成了"派他参加"。这是对句子意义解析的结果，我们可以对一个句子做这样的解读，但是也必须为这种解读找到句法上的依据，否则就很容易造成混乱。

4. 用"分合分析法"解释兼语现象有局限性。用这种分析方法分析"（我）派他参加"是没有问题的，但是碰到稍微复杂的情况就很难自圆其说了，比如"（我）请他喝酒"，如果依照上述分析，它的两个直接成分是"（我）请他"和"他喝酒"。如此一来可能就与原义有出入了，因为原句中即可以表达"我请他喝酒，他喝我不喝"，还可以表达"我请他喝酒，我跟他一起喝"。这样的句子就很难用"分合"分析方法来解释了。

（二）功能主义语言学理论的分析

主要存在如下疑问：

1. 没有解释为什么汉语会存在兼语句。徐烈炯、刘丹青（1998）和袁毓林（2003）依据话题结构把兼语句中"兼语"分析成为次次话题，这只是分析结果，也不是解释性的，因为他们并没有指出为什么汉语会有这种特殊的次次话题结构。项开喜（2002）研究指出汉语的兼语句既有"直接施力"成分，又有"间接施力"成分，并把这种结构叫作"双施力语义结构"，提出了"此消彼长，施力守恒"的原则。但是该研究也没有解释为什么汉语会存在这种双施力结构。李香玲（2015）指出兼语句是由 NP_1、VP_1、NP_2 和 VP_2 四个成分通过语义凸显重合联结以及 NP_2 的述题话题双重语用身份层层推进形成的；该研究分析了兼语句的形成，但是没有回答一个关键问题：为什么结构之间会出现语义重合？

2. 教学法研究不能完全等同于语法研究本身。苏丹洁（2011、2012）以兼语句在汉语作为第二语言的格式教学过程中的效果为参照，采用构式语法理论提出了构式语块教学法，认为兼语句内容配置是"使令者—使令方式—使令对象—使令内容"，从而指出之前研究结论的不妥当。作为教学方法，只要是有利于学生接受的，都可以采用。陆俭明（2000）提出对外汉语教学是汉语本体研究的试金石。但是需要指出的是，好的教学方法所讲授的规律不一定就是真正的规律本身；我们不能把教学方法研究简单地跟语法研究本身画等号。

3. 忽略了兼语句中各组成部分之间的关系。苏丹洁（2011）指出兼语句的内容配置是"使令者—使令方式—使令对象—使令内容"，这种语块的分析模式在教学中有它的优点，但是这种方法没有说明各个成分之间的语义和句法关系，尤其是"使令方式"与"使令对象""使令内容"的关系，以及"使令对象"与"使令内容"之间的关系。

（三）形式主义语言学理论的分析

形式语言学对兼语句的研究最大的贡献是指出了汉语兼语句分析的矛盾，即题元准则与"兼语"双重身份的悖论，并且对此作出了种种解释。但是这些解释也遗留了一些问题。

1. 承认兼语句存在 PRO，没有解释该成分为什么存在。邢欣（2004：147）认为兼语句的特殊之处就在于它存在空语类 PRO，持该观点的学者还有胡建华（1997）等。此外，杨大然（2006）认为不是所有兼语句的空成分都是 PRO，PRO 只存在于某些类型的兼语句；成镇权（2007）认为汉语兼语句 VP_2 前存在的空主语是类似于 PRO 的成分；邓思颖（2010：185）没有明确说明该空成分的性质，只是说"如果这个时间短语[①]是不定式，空主语应该是大代词 PRO"。有些学者认为 PRO 是基础生成的（邢欣，2004：47）。但是对于为什么该空成分会存在于兼语句结构中的问题，却很少有学者对此作出解释。这也是非形式学派质疑形式学派解释的根据之一。

2. 不承认兼语句中存在 PRO，却又无法合理解释"兼语"现象。徐烈炯（1994）、饶萍（2003）等学者认为 PRO 分析方法不适合汉语，但是这些研究并没有提出更好的分析模式解释"兼语"现象。比如温宾利、袁芳（2009），袁芳、魏行（2015）指出 PRO 的分析模式存在一些问题[②]，提出了"拷贝移位分析"模式，探讨了汉语兼语句的推导过程。但

---

① 该研究此处的"时间短语"（TP），就是我们通常所说的由 VP_2 构成的小句。

② 温宾利、袁芳（2009）指出兼语句的控制结构（PRO）分析方法违反了"可见性条件"（Visibility Condition），即名词短语必须有格才能得到题元角色。但是我们认为，"可见性条件"本身就是有问题的：依照一般的说法，题元角色是在 D-结构中分派的，而结构格是在 S-结构中分派的（见石定栩《乔姆斯基的形式语法——历史进程与最新理论》，北京语言文化大学出版社 2002 年版，第 188、196 页）。而"可见性条件"的说法正好跟这种分派顺序相反。所以我们认为不能用"可见性条件"否认 PRO 分析的合理性。南潮、韩景泉也讨论了"可见性条件"存在的问题，见南潮、韩景泉《名词的格与移动研究》，《外语与外语教学》2010 年第 6 期。

是这些句法操作留下了一些疑问：首先，NP_2复制拷贝的动因是什么？NP_2的拷贝式发生移位的动因是什么？其次，这种移位有没有违反最简方案中的"经济原则"（Chomsky，1993）？最后，移位后两个 NP（原来的 NP_2 和其拷贝式）之间的关系怎么样？NP_2 拷贝式获得了 VP_1 宾格格位指派，那原位 NP_2 的格位怎么解决的？如何解释语言间的差异？

3. 把兼语句分类处理缺乏合理性。一般来说，一种结构之所以能够存在，就在于它存在一些区别于其他结构的句法特点。杨大然（2006）认为兼语句不能采用统一的模式进行处理，该研究把兼语句分为四类，认为它们分别是由控制结构和提升结构推导生成的。胡波、文卫平（2007）认为"张三使他生气了"兼语句中不存在空语类，而"我们请他来北京"兼语结构中"来"之前存在空语类 PRO，是由控制结构推导出来的。我们的疑问是，这些"兼语句"为什么内部存在结构上的差异？再者，如果说"张三使他生气了"中"他生气了"作"使"的宾语成分，那么，该结构又跟小句宾语句有什么差异？如果没有差异，为何不把它归入小句宾语句，而把它作为"特殊"的兼语句？

4. 题元角色"重合"说解释力不足。刁世兰（2009）认为兼语句中动词短语和它们的题元角色是一一对应的，没有违反题元准则，所谓的"兼语"是 VP_1 的后一个论元与 VP_2 的前一个论元重合，是两个不同的题元角色投射到了同一个句法位置上。该研究对于更为重要的问题，"重合"为什么会发生，如何发生的，没有进一步的解释；同时该研究也没有解释为什么兼语句中存在题元角色重合而其他结构则没有。袁芳、魏行（2015）认为 NP_2 与 VP_2 合并形成轻动词短语 vP 并得到题元角色，最后合并到［Spec VP_1］位置，其格特征得到核查时限为宾格，同时从 VP_1 处得到一个题元角色。这同样没有解释同一个名词成分会得到两个题元角色。

还有一点很重要，也是各种理论所忽略的，这些文献都在分析典型的兼语句，而对于一些复杂的兼语句涉及很少，或者直接避而不谈，比如一些"混合式"兼语句：（1）兼语和连动使用混合，比如"我催他上街买菜""我上街买菜让他做饭"。（2）兼语连动理解混合，既可以理解为连动也可以理解为兼语，比如"我帮助他打水"，如果是"我"帮助他，"我"打水，就是连动；如果是"他"打水，我帮助"他"，"我和他"一起打水，就是混合理解。（3）"兼语"情况不明，比如"我请他吃饭"，兼语是"他（吃饭）"还是"我和他（吃饭）？"如果文献对典型的兼语句分析得头头是道，但是分析这些复杂的兼语句就捉襟见肘，那么其解释力就打问号了。

鉴于存在以上诸多疑问，下一节将以扩充的格位理论为基础重新审视现代汉语的兼语句，并尝试对相关问题做出合理的分析。

第三节 兼语句的生成机制

我们把"扩充的格位理论"复述如下：

（7）扩充的格位过滤器［The Generalized Case Filter，Xu（1993、2003：117）］
  a. * NP，如果有词汇形式但是没有得到格位指派；
  b. * 必选型格位指派者，如果没有释放自己的格能量的话。

兼语句的生成除了跟扩充的格位理论密切相关外，还跟题元理论（Theta Theory）关系密切。题元理论是关于题元角色分派的理论，其内容是：

（8）题元准则
  a. 每一个主目语都必须充当一个题元角色；
  b. 每一个题元角色都必须分派给一个主目语。

这就好比组装电脑：电脑上每一个部位（题元角色）都必须有一个合适的零件（主目语）放置；每一个零件（主目语）也必须安置到合适的部位（题元角色），否则电脑就无法运转或者系统直接崩溃。比如，台式电脑上键盘的端口必须按照颜色插入相应的位置，如果插错了，那键盘就不能使用。

一 兼语句的界定

（一）界定

兼语句就是由两个或者两个以上的连续动词结构，而且结构中有"兼语"成分的句子。所谓的"兼语"是指该成分在意义上既作前一个动词结构的主语或宾语，又作后一个动词结构的施事主语；前后项动词之间有相承关系，而且前一个动词结构具有［+致使］意义，后一个动词结构补充说明前者造成的结果，有几点需要说明：

1. 形式上：兼语句是由两个或者两个以上动词结构连用，这与连动句的定义是相似的，结构中有兼语成分；

2. 意义上："兼语"是对结构中居于两个动词结构之间的名词性成分或句首名词性成分进行语义分析的结果，"我让他吃饭"中，"他"是"让"的宾语，同时又是"吃饭"的主语，这只是语义解释的结果。与之前定义不同的是，"兼语"不一定全是宾语兼主语，还有可能是主语兼主语，比如："我请他吃饭"有两个意思：第一种意思，也就是说"我请他吃饭，但是我不吃，光让他吃"；第二种意思，"我"是"请"的主语，"他"是"请"的宾语，"吃饭"的主语是"我+他"，也就是说"我请他吃饭，我也吃饭，我跟他都吃饭。"前一种情况是通常所说兼语句，而后一种情况因为存在"句子成分兼用"现象，也应该是兼语句。

3. 功能上：兼语成分既作前一个动词的受事宾语，又作后一个动词结构的施事主语。这与之前的很多文献所下的定义不同：之前的很多文献认为兼语句是主谓结构套主谓结构（丁声树等，1961：112），或者兼语句是动宾结构套主谓结构（邢福义，1993：323；黄伯荣、廖序东，2007：90；胡裕树，1995：332）。其实，两种表述的差别不大，只是前一种表述把句首名词（全句主语）考虑进来，这样句首名词与动宾结构构成主谓结构，该主谓结构与后一个主谓结构之所以能够套合是因为前一个主谓结构中的宾语作了后一个主谓结构的主语；后一种表述没有考虑句首名词，只关注前一个动词短语的宾语兼作后一个主谓结构的主语。

需要特别说明的是，两种定义都把后一个动词结构叫作主谓结构，即位于后一个动词短语前的名词性成分是主语，按照该定义，以下例句也应该是兼语句：

（9）a 他拿刀切菜。
　　　b 他倒水吃药。
（10）a 你进屋里坐。
　　　b 他去楼上吃饭。
（11）a（张三）买报纸看。（朱德熙，1982：162）

b（李四）讨一杯水喝。（同上）

例（9）中"刀"和"水"既分别作了"拿"和"倒"的宾语，又分别作了"切菜"和"吃药"的（工具）主语；例（10）中"屋里"和"楼上"既分别作了"进"和"去"的宾语，又分别作了"坐"和"吃饭"的（处所）主语；例（11）中"报纸/一杯水"既是"卖/讨"的受事宾语，还是"看/喝"的受事宾语。

按照以前学者们的定义，例（9）、（10）和例（11）都应该是兼语句，但是学者们在举例子时都不举这类例子，往往只举宾语兼作施事主语的例子，比如"我命令你开枪"，"你"既是"命令"的宾语，又是"开枪"的（施事）主语。而学者们普遍把例（9）、（10）和例（11）这类句子归入连动句①，也就是说，主语都可以连着两个动词短语说的结构不是兼语句，即"他拿刀—他切菜""他倒水—他吃药""你进屋里—你坐""他去楼上—他吃饭""张三买报纸—张三看""李四讨一碗水—李四喝"。

（二）兼语句与其他句式的区别

下面讨论一下兼语句与其他容易混淆的句式的区别。

1. 兼语句与小句宾语句

兼语句和小句宾语句的码化形式都是"$NP_1+VP_1+NP_2+VP_2$"（+NP_3）。丁声树等（1961：118—119）讨论了兼语句与小句宾语句（笔者注：原文称为"主谓结构作宾语的句子形式"），但是集中讨论的是典型的兼语句与后者的区别，比如："我叫他别写这样的文章"与"我希望他别写这样的文章"，并指出了两者的两点区别：（1）两者的停顿点不同，前者不能在VP_1后面停顿，后者可以，比如"*我叫，他别写这样的文章"，"我希望，他别写这样的文章"；（2）时间状语插入表现不同，两者都可以在VP_2之前添加"以后"，比如"我叫/希望他以后别写这样的文章"，但是，"以后"还能加在小句宾语句NP_2的前面，而不能加在兼语句NP_2的后面，比如"我希望以后他别写这样的文章""*我叫以后他别

---

① 这也是朱德熙反对把兼语句单独列为一类的原因之一，朱先生指出因为"买报纸看/讨一杯水喝"中的"报纸/一杯水"既是"买/讨"的受事宾语，还是"看/喝"的受事宾语，就把"报纸/一杯水"看作兼语，"这种看法恐怕不一定妥当"。见朱德熙《语法讲义》，商务印书馆1982年版，第162页。

写这样的文章"。这两点区别都说明小句宾语句 NP_2 与后面的 VP_2 结合紧密，兼语句中 NP_2 与前面的 VP_1 结合紧密。但是，单凭这两点不能把兼语句和小句宾语句全然分开。例如：

（12）a 我命令他出发。
　　　b 我强迫他进教室。
（13）a 我喜欢他老实。
　　　b 我讨厌他说实话。

例（12）虽然不能在 NP_2 前停顿，例（13）可以，但是似乎四个例句不能用 NP_2 前能否插入时间状语来区别，例如：

（12'）a ＊我命令明天他出发。　——我命令他明天出发。
　　　 b ＊我强迫立刻他进教室。——我强迫他立刻进教室。
（13'）a ？我喜欢以前他老实。　——我喜欢他以前老实。
　　　 b ？我讨厌马上他说实话。——我讨厌他马上说实话。

讨论兼语句时很多的文献都会认同例（12）是兼语句，并且是典型的兼语句（丁声树等，1961：112；邓福南，1980；杨因，1981；宋玉柱，1981；崔应贤、盛永生，1990；邢欣，2004；李香玲，2015 等），但是对于例（13），就会存在很大的争议。吕叔湘（1999：37）认为它们是兼语句，VP_1 是表示喜欢或者责怪的及物动词，VP_2 表示赞许或者责怪的原因，以例（13）a 为例："他"既作了"喜欢"的宾语，还作了"老实"的主语，这句话还可以表述为"我喜欢他，他老实"，"他老实"是"我喜欢（他）"的原因。黄伯荣、廖序东（2007：90）也认为例（13）是"爱恨式"兼语句，"前一个动词常是表示赞许、责怪或心理活动的及物动词，它是兼语后面动作或性状引起的，前后谓词有因果关系"。持这种观点的学者很多，比如赵元任（1979）、李临定（1986）、陈建民（1986）等。

杨因（1981）认为例（13）不是兼语句，不能确定 NP_2 就是 VP_1 宾语的结论，而且"使人对语义的理解不能直截了当，要绕一个弯儿，感到别扭，而且对很多句子的分析结果是讲不通的"。比如："我有时喜欢你来抱住我",我们不能理解成"你来抱住我"是"我有时喜欢你"的理由,或者因为"你来抱住我",所以"我有时喜欢你",这在逻辑上和事理上都是不通顺不合理的。如果按照兼语句来处理例(13),有时候不仅逻辑上或事理上不通顺、不合理,甚至是费解的,比如"儿不嫌娘丑"与例(13)同一类,包含心理(好恶类、爱恨式)动词,按照兼语句理解:"娘"兼作了"嫌"的宾语和"丑"的主语,"儿不嫌娘"是因为"娘丑",这就更加费解了。而兼语句前后动作之间有相承关系以及致使—结果的关系,比如说例(12)a中"他出发"(虽然是未然的)是"我命令"的结果,例(12)b中"他进教室"是"我强迫"的结果。崔应贤、盛永生(1990)指出"NP_2"只能做VP_2的主语,而不能做VP_1的宾语,因为从更大的范围看,有很多心理活动动词支配不了它后面的名词。因此,邢欣(2004)把兼语句限定在VP_1具有"致使义"范围之内。持相同观点的还有杨大然(2006)、成镇权(2007)等。

至于说例(13)该归入哪一类句式,也有不同的观点。张静(1977)认为可以归入双宾语句,李临定(1986:157)认为这类句子可以理解为兼语句,也可以理解为双宾语句,有时候"似乎只能理解为主谓短语作宾语句"。杨因(1981)详细地分析了该结构不是兼语句,也不是双宾语句,而是小句作宾语句。龙果夫(1958:111)认为表示心理活动的动词在语法上的特点之一就是可以整个句子(笔者注:主谓结构的小句)作宾语。吕叔湘(1956:92)指出主谓小句经常跟在心理动词后面作宾语。依据上一小节的定义,我们认为例(13)不是兼语句,VP_1和VP_2之间没有"致使—结果"的关系,前后动作之间没有相承关系,应该属于小句作宾语的句子。

2. 兼语句与双宾语句

兼语句与双宾语句的认识也存在一些分歧。比如:

(14)我们叫他活雷锋。

黎锦熙(1924:19-20)认为这类句子属于"主语+述语+宾语+补足语"结构,补足语补充说明宾语所认定之事。陈建民(1986:247)认为该结构属于兼语句的一种。但是一般学者都认为这类句子是双宾语句。比如张静(1977)、宋玉柱(1978)、朱德熙(1981:119)、吕叔湘

(1999：32)等。

双宾语句中的 VP$_2$ 可以用"什么"来提问，而兼语句的 VP$_2$ 只能用"怎么样/干什么"来提问，也就是说，双宾语句的两个宾语通常都是名词性的，而兼语句的 NP$_2$ 后的成分必须是动词性的，而且 VP$_1$ 和 VP$_2$ 之间还必须有相承关系以及致使—结果的关系。所以例（14）应为双宾语句。

3. 兼语句与"是"字句和"有"字句

有不少研究都认为"是他推开了门"也是兼语句，王力（1984：135）认为这种结构是表位为主语（即表语作主语，笔者注）的"递系式"，比如"是谁起这样刁钻名字?"黄伯荣、廖序东（2007：90）把这种结构称为表示领有或存在的兼语句，比如"是谁找我啊?"。

不难发现以上研究中含"是"字的"兼语句"中去掉"是"字并不影响结构的合法性和语义的完整表达，它的存在只是为了强调，而且"是他/谁"与"他推开门/谁起这样刁钻的名字/谁找我"不存在结构上的"致使—结果"关系，前后两部分也不能构成语义上的相承关系；崔应贤、盛永生（1990）指出"是"的动词词性身份很难确定，不应该把这种类型看作兼语式。

此外，很多文献把"有"字句作为兼语句，例如："他有一个女儿在北京工作/外面有人找你/有一架飞机飞过去了"，持这种观点的代表学者有赵元任（1952：19），丁声树等（1961：120），张今、陈云清（1981），黄伯荣、廖序东（2007：90）等。但是以上例句中的"有"的动词身份值得怀疑：吕叔湘（1956：101）认为"有"是表示无定的指称词；张静（1977）认为这些句子中的"有"不是真正的动词，而是标志名词作无定主语的虚词；邢欣（2004：113）指出"有"在句法上不作动词处理，只是一个无定名词标记。更为重要的是，这些例句中的"有"要么可以省略，比如，"他一个女儿在北京工作/一架飞机飞过去了"；要么把无定名词换成有定名词就不合法，必须删除"有"，比如"*外面有张三找你——外面张三找你"。因此，"有"字句不是兼语句。

（三）兼语句的特点：存在空成分 PRO

界定兼语句并区分了它跟其他句式之后，我们继续分析兼语句自身的特点。我们认为该句式最大的特点就是它存在空语类。问题是如何证明空语类的存在。

首先，从题元理论出发来分析空成分的存在。在生成语法看来，每一个动词都有相应的题元结构，关于该题元结构的认识是人类语言知识的一部分，它们是在词库中标明的。比如：

(15) a die: V; [NP]
　　 b murder: V; [NP NP]
　　 c put: V; [NP NP PP]
　　 d give: V; [NP NP NP, NP NP PP]

该题元结构信息既表示出动词所需要的最小题元数量，又表示题元结构由什么语类充当。如果该题元结构信息得不到满足（数量多或者数量少），所生成的句子就不合法；只有动词的题元结构信息得到满足，才能生成合法的句子。比如：

(16) a ＊The woman died the man.　　The woman died.
　　 b ＊The man murdered.　　　　The man murdered Tom.
　　 c ＊Tom put the book .　　　　＊Tom put on the desk.
　　　　Tom put the book on the desk.
　　 d ＊I gave him.　　　　　　　＊I gave an apple.
　　　　I gave him an apple.
　　　＊I gave to him.　　　　　　I gave an apple to him.

以上不合法的句子就是因为该动词的题元结构信息没有得到满足，它们或者超出了结构信息提供的数量，或者少于该数量，只有当数量恰好满足的时候，该句子才合法。也只有语类和题元数量恰好达到了要求，该动词的题元角色才能分派出去，这正是题元准则的要求。我们复述例（12）如下：

(17) a 我命令他出发。
　　 b 我强迫他进教室。

这两个例句都是合法的。依照题元准则进行分析："命令/强迫"是二元动词，也就是说，除了必须有施事题元之外，还必须有一个受事题元，只有这样它们的题元角色才能分派出去，句子才能合法。在例句中，"我"和"他"分别充当了"命令/强迫"的施事题元角色和受事题元角色，这一步没有问题。再看后一个动词，"出发"是一个一元动词，它必须有一个施事题元角色来接受分派，否则句子不合法；"进"是一个二元动词，它必须有施事和受事两个题元角色接受分派，"教室"充当了它的受事论元；很明显，这两个动词的施事题元都没有出现，按道理来说是不合法的（施事题元不能是"他"，否则就违反了题元准则），但是两个句子合法。我们的疑问是，从线性结构上看，两个动词的施事题元角色没有分派出去，为何不影响句子合法性？原因就在于"出发/进"之前有一个空成分承担了施事题元角色，所以遵守了题元准则，句子合法。

其次，采用歧义分析来旁证空成分的存在。看如下例句：

(18) a 我让他穿上外套。
　　 b 我请他吃饭。

这两个句子都是学界公认的兼语句，它们之间的差别在于例（18）a 没有歧义，而例（18）b 有歧义，它有两个意思：①他吃饭，我请他的，但我不吃；②我跟他都吃饭，这饭是我请的。

我们认为例（18）b 之所以存在歧义，就是因为这个结构中有成分"控制"了语义的表达，这个成分不会是线性结构中出现的"我"或者"他"。该成分应该出现在"吃"之前，或者说在"他"与"吃"之间。也就是说例（18）b 更为深层的结构是"我请他 e 吃饭"，如果它表达的是意思①，原因就是"e"与"他"同指，即"我请他$_i$ e_i吃饭"；如果它表达的意思是②，原因就是"e"与"我"和"他"都同指，即"我$_j$请他$_i$ e_{i+j}吃饭"。

证明了兼语句中存在空成分，那么这个成分的性质是怎样的？徐烈炯（1994）认为兼语句中空语类是自由空语类，沈阳（1994：109）认为兼语句中的空语类是隐含空语类。黄正德（1987、1998）、李艳慧（Li, 1990）、胡建华（1997）、汤庭池（Tang, 2000）采取了一系列的手段论证了汉语与英语一样，存在定式和不定式的区别。邢欣（2004：46-47）排除了该空成分是 wh-语迹、NP-语迹等空成分的可能，倾向于该空成分是 PRO。

接下来需要回答的问题是：什么原因造成了该位置不是一个具有词汇形式的名词性成分而必须是一个没有词汇形式的空成分呢？

二　兼语句的生成

讨论兼语句的生成之前，首先要厘清一个问题：兼语句是统一处理还是分开处理？

（一）统一处理还是分开处理

在结构主义看来，我们对于一个语法结构分析得越细致，研究也就越深入，因此在该理论的指导下，学者们依据各自的标准把兼语句划分为不同的类别：李临定（1986：136-137）依据兼语句的结构、动词的类别和语义特点把该结构分为33个小类；陈建民（1986：247）依据兼语句第二部分谓词形式的不同把该结构分为四大类以及很多小类。

形式语言学派的不少学者也根据兼语句的不同表现把它们分类处理，比如，杨大然（2006）把兼语句依照使令程度的不同分为四类，按照两种模式探讨它们的生成机制；胡波、文卫平（2007）也主张兼语句应该分类分析，该研究把兼语句分为控制结构和提升结构。也有学者主张兼语句应该统一处理，比如邢欣（2004），温宾利、袁芳（2009）采用同一的模式分析兼语句的生成机制。

一个结构是应该统一处理还是分类处理关键是看该结构内部的差异有多大，如果只是语义上的细微不同而没有导致句法结构的差异，那么就没有理由分类处理。如果兼语句内部的差异足够大以至于需要分开讨论，那么它们就不会同属于兼语句。就像双宾语句，无论依照结构内部的关系分得多么细致（李临定，1984；马庆株，1992），都不能否认它们在句法结构上的一致性，否则，它们就不可能同属于该结构。

杨大然（2006）把兼语句分为四类，代表例句如下：

(19) a 我们逮几只蝴蝶做标本。
　　　b 团长命令战士开枪。
　　　c 他们叫林黛玉做"潇湘妃子"。
　　　d 这件事使我很难堪。

该研究认为例（19）a和例（19）b是一类，两者第二个动词结构"做

(标本)"和"开(枪)"之前存在的空语类是 PRO,该空语类与名词短语"蝴蝶/战士"同指;例(19)c 和例(19)d 是一类,两者第二个动词结构"做(潇湘妃子)"和"难堪"之前存在的空语类是 NP 语迹,"林黛玉/我"最初得到第二个动词短语分派的题元角色,之后移位到"叫/使"后面获得格位指派。第一类属于控制结构,第二类属于例外授格。胡波、文卫平(2007)与杨文处理相类似,认为 NP_2 是 VP_2 的主语,后来发生提升移位。

对于第一类的处理没有疑问,我们把精力放在第二类的处理上,这种处理有一个问题:石安石(1980)曾经指出"兼语领头的动词必是黏着式",也有很多研究表明 NP_2 与 VP_1 结合紧密(赵元任,1979;朱德熙,1982;邢欣,1984;胡明扬,1987;尹龙,1985;李临定,1986;邢欣,2004),如果认为 NP 跟 VP_2 先结合为一个命题,该如何解释它与 VP_1 的紧密关系?

所以,我们认为把兼语句分类处理的理由不充分,因此我们认同邢欣(2004)和温宾利、袁芳(2009)等的看法,主张把兼语句作统一处理。

(二) 兼语句的生成

下面将以如下例句讨论兼语句的生成:

(20) a 这个消息使他坐立不安。
　　　b 工会号召大家罢工。
　　　c 我劝他好好学习。
　　　d 我们选他当班长。

这些句子的 D-结构分别是:

(21) a 这个消息$_j$使他$_i$PRO$_i$坐立不安。
　　　b 工会$_j$号召大家$_i$PRO$_i$罢工。
　　　c 我$_j$劝他$_i$PRO$_i$好好学习。
　　　d 我们$_j$选他$_i$PRO$_i$当班长。

依据前文的分析,这些句子的 VP_2 前都存在空主语 PRO,承担了 VP_2

的施事题元角色。如此一来，句中动词的题元角色都得到了满足：例（20）a 句中"使"的施事题元角色和受事题元角色分别由"这个消息"和"他"承担，"坐立不安"的施事题元角色由 PRO 承担；例（20）b 句中"号召"的施事题元角色和受事题元角色分别由"工会"和"大家"承担，"罢工"的施事题元角色由 PRO 承担；例（20）c 句中"劝"的施事题元角色和受事题元角色分别由"我"和"他"承担，"（好好）学习"的施事题元角色由 PRO 承担；例（20）d 句中"选"的施事题元角色和受事题元角色分别由"我们"和"他"承担，"当"的施事题元角色和受事题元角色分别由 PRO 和"班长"承担。而且，"PRO"与句中的 NP_2 同指，那么，例（21）的结构即为图示（22）：

（22）

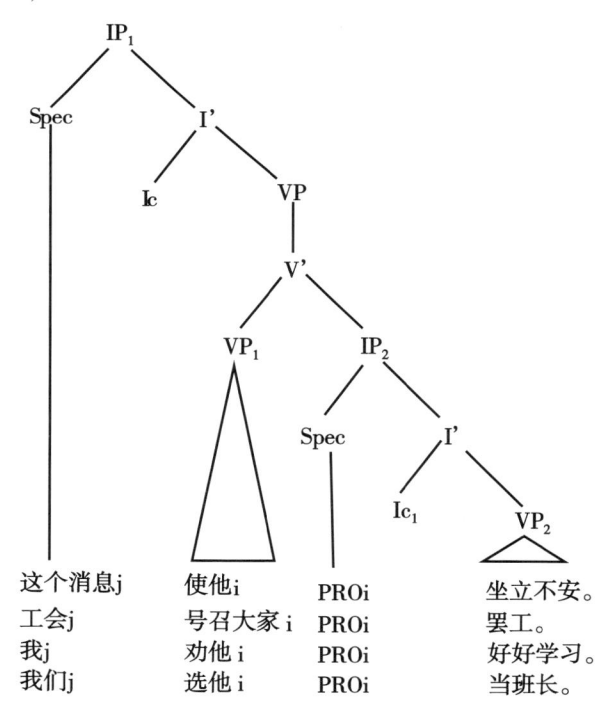

```
                    IP₁
                   /   \
                Spec    I'
                       /  \
                      Ic   VP
                           |
                           V'
                          /  \
                       VP₁    IP₂
                              /  \
                            Spec  I'
                                  / \
                                Ic₁  VP₂

这个消息ⱼ    使他ᵢ       PROᵢ    坐立不安。
工会ⱼ        号召大家ᵢ   PROᵢ    罢工。
我ⱼ          劝他ᵢ       PROᵢ    好好学习。
我们ⱼ        选他ᵢ       PROᵢ    当班长。
```

PRO 的下标与 NP_2 下标一样表示它们同指。现在有三个问题要讨论：

1. 存在 PRO 的解释

前文通过题元理论和歧义分析等判断 VP_2 前存在一个空成分 PRO，这是理论推导的结果。现在需要对这个推导结果作出解释，即为什么 PRO

会存在。我们在第五章提出了"格位释放序列原则",现复述如下:

(23) 格位释放序列原则 (The Principle of Case Discharging Sequence, PCDS)
一个不含从属小句的单句中,如果出现两个或者两个以上类型或功能相同的中心语,那么,
i. 序列靠前的中心语是强特征,序列靠后的中心语是弱特征;
ii. 强特征不一定释放格位,弱特征一定不释放格位;
iii. 中心语格位释放必须遵循格位释放序列原则。

再来看例(22),在线性序列上以 VP_1 为补语成分的中心语(即 Ic)靠前,而以 VP_2 为补语成分的中心语(即 Ic_1)靠后,在结构图上就是前者居前并高于后者,所以按照"格位释放序列原则"(PCDS),Ic_1 的格位释放能力是弱特征,不能释放,所以就造成了空语类 PRO。

2. 兼语的假象

观察(21)可以发现,所谓的"兼语"只是一种假象,是空主语 PRO 与 NP_2 同指造成的表面现象。因为可视的线性结构中空成分是看不到的(但不代表它们不存在),所以通常通过语义解释("NP_2"既作了 VP_2 的宾语,又作了 VP_2 的主语)来主张结构中存在"兼语"。

3. 兼语句和连动句

参照第五章连动句的生成机制,会发现兼语句的生成机制与连动句的生成机制是一样的,也就是说在句法结构上,两种句式是一样的。这并不奇怪,因为在我们看来,兼语句与连动句本来就是共性大于个性。

首先,兼语句和连动句都是由两个或者两个以上动词(短语)构成的句法结构。其次,前后两个动词(短语)之间存在相承关系,而且时间上的先后顺序表现在线性结构上就是先发生的动作在序列上靠前,后发生的动作在序列上靠后;表现在句法结构上就是先发生的动作在结构上居于高位,后发生的动作在结构上居于低位。最后,两类句式都存在空语类 PRO;两类句式都遵守"格位释放序列原则"。

而两者的差异只有一点,那就是结构中前后项动词短语的主语是不是"相同"。学者们之所以把兼语句和连动句分开处理最常见的论述是,连动句的两个动作共享一个主语,也就是说,两个动词短语都可以连着句首

主语说；而兼语句前后两个动词的主语不相同。一言以蔽之，两者的差别就在于VP_2的主语是不是与VP_1的主语相同，相同就是连动句，不相同就是兼语句。

其实，这也只是一种表象，仔细分析会发现，决定兼语句结构和连动句结构中VP_2的主语是不是与VP_1的主语"相同"的关键原因就是PRO的同指对象，或者说关键的问题是PRO的"控制语"是谁：如果它的控制语是整个句子的主语，那么就是连动句；如果它的控制语不是整个句子的主语而是VP_1的宾语，那么就是兼语句。

如果撇开了哪个成分是PRO控制语的问题，就很容易理解把兼语句归入连动句的原因了。朱德熙（1982：162）等只是在结构主义框架下分析认为兼语句应该归入连动句，本节在形式主义框架内通过对两种句式的句法分析发现它们有着相同的句法结构，兼语句中的"兼语"只是一种表面现象，它们都是"连动句"。

三 取消"兼语"的理论优势

把兼语句归入连动句是句法分析得出的结论，这不仅是名称或者归类的改变，这种处理可以为句法研究提供更好的分析模式，也可以对以前研究中存在两难或者纠结不清的句法问题提供很好的说明。取消兼语句有以下四个理论优势。

（一）更好地解释兼语句、连动句两可的现象

现代汉语中存在这样一类句式：

（24）a 他拿刀切菜。
b 我们逮蝴蝶做标本。
c 他买苹果吃。

按照朱德熙（1982：162），例（24）都是连动句，即"他拿菜刀，他切菜／我们逮蝴蝶，我们做标本／他买苹果，他吃"。但是依据学界对兼语句的定义，例（24）还可以是兼语句，NP_2既可以作VP_1的宾语，又兼作VP_2的主语，即"他拿菜刀，菜刀切菜／我们逮蝴蝶，蝴蝶做标本／他买苹果，苹果吃（了）"，比如杨大然（2006）就把例（24）分析为兼语句。

按照以前的分类体系，我们就会在例（24）各句的归类上"仁者见仁，智者见智"，都很难说服对方。把兼语句归入连动句就避免归类上的两可。

(二) 更好地解释兼语连动兼用的现象

现代汉语中还有如下的结构：

(25) a 我陪他上街。
　　　b 我帮他干活。
　　　c 队长带着村民上山修路。
　　　d 我扶他下楼。

关注这类结构的特殊性比较早的是《语法讲话》（1953），该研究把这类句子看作"连动句"和"兼语句"之外的"复杂谓语"。此后，邢福义（1960）也有讨论，丁声树等（1961：121-122）指出，这类句子很难分辨是兼语句还是连动句。朱德熙（1982：163）认为这是"伴随、协助"义的连动句；崔应贤、盛永生（1990）称为"帮带型"的连动句；黄伯荣、廖序东（2007：91）认为这类句子是"兼语连谓兼用句"。

但是，如果把兼语句归入连动句就不存在以上的纠结，可以直接把例（25）各句处理为连动句，然后研究 VP_2 前空语类 PRO 的控制语问题就行了。这样处理不仅简化了兼语句和连动句之间分类带来的纠结问题，而且为实质问题（PRO 的控制语问题）的研究奠定了良好的基础。

(三) 更好地解释兼语连动混合的现象

连动句和兼语句的纠结还表现在如下句式：

(26) a 我去图书馆请他来。
　　　b 我叫他去教室看书。
　　　c 我命令你请小王来家里做客。

按照之前学界对于兼语句和连动句的分类，例（26）各句中不仅有连动结构，还有兼语结构，很难说它们到底算是兼语句还是连动句，通常叫作"兼语连动套用句式"（丁声树等，1961：121）。以例（26）c 简要说明，结构中"我命令你请"是兼语句，"你请小王来"（家里做客）是兼语句,"小王来家里做客"是连动。

依照我们的处理,例(26)各句都是连动句,它们的结构图就是层层套叠而已,因为它们有着共同的特征,句中存在不止一处PRO,它们的D-结构重写如下:

(26') a 我$_i$ 去图书馆 PRO$_i$请他$_j$ PRO$_j$来。
　　　b 我$_k$ 让他$_i$ PRO$_i$去教室 PRO$_i$看书。
　　　c 我$_k$ 命令你$_i$ PRO$_i$请小王$_j$ PRO$_j$来家里 PRO$_j$做客。

它们的结构图就是(27):

(27)

```
        IP₁
       /  \
     Spec  I'
          / \
         Ic  VP
             |
             V'
            / \
          VP₁  IP₂
              /  \
            Spec  I'
                 / \
                Ic₁ VP₂
                    |
                    V'
                   / \
                 VP₃  IP₃
                     /  \
                   Spec  I'
                        / \
                       Ic₂ VP₄
                           |
                           V'
                          / \
                        VP₅  IP₄
                            /  \
                          Spec  I'
                               / \
                              Ic₃ VP₆
```

我　去图书馆　PRO　请他　PRO　来。
我　叫他　　　PRO　去教室 PRO　看书。
我　命令你　　PRO　请他　PRO　来家里 PRO　做客。

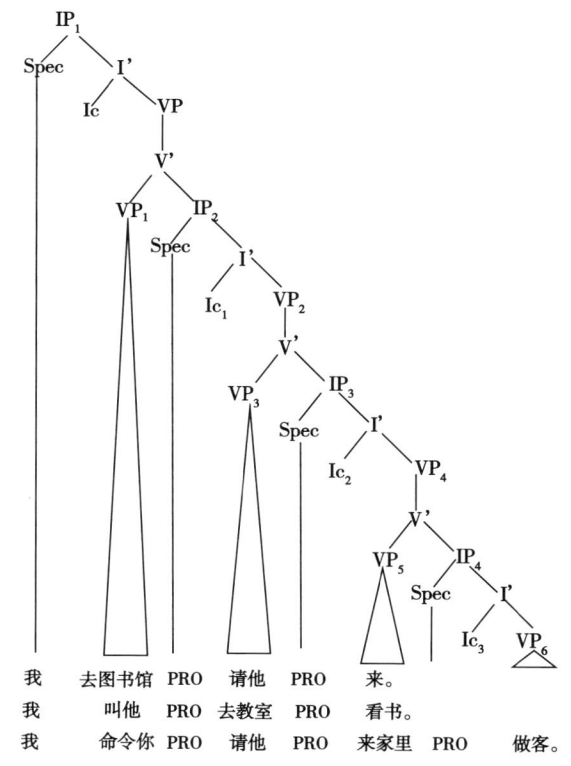

如上文所述,之所以存在 PRO,是因为在线性序列上,VP 前的句子中心 Ic 最靠前,其他的句子中心靠后,按照"格位释放序列原则(PCDS)",Ic 是强特征,可以释放格位("我"得到了主格),Ic$_1$、Ic$_2$、Ic$_3$的格位释放能力是弱特征都不能释放格位,所以就造成了它们左侧的

空语类 PRO。

（四）更好地解释兼语句中"兼语"省略现象

一般来说，兼语句中的兼语是不能省略的，否则也就无所谓兼语句了，而且研究表明兼语句 VP_1 是黏着性的，其后的宾语成分 NP_2 不能省略（石安石，1980；邢欣，1984）。但是，这是一般规律，兼语句中兼语省略的现象也存在。史震己（1983），邓谷全、柳菁（2016）研究了《左传》和楚简中的兼语省略现象；李文辉（1993）讨论了兼语句的常规结构和变体结构，变体结构中讨论了兼语省略现象；戚晓杰（1996）讨论了现代汉语兼语省略的三种情况，并指出了其条件限制；赵世芳（2011）研究了口语行政用语中的兼语句变体，其中涉及了"兼语"的省略。

邢欣的研究很值得关注。邢欣（2004：134）认为兼语句的兼语如果省略了，该结构就不是兼语句了，而成为动词宾语句了。比如：

（28）a 他们煽动工人罢工。
b 他们煽动罢工。

该研究分析，例（28）a 句是兼语句，b 句不是兼语句，致使动词"煽动"所带的宾语在语境中省略了，该成分可以在句法结构中补出来，但是，在句法分析中该句不再是兼语句，而是动词直接作宾语的句子，"但其中的受事价仍然存在于深层语义中"。

我们的认识与该研究的分析有同有异，相同的是，我们也认为例（28）a 和例（28）b 是不同的句法结构；不同的是，我们不认为例（28）b 是动词宾语句，"煽动"的宾语不是在语境中省略了，而是后项动词前存在一个 PRO。也就是说，我们认为例（28）b 是小句宾语句，PRO 充当"罢工"的施事论元，整个小句接受前项动词分派的受事题元角色。例（28）的 D-结构是：

（28'）a 他们煽动工人 PRO 罢工。
b 他们煽动 PRO 罢工。

再比如"禁止抽烟"，一般认为这是动词直接作宾语，但是在我们看来，该结构也是小句宾语句，即"禁止 PRO 抽烟"。邢欣（2004：138）

认为这类结构的 PRO 是表示全句主语之外的"任意指或泛指成分"。

我们对省略"兼语"的兼语句的认识就是：我们不认为兼语结构中的兼语成分是可以省略的，所谓的"兼语"省略结构都是与兼语句不同的句法结构，这是由具体词汇在词库中标注的。[+致使] 义的动词是强特征，其格位必须得到释放，"兼语"成分不能省略，在这一点上，英语和汉语是完全一样的。可以更进一步推断：语言中不存在动词作宾语的情况，所有动词作宾语的情况都是结构存在空成分（小句作宾语）造成的表面现象，只有这样才能符合题元准则。如此一来，动词的题元结构有以下可能：

(29) V: $[\text{NP}_{[+\text{THEME}]}]$
$[\text{NP}_{[+\text{AGENT}]}\ \text{NP}_{[+\text{THEME}]}]$
$[\text{NP}_{[+\text{AGENT}]}\ \text{NP}_{[+\text{THEME}]}\ \text{PP}_{[+\text{LOCATION}]}]$
$[\text{NP}_{[+\text{AGENT}]}\ \text{NP}_{[+\text{THEME}]}\ \text{NP}_{[+\text{THEME}]}]$
$[\text{NP}_{[+\text{AGENT}]}\ \text{NP}_{[+\text{THEME}]}\ \text{PP}_{[+\text{GOAL}]}]$
$[\text{NP}_{[+\text{AGENT}]}\ \text{IP}_{[+\text{PURPOSE/RESULT}]}]$
$[\text{NP}_{[+\text{AGENT}]}\ \text{NP}_{[+\text{THEME}]}\ \text{IP}_{[+\text{RESULT/CONTENT}]}]$

分别举例如下：

(30) The boat sank.
I hit him.
I put the book on the desk.
I gave you all my love.
I gave all my love to you.
I try [$_{IP}$ PRO to help you].
I consider [$_{IP}$ him an honest man].
I orderd him [$_{IP}$ PRO to leave here].

汉语也一样，所有的动词作宾语都是小句作宾语（详见第五章第三节）。比如：

(31) 我尽力 [$_{IP}$ PRO 帮助你]。
　　　我认为 [$_{IP}$ 他是一个诚实的人]。
　　　我命令他 [$_{IP}$ PRO 离开这里]。

有很多学者认为兼语句是汉语的特殊句式（宋玉柱，1978；赵元任，1979：71；邓福南，1980：90；杨因，1981；崔应贤、盛永生，1990），但是更多的研究表明，所谓的"兼语"是一个有名无实的术语而已（邢欣，2004：141），它的产生是语义解释替代句法分析的结果。

我们对一个句法结构的归类和定性不能仅仅依靠语义解释，更应该从其句法结构进行分析和解释，从而确定它的归属。同时应该站在人类语言的共性的角度，通过类型比较的方法分析该结构的地位，而不能单纯地以汉语看汉语，把一些按照常理无法说明的现象归为"特殊句式"。正如项开喜（2002）所指出的："特殊"二字往往人为地片面地夸大某一句法形式的特点，割断它与其他相关句法形式之间的联系，不能正确认识它在整个句法系统中的位置。

项开喜（2002），张孝荣、张庆文（2014）等众多学者分析了兼语句和连动句之间的差异，但是依据句法分析的原则，我们无法否认两者之间的诸多共同点。就名称的概括性而言，我们认为兼语句可以归入连动句。朱德熙（1982：162）就分析指出不能依照语义分析（NP_2与VP_2在语义上构成主谓关系）而把兼语句独立列为一类，它应该被包含在连动句之中。这种处理可以对一些比较特殊的结构作出合理的解释，比如"我给他倒杯茶喝"兼语成分有"他""茶"，"我给自己倒了一杯茶喝"中兼语成分是"茶"，但同时前后项动词还共享同一个主语"我"。如果认为兼语和连动分属不同的句式，那么这两个句子是什么结构？兼语连动融合式（既有兼语结构又有连动结构）？如果把直接把它们归为连动结构就简单多了①。

第四节　语言的差异与解释

如上文所述，长期以来，很多学者都把"兼语句"作为现代汉语的

---

① 当然这并不是说兼语句和连动句就没有区别了，这也是进一步研究的任务，即空成分什么时候与前项动词的施事同指，什么时候与前项动词的受事同指，什么时候与介宾结构的受事同指，把这些后续研究补齐了，解释就更清楚了。这是本章遗留的主要问题之一，有待以后深入研究。

特殊句式，我们想知道的是这种结构所表达的意义在其他的语言是怎么表达的，语言之间存在怎样的差异，以及该如何解释这些差异，我们以英语为例进行讨论。

一 不同语言中"兼语"表达的共性

张今、陈云清（1981：123）指出，现代汉语和英语中都存在两个短语交叉结合在一起的情况，而且两个短语还有部分的重叠，比如：

（32） a 人们叫他汤姆。
b 我看见他在树上。
c 我看见他正在走出去。
d 我劝他买了一本书。
e 我要求他给我一支钢笔。

英语的相应例子：

（33） a They call him Tom.
b I saw him in the tree.
c I saw him walking out.
d I persuaded him to buy a book.
e I ask him to give me a pen.

以上各例句都是由两部分组合在一起，并且都存在部分重叠，以例（32）d 和例（33）d 为例加以说明："我劝他买了一本书"就是由"我劝他"和"他买了一本书"两个语块构成，"他"是重叠部分；"I persuaded him to buy a book."是由"I persuaded him"和"him to buy a book"两个语块构成，"him"是重叠部分。其他的以此类推。张今、陈云清认为这些句子都可以分出"初系"和"次系"，所以都是"兼语句"[①]。

[①] 我们不认为英语中有兼语句，汉语的兼语句也是不存在的，只是为了叙述的方便仍使用该名称。

但是，该研究对于兼语句的界定不是很明确，比如例（32）a，我们通常认为这是双宾语句；例（32）b—e，这四句的结构也并不相同，在我们看来，例（32）b、c 与例（32）d、e 结构并不相同，前者是动词"看见"后接宾语和介词补语［(32) b］或者后接小句宾语［(32) c］，而例（33）d—e的结构是动词"劝/要求"后接宾语，再接小句补语（小句的主语空位，是PRO）。英语以上例句也一样，需要特别指出的是，一般认为例（33）c是主语+动词+宾语+宾语补足语，而"him"获得的是宾格①。例句中的d、e才是跟本章相关的兼语句。

该研究还分析了英汉兼语句的本质差别，即英语"兼语句"的后项动词（该文献称为"复合宾语"；见张今、陈云清，1981：130）本身并不能构成独立的句子，而汉语的句子本身就可以构成独立的句子。在我们看来，这个论断并不严密：英语是形态化相对丰富的语言，所以能够明显地看得出来"兼语句"的后项动词是非谓语形式；而汉语没有形态变化，所以表面上看不出来兼语句中动词后项与该动词结构在独立使用上的区别。但是表面上看不出并不代表它们没有区别，所以石毓智（2001）、邢欣（2004：99）等都认为相比于单独作谓语的结构，兼语句的后项动词使用上存在着限制。

饶萍（2004）研究英汉语中PRO的照应特征时谈到了两种语言中的"兼语句"的表达，比如，汉语的兼语句"我命令你［PRO 早点走］"，翻译为英语就是"John forced Mary [PRO to go early]"，该研究认为英汉语中PRO的照应性存在着差异。周志培（2003：33）指出英语中没有"兼语"这种语言成分，但是可以采用综合型和分析型两种手段来表达汉语意义上的兼语式，指出现代汉语的兼语句翻译为英语不存在单一的模式，比如：

（34）a 这则新闻使他很惊奇。—— The news made him amazed.
　　　　　　　　　　　　　　　　The news amazed him.
　　　b 我命令他延迟调查。—— I ordered him to hold up investigation.

---

① 我们认为该句与汉语一样，也是动词"see"后接小句宾语，只是因为小句没有时体特征，所以无法授予第三人称主格，该最大投射不构成管辖障碍，而由动词授予宾格，是属于例外授格（Exceptional Case Marking, ECM）的情况。因为与本章讨论的核心问题无关，此不赘述。

  c 我请你喝一杯。—— I invited you to have some drink.

  周志培（2003：326）还指出英汉"兼语句"的很多区别，比如：汉语的兼语句有综合型和分析型两种。综合型中包括两类词：第一类是具有使役意义的单纯动词，如恼火—使恼火，吓唬—使害怕，刺激—使生气/兴奋/感动，烦—使厌烦，连累—使牵连，逗—使高兴，缠—使摆脱不了干系，取悦—使高兴，等等。比如：

  （35）我连累了你——我使你受牵连。

  例（35）中破折号后是兼语句，该研究称为分析型兼语句；破折号前是通常所说的主谓宾结构，但是鉴于它与兼语句的转换关系，该研究称为综合型兼语句。第二类词就是现代汉语从外语（主要是英语）吸收进来的具有使役意义的后缀，比如"-ize""-fy"被翻译为"化"，"绿化—使……变绿"。

  英语的综合型特别是加缀法（比如"-ize/-fy"）比汉语要发达很多，但是汉语的分析型比英语要灵活很多；此外，英语很容易分得清是小句作宾语结构还是"兼语句"，但是现代汉语两类句型一直存在界限不清的情况，比如：

  （36）a They ordered her to give up the plan.
      b They ordered that she (should) give up the plan.

  这两句话翻译为汉语就是"他们命令她放弃计划"，分不出来区别，但是在英语中例（36）a是"主语+动词+宾语+补足语"结构，与汉语的兼语框架一样，而例（36）b很明显就是"主语+动词+宾语从句"结构。

  我们认为即便现代汉语与英语在"兼语"表达方面存在诸多不同[①]，

---

  ① 不同语言间同一意义的对应表达形式很值得研究，本节不拟对现代汉语兼语句在英语中的对应表达方式进行全面的考察，只是对其中比较有代表性的，尤其两种语言中有共同之处的结构进行分析。

但是两者之间依然存在一些相同点,我们把例(34)b复写如下并加以说明:

(37) a 我命令他延迟调查。
　　　b I ordered him to hold up investigation.

首先,"兼语句"中的 NP_2 跟 VP_1 的关系密切,英语看得很明显, NP_2 获得的是 VP_1 授予的宾格,现代汉语存在主宾格区别的方言中 NP_2 也是宾格(胡明扬,1987;尹龙,1985),李临定(1986:158-159)、邢欣(2004:10)等通过句法手段证明 NP_2 只能是 VP_1 的宾语(见本章第二节)。

其次,英汉语的"兼语句"中 VP_2 前都存在空语类 PRO。例(37)a 的结构形式是"我命令他 PRO 故意延迟";例(37)b 的结构形式是"I ordered him PRO to hold up investigation"。

最后,"兼语句"中 PRO 往往与 NP_2 同指,也就是说 NP_2 作 PRO 的控制语,该结构是宾语控制结构。此外,有很多学者指出英汉语中"兼语句"存在 PRO(邢欣,2004;饶萍,2004),但是为何该结构中会存在 PRO,也都需要作出进一步的解释。

二　统一的解释:中心语的强弱特征与句法实现

我们认为,英汉两种语言的"兼语句"之所以有以上共同特点,依然是由扩充的格位过滤器(GCF)和格位释放序列原则(PCDS)共同作用的结果。下文依据两条原则对英汉"兼语句"的共性予以解释。

首先,之所以英汉兼语句中 NP_2 跟 VP_1 的关系密切并且被后者授予宾格,是因为按照扩充的格位理论,必选型的格位释放者必须释放自己的格位。石安石(1980)指出"兼语领头的动词必是黏着式"。在英语和汉语兼语结构中,[+致使]义动词(邢欣,2004:64)是必选型格位指派者,它必须把自己的格位释放出去,否则句子不合法。

其次,之所以小句的主语是空位 PRO,这是依据题元准则推导的结果,之所以它会存在是因为依据格位释放序列原则,线性序列上靠后的中心语是弱特征,不释放格位。以例(37)为例,结构中作为补语的小句"中心语"因为位于句子的"中心语"之后,后者是第一个中心,是强特征，所以它释放格位给句子的主语"我"；补语小句的中心语是弱特征，不释放格位。因此（37）的句法结构为图（38）：

（38）

```
              IP₁
             /  \
          Spec   I'
           |    /  \
           我  Ic/e  VP
               I    |
               ↑    V'
            强特征  /  \
            释放主格 VP₁  IP₂
                   |   /  \
                  △  Spec  I'
                命令他  |   /  \
              ordered PRO Ic₁/e₁ VP₂
                him    ↑  to    |
                      弱特征      △
                    不释放格位   延迟调查。
                              hold up investigation.
```

例（37）a 和例（37）b 的主语得到的主格格位都是由序列靠前的强特征中心语"Ic/Ie"赋予的，序列靠后的弱特征"Ic_1/Ie_1"都不能释放格位。同时，对比两者会发现，同作为弱特征，汉语和英语的差别在于，汉语的弱特征是没有词汇形式的，而英语有词汇表现形式"to"。而例（37）b 中句子的第二个中心语"to"因为本身就有 [-Tense] 特征，所以不能释放格位。这恰恰说明，语言中序列靠后的句子中心无论有没有词汇形式，它都是弱特征不能释放格位，从而造成了"PRO"的存在。

第五节 小结

本章回顾了现代汉语兼语句的研究历程，讨论了兼语句的研究现状，对该句式存在的各种争议，比如名称问题、范围问题、存废之争、NP_2 与 VP_1 和 VP_2 的关系，以及它们的句法地位等问题进行逐一回顾；同时梳理各学派（结构主义语言学、功能主义语言学、形式主义语言学）对于兼语句的解释，认为有几个问题需要进一步解决：（一）"兼语"是语义解释代替句法解释的结果,如何解释兼语成分存在的原因;(二)"兼语句"独立成类的理据是不是充分;(三)语言间的共性和差异该如何解释。

在评述前贤研究的基础上,本章从形式、语义以及功能三个方面界定了兼语句:由两个或者两个以上表示相承动作关系的连续动词结构,而且结构中有"兼语"成分的句子;在结构上,前一个动词结构具有[+致使]意义,后一个动词结构补充说明前者造成的结果。同时,还分析了兼语句与小句宾语句、双宾语句和"是"字句和"有"字句等的区别,指出了现代汉语兼语句的特点:存在空成分PRO,并通过题元准则和歧义分析等证明了PRO的存在。

本章认为所谓的"兼语"只是一种假象,是结构中的空成分与其他结构成分同指造成的表面现象,兼语句的内部差异不足以对它们分类处理。本章研究了兼语句的生成机制,认为兼语句不是现代汉语的特殊句式,赞同把该句式并入连动句的主张;这样处理有四个方面的理论优势:(一)更好地解释兼语句、连动句两可的现象;(二)更好地解释兼语、连动兼用的现象句式;(三)更好地解释兼语、连动融合的现象;(四)更好地解释兼语句中"兼语"省略现象。本章认为语言中不存在兼语省略现象,也不存在动词宾语句,所有的动词宾语句和兼语"省略"结构在本质上都是包含空位主语(PRO)的小句宾语句。

最后,对比了英汉两种语言的"兼语句"存在的异同并作出解释,即它们都是由扩充的格位过滤器(GCF)和格位释放序列原则(PCDS)共同作用的结果。汉语和英语的共性在于它们遵循格位释放序列原则,即序列上靠前的中心语是强特征,可以释放格位;语言中序列靠后的中心语无论有没有词汇形式,它都是弱特征,不能释放格位。两种语言的差别在于,汉语的弱特征是没有词汇形式的,而英语有词汇表现形式,比如没有时体特征的小品词"to"等。

第七章

结论及相关思考

第一节 结 论

自从生成语法理论引入汉语研究以来,学者们运用该理论取得了丰硕的成果。格位理论作为模组化了的生成语法理论体系中多个模块之一,也是理论概括最为成熟、研究成果也最为丰富的模块之一,得到了学界的较为普遍的关注,但是该理论在现代汉语语法研究中并没有得到广泛的应用,一个重要原因就是学界往往只熟悉经典的格位理论(Case Fliter)(Chomsky,1981 等),而对该理论的发展——扩充的格位过滤器(The Generalized Case Filter)(Xu,1993、2003)关注不够。

李亚非(2014)指出连动式让普遍语法不知所措,不得不启动权宜手段,"连动句把象似性放到造句层面来表达,既把这个功能性的语言现象强行纳入普遍语法的管辖范围,也正好触及普遍语法的薄弱之处"。

这些"薄弱之处"恰恰是深化理论最佳的切入点,而本书正是以格位理论为基础,针对这些"薄弱之处"对现代汉语的特殊结构(保留宾语句、"体词谓语句"、连动句、兼语句)进行探索,以期解决之前研究中的疑难问题,为句法理论的发展做出可能的贡献。作为格位理论的重要发展,扩充的格位理论可以很好地帮助我们思考和解释现代汉语中的这些特殊句式。

本书的结论是:现代汉语中的这四类特殊句式表面上是违背了人类语言共同遵循的某些语法原则,比如题元准则、格位过滤器等,但实际上它们是具体原则,比如扩充的格位理论以及格位释放序列原则,与其他语法原则协同作用的结果;这些"特殊"句式在更深层次上恰恰证明了语法原则的普遍性,它们与其他语言中的相关现象的异同都可以在原则与参数

理论框架下得到统一、合理的解释。具体结论如下:

1. "王冕死/被杀了父亲"(保留宾语句)和"王冕的父亲死/被杀了"是同义结构,但是两者有着不同的 D-结构,即"死/被杀了王冕父亲""死/被杀了王冕的父亲"。后者是整个名词短语"王冕的父亲"受"格驱动"移位至句首得到句子中心语指派的主格后直接生成;前者的生成经由中间结构"王冕父亲死了"转换生成,具体来说有三步:第一步,"王冕"受"话题化"操作前移至句首;第二步,"父亲"受"格驱动"移位至 VP 前,生成"王冕父亲死/被杀了"(即中间过渡结构),该结构是主谓套叠结构,"王冕"和"父亲"得到了不同层级的句子中心授予的主格;第三步,"父亲"由于语用驱动(凸显句首名词成分)"漂移"至句末位置,最终生成"王冕死/被杀了父亲"。本书较好地解决了之前研究中存在的诸多问题,比如"的"字的隐现、保留宾语和句首名词的格位、两个名词成分之间领属关系的确定、英汉的差异等。

2. 学界普遍把"形名结构作谓语"("张三小眼睛")的句子归入体词谓语句,该定性是把显性的线性序列等同于隐性的句法结构,这不仅不能解释它与主谓谓语句("张三眼睛小")之间的转换关系,也不能解释该结构中句末名词性成分"眼睛"的格位指派问题,更不能解释该定性带来的诸多矛盾。本书认为现代汉语中形名结构作谓语的"体词谓语句"是把表层线性序列上的临近关系等同于句子深层的结构关系所造成的假象。本书从修饰语与中心语的地位不平衡、短语层面与句子层面的不同、语音重音的不同等三个方面证明,现代汉语中形名结构作谓语的结构("张三小眼睛")是以形容词为中心的结构而不是体词谓语句。这一论断不仅很好地解释了该结构与主谓谓语句的相关性,也可以很好地化解之前研究中存在的勉强和悖论。

3. 基于"非宾格假设"(Perlmutter,1978)并根据辛葵(Cinque,1990)等对非宾格形容词的研究,本书认为"非宾格谓词"(Unaccusative Predicate)可以统一解释"体词谓语句"("张三小眼睛")与保留宾语句("王冕死了父亲")的生成方式。本书认为,同为非宾格句法现象,两类句式共有一系列句法特征:谓词前后名词性成分的语义关系类似,句末名词性成分自由度高,句末名词性成分前的谓词都没有赋格能力但是句子合法,两类结构的同义结构相类似。这两类结构之间的共有特征并非偶然:两种结构的 D-结构一样,也都经历了相同的推导过程,即领有名性成分受话题化驱动移位至句首；隶属名词性成分受格位驱动移位至谓词前，两个名词性成分分别得到了不同层次句子中心指派的主格格位；隶属名词受语用因素的影响（使得句首成分得到凸显），携带主格漂移至句末生成"张三小眼睛/王冕死了父亲"。这种分析模式可以很好地解释两类结构的系列共有特征。

4. 重新界定"连动"，提出只有前后动作有相承关系的连续动词结构（Serial Verb Constructions）才是"连动"；在扩充的格位理论的基础上，本书结合语言事实提出"格位释放序列原则"（The Principle of Case Discharging Sequence, PCDS）对汉语的连动句作统一处理，详细分析了汉语连动句的句法结构并以此解释了现代汉语以及其他语言中连动结构得以存在的原因，即"连动"只是一种表面现象，表面上看起来是"连动"的句子是动词之间存在着没有语音形式却有着句法作用的空语类（PRO）造成的假象。跨语言的例子说明，连动句并不是汉语的特殊句式。格位释放序列原则不仅可以解释连动结构中主语共享（subject sharing）现象，还可以解释该结构宾语共享（object sharing）现象。本书比较详尽地分析了不同语言中连动句的共性和个性，结合相关原则对这些异同进行了合理的分析和解释：汉语与其他语言的共性在于它们都遵循格位释放序列原则，即序列靠前的中心语可以释放格位，类型相同序列靠后的中心语不释放格位；其差别在于有些语言序列靠后的中心语所表现出来的弱特征有形态标记，比如英语的不定式标记"to"和动名词标记"-ing"等，而另一些语言没有类似的形态标记，比如汉语。

5. "兼语"只是一种假象，是结构中的空成分与其他名词性成分同指造成的表面现象。本书在分析统一处理兼语句的合理性的基础上，研究了兼语句的生成机制，通过句法分析，认为兼语句不是现代汉语的特殊句式，赞同把该句式并入连动句。同时指出这样处理有四个方面的理论优势：（1）更好地解释兼语句、连动句两可的现象；（2）更好地解释兼语连动兼用现象；（3）更好地解释兼语连动混合现象；（4）更好地解释兼语句中"兼语"省略现象。本书认为语言中不存在兼语省略现象，也不存在动词宾语句，它们都是小句主语空位的小句宾语句。

6. 英汉两种语言的"连动句""兼语句"存在的异同是由扩充的格位过滤器（GCF）和格位释放序列原则（PCDS）与其他句法原则共同作用的结果。汉语和英语共性在于它们都遵循格位释放序列原则，即序列上靠前的中心语是强特征，可以释放格位；语言中序列靠后的句子中心无论有没有词汇形式，它都是弱特征，不能释放格位。两种语言的差别在于，汉语的弱特征是没有词汇形式的，而英语有词汇表现形式，比如没有时体特征的小品词"to"。通过对连动句（含兼语句）的分析，认为汉语中存在限定动词和非限定动词的区分。

如果说经典的格位理论还可以解释保留宾语句以及体词谓语句（因为这两种句式只牵涉显性名词性成分的赋格，即只涉及格位的接受者不牵涉格位的释放者），那么它对连动句和兼语句就无能为力，因为这两种结构不仅涉及格位的接受者，更涉及了格位的释放者。扩充的格位理论涉及的必选型格位释放者和可选型格位释放者恰恰是中心语强弱特征的体现。据此而来的"格位释放序列原则"正是对中心语强弱特征的具化。更为重要的是，扩充的格位过滤器包含了经典格位过滤器的内容，所以其解释力无论从广度还是深度上都得到了提升，充分体现了格位理论这一新发展的重大意义。

最后需要特别说明的是，索绪尔（1999：107）指出，语言符号线条性原则的重要性不亚于语言符号任意性，线条性是"显而易见的，但是似乎常为人所忽略，无疑是因为大家觉得太简单了。然而这是一个基本原则，它的后果是数之不尽的"。学界对语言符号任意性进行了丰富的研究，然而对前者关注不多，就连《普通语言学教程》对语言线条性的论述只有半页而已，这与索绪尔所认为的重要性是不相称的。本书恰恰说明，语言符号的线条性决定了句法成分之间地位的不平等，即各成分在线性序列上一定有前有后，有重有轻，而格位释放序列原则正是语言线条性在句法上的直观反映，现代汉语中的连动句、兼语句以及其他语言中的相关结构恰恰是该原则的完美体现。

第二节　相关思考

本书还有一些遗留问题没有解决，比如，本书对保留宾语句和形名结构作谓语类"体词谓语句"作了统一处理，认为两种结构的生成都存在"漂移"（scrambling），而其他语言（比如日语等）中也存在漂移现象，本书没有解释汉语与其他语言"漂移"的共性和差异的原因；连续动词结构（Serial Verb Constructions）是一个大类，本书主要考察了汉语中的连动句和兼语句，其他的连续动词结构，比如部分动补结构（他气得吃不下饭），该如何处理？还有我们从定义上把"他躺着睡觉"的第一种意思（"躺着"表示"睡觉"的方式）和"他躺着不动"（"躺着"和"不动"相互说明）以及并列结构等排除在连动句之外而没有予以解释，其实这些结构也遵循格位释放序列原则，它们的生成机制是怎样的？本书也没有涉及。

本研究论证了兼语句应该并入连动句，认为这两种句式中都存在的PRO，该空成分有时与全句的主语 NP$_1$ 同指（构成"连动句"），有时与 VP$_2$ 的宾语 NP$_2$ 同指（构成"兼语句"），有时与 NP$_1$ 和 NP$_2$ 同时同指（构成连动兼语混合现象）。但是什么时候 PRO 与 NP$_1$ 同指，什么时候与 NP$_2$ 同指，什么时候与两者同时同指，即 PRO 与其控制语的同指规律性是怎样的？兼语句中的前项动词具有［+致使］特征（邢欣，2004：64），但是连动句中动词的特征如何，本书没有进一步的说明。还有共享宾语类连动结构（"我买书看 e"）中空宾语的性质到底是什么？英语中的动词不定式标记"to"和动名词标记"-ing"是中心语弱特征的显性显示，但是两者在语义上存在差别，其差别的原因是什么？这些问题都有待于以后进一步研究。

理论有"新""旧"，有了"新"理论并不是说"旧"理论就没有价值了，关键是有没有把"旧"理论的解释力发挥到极致。形式语法学界现在的很多研究都在最简方案的特征核查或者语段理论以及制图理论下展开，学者们对语言事实进行了丰富的探索和深入的挖掘，也对有关现象进行重新解释，但是这并不意味着"旧"理论就没有价值了。

观点或理论没有对错，但解释力有强弱。任何一个研究，研究者所看到的都是现象众多侧面的一个或几个，所以很难说某研究的结论就是错的；任何一种理论都是基于一定的语言事实，我们也很难说某理论是错的。这也就是为什么学界多重理论并存、众多语言学家主张百家争鸣的原因。但是面对同一现象，解释力是有强弱的，有的观点或者理论能解释一些现象，而有的观点或者理论不仅可以解释这些现象还可以解释另外一些现象。那么相比较而言，后一种观点或理论就更值得重视；同样，针对同一个问题的解释，如果"新""旧"理论都可以解释，重要的是哪种解释更简洁，更有说服力。

普遍语法理论关注的是表面芜杂的语言现象，尤其关注这些芜杂语言现象背后存在的跨越句法结构，跨越具体语言的普遍规律。普遍语法理论研究的是剥离了语用、百科知识等语言外部的东西，而留下的是核心运算系统。通过对核心运算系统的模拟，生成合法的句子，排除非法的句子。至于句子的多种变体等问题就交给语用等去解释，因为句法规则没有例外。句法的核心运算系统必须高度概括而简洁，只有这样才符合人类使用语言的普遍规律，才能缓解并最终解决自然语言的复杂性和儿童语言习得的容易性之间的巨大矛盾（徐杰，2001：9）。

尤其要说明的是，普遍语法理论和其他语法理论并不是排斥的，而是互补的。任何事物都是有内、外两个方面，只从某一个侧面来认识事物很难做到全面，只有把内、外两方面的观察和研究结合起来才能全面认识该事物。

语言也不例外，索绪尔的《普通语言学教程》中把语言学分为内部语言学和外部语言学，按照这个分类，可以把相应的理论称为内部语言学理论和外部语言学理论。如此，我们大致可以把生成语言学理论看作内部语言学理论，把功能主义语言学理论（含认知语言学理论等）看作外部语言学理论。前者执着于排除了语用、百科知识等剩余的语言核心运算系统的研究，后者执着于对语言现象从语言的外部（社会、语用、心理等）进行研究。我们不能只强调前者（只注重语言内部的研究），也不能只强调后者（只注重语言外部的研究），只有把两者结合起来，才能对语言有全面的研究和认识。

虽然说各语言学派的理念并不一致，甚至针锋相对，但是没关系，这并不影响我们对彼此成果的吸收和借鉴，因为各学派有着共同的目标，所有学者的努力都是为了加深对语言的研究和认识。这是很难否认得了的，也是回避不了的。我们相信，建立在各种语言理论互补基础之上的语言学才能、也必然把语言研究引向深入！

参考文献

安丰存：《题元角色理论与领有名词提升移位》，《解放军外国语学院学报》2007年第3期。

白俊耀：《形名结构》，《河北师范大学学报》（哲学社会科学版）1982年第3期。

北京大学中文系现代汉语教研室编：《现代汉语（重排本）》，商务印书馆2006年版。

北京大学中文系现代汉语教研室编：《现代汉语（增订本）》，商务印书馆2012年版。

崔应贤、盛永生：《简论"兼语式"的范围》，《河南师范大学学报》1990年第3期。

陈建民：《现代汉语句型论》，语文出版社1986年版。

陈满华：《体词谓语句研究》，中国文联出版社2008年版。

陈香玲：《汉语兼语式的语义重合与话语功能的认知语法研究》，科学出版社2015年版。

陈宗利、肖德法：《"领主属宾语"的生成句法分析》，《外语与外语教学》2007年第8期。

程工：《语言共性论》，上海外语教育出版社1999年版。

程杰：《论分离式领有名词与隶属名词之间的句法和语义关系》，《现代外语》2007年第1期。

成镇权：《再谈"兼语式"》，《语言教学与研究》2007年第6期。

戴浩一：《时间顺序和汉语的语序》，黄河译，《国外语言学》1988年第1期。

［英］戴维·克里斯特尔：《现代语言学词典》（第四版），沈家煊译，商务印书馆1999年版。

参考文献

邓福南：《汉语语法专题十讲》，湖南人民出版社1980年版。

邓谷泉、柳菁：《楚简"学者日益，为道者日损"解析》，《首都师范大学学报》（社会科学版）2016年第4期。

邓思颖：《作格化和汉语被动句》，《中国语文》2004年第4期。

邓思颖：《汉语被动句句法分析的重新思考》，《当代语言学》2008年第4期。

邓思颖：《形式汉语句法学》，上海教育出版社2010年版。

刁世兰：《题元准则与现代汉语的几种"特殊"句法结构》，《合肥学院学报》2009年第6期。

丁声树等：《现代汉语语法讲话》，商务印书馆1961年版。

董秀英：《上古汉语叙事语篇中由话题控制的省略模式研究》，《中国语文》2015年第4期。

杜焕君：《〈战国策〉兼语句研究》，硕士学位论文，暨南大学，2003年。

范继淹：《形名组合间"的"字的语法作用》，《中国语文》1958年5月号，又见《范继淹语言学论文集》，语文出版社1986年版。

范继淹：《无定NP主语句》，《中国语文》1985年第5期。

范晓：《三个平面语法观》，北京语言文化大学出版社1996年版。

[美] 菲尔墨：《"格"辨》，胡明扬译，商务印书馆2002年版。

冯凭：《关于名词单独充当谓语的问题》，《锦州师范学院学报》（哲学社会科学版）1980年第3期。

冯志伟：《现代语言学流派》，陕西人民出版社1999年版。

符达维：《从句子的内部结构看所谓"兼语式"》，《辽宁大学学报》1980年第4期。

高增霞：《现代汉语连动式的语法化视角》，中国档案出版社2006年版。

郭继懋：《领主属宾句》，《中国语文》1990年第1期。

郭锡良：《中国语言学现代化的一代宗师——王力先生》，《北京大学学报》（哲学社会科学版）2011年第1期。

韩景泉：《领有名词提升移位与格位理论》，《现代外语》2000年第3期。

韩景泉：《汉语非宾格动词的论元结构及其句法推导》，《外语教学与研究》2019 年第 1 期。

韩景泉、潘海华：《汉语保留宾语结构句法生成的最简分析》，《语言教学与研究》2016 年第 3 期。

郝思瑾：《名词谓语句形式研究》，《徐州教育学院学报》2007 年第 3 期。

何元建：《生成语言学背景下的汉语语法及翻译研究》，北京大学出版社 2007 年版。

洪淼：《现代汉语连动结构研究》，博士学位论文，南京师范大学，2004 年。

洪心衡：《汉语语法问题研究（续编）》，福建人民出版社 1963 年版。

胡附、文炼：《现代汉语语法探索》，东方出版社 1955 年版。

胡波、文卫平：《A+I 结构主动词后名词短语的句法分析》，《现代外语》2007 年第 1 期。

胡建华：《英、汉语空语类的分类、分布与所指比较研究》，《外国语》1997 年第 5 期。

胡建华：《现代汉语不及物动词的论元和宾语——从抽象动词"有"到句法——信息结构接口》，《中国语文》2008 年第 5 期。

胡明扬：《海盐通园方言的代词》，《中国语文》1957 年第 6 期。

胡明扬：《海盐方言的人称代词》，《语言研究》1987 年第 1 期。

胡明扬：《现代汉语词类问题考察》，见胡明扬主编《词类问题考察》，北京语言文化大学出版社 1996 年版。

胡素华：《彝语诺苏话的连动结构》，《民族语文》2010 年第 2 期。

胡裕树主编：《现代汉语》，上海教育出版社 1995 年版。

黄伯荣主编：《现代汉语教程（全一册）》，青岛出版社 1991 年版。

黄伯荣、廖序东主编：《现代汉语》（增订四版），高等教育出版社 2007 年版。

黄衍：《汉语的空范畴》，《中国语文》1992 年第 5 期。

黄正德：《汉语生成语法——汉语中的逻辑关系及语法理论》，宁春岩、侯方、张达三译，黑龙江大学科研处，1983 年。

黄正德：《汉语动词的题元结构与其句法表现》，《语言科学》2007 年第 4 期。

江天：《现代汉语语法通释》，辽宁人民出版社 1980 年版。

金奉民:《助词"着"的基本语法意义》,《汉语学习》1991年第4期。

黎锦熙:《新著国语文法》,商务印书馆1924年版。

黎锦熙:《新著国语文法》,湖南教育出版社2007年版。

李春风:《邦朵拉祜语参考语法》,博士学位论文,中央民族大学,2012年。

李红容:《现代汉语连谓式专题研究——兼论连谓式在越南语中的对应表达与教学》,博士学位论文,上海师范大学,2016年。

李可胜:《连动式的时间模式和有界性的时体语义贡献》,《语言教学与研究》2015年第2期。

李临定、范文莲:《语法研究应该依据意义和形式结合的原则》,《中国语文》1961年第5期。

李临定:《双宾句类型分析》,见《语法研究与探索》(2),北京大学出版社1984年版。

李临定:《现代汉语句型》,商务印书馆1986年版。

李绍群:《现代汉语"名$_1$+(的)+名$_2$"定中结构研究》,博士学位论文,福建师范大学,2005年。

李文辉:《试谈兼语词组的结构类型》,《求是学刊》1993年第2期。

李香玲:《汉语兼语式的语义重合与话语功能的认知语法研究》,科学出版社2015年版。

李亚非:《论连动式中的语序—时序对应》,《语言科学》2007年第6期。

李亚非:《形式句法、相似性理论与汉语研究》,《中国语文》2014年第6期。

李诗景:《论汉语连动式在跨从句语法化中的特殊地位》,《长春师范学院学报》(人文社会科学版)2013年第4期。

李泽然:《哈尼语的连动结构》,《民族语文》2013年第3期。

刘道英:《汉语几种同行异构句式中的空语类》,《郑州大学学报》(哲学社会科学版)2000年第1期。

刘丹青:《汉语及亲邻语言连动式的句法地位和显赫度》,《民族研究》2015年第3期。

刘丹青:《语法调查研究手册》,上海教育出版社2008年版。

刘丹青：《汉语动补式和连动式的库藏裂变》，《语言教学与研究》2017年第2期。

刘辉：《汉语"同宾结构"的句法地位》，《中国语文》2009年第3期。

刘复：《中国文法通论》，上海书店1920/1939年版。

刘顺：《现代汉语名词的多视角研究》，学林出版社2003年版。

刘永耕：《使令度和使令类动词的再分类》，《语文研究》2000年第2期。

刘英：《现代汉语同动式连谓结构研究》，硕士学位论文，上海师范大学，2007年。

刘月华、潘文娱、胡韡：《实用现代汉语语法》，外语教学与研究出版社1983年版。

[苏联] 龙果夫：《现代汉语语法研究》，郑祖庆译，科学出版社1958年版。

鲁方昕：《英语属格的演变——两种去屈折化》，《现代语言学》(Modern Linguistics) 2014年第4期。

陆俭明：《关于"去 VP"和"VP 去"句式》，《语言教学与研究》1985年第4期。

陆俭明：《对外汉语教学是汉语本体研究的试金石》，见张德鑫、靳光谨编《对外汉语教学回眸与思考》，外语教学与研究出版社2000年版。

陆俭明：《再谈"吃了他三个苹果"一类结构的性质》，《中国语文》2002a年第4期。

陆俭明：《关于递系式》，见纪念王力先生百年诞辰学术论文集编辑委员会《纪念王力先生百年诞辰学术论文集》，商务印书馆2002b年版。

陆俭明：《现代汉语语法研究教程》（第三版），北京大学出版社2005年版。

陆俭明、沈阳：《汉语和汉语研究十五讲》，北京大学出版社2003年版。

吕冀平：《汉语语法基础》，商务印书馆2000年版。

吕叔湘：《"把"字用法的研究》，《中国文化研究汇刊》第8卷，1948年（又见《汉语语法论文集》（增订本），商务印书馆1999年版）。

吕叔湘：《语法学习》，中国青年出版社1953年版。

吕叔湘：《中国文法要略》，商务印书馆 1956 年版（又见《吕叔湘全集》卷一，辽宁教育出版社 2002 年版）。

吕叔湘：《汉语语法分析问题》，商务印书馆 1979 年版。

吕叔湘：《汉语语法论文集》，商务印书馆 1984 年版。

吕叔湘：《句型和动词学术研讨会开幕词（代序）》，见《句型和动词》，中国社会科学院语言研究所，语文出版社 1987a 年版。

吕叔湘：《说"胜"和"败"》，《中国语文》1987b 年第 1 期（又见《吕叔湘全集》卷三，辽宁教育出版社 2002 年版）。

吕叔湘主编：《现代汉语八百词（增订本）》，商务印书馆 1999 年版。

吕叔湘、王海棻：《〈马氏文通〉读本》，上海教育出版社 1986 年版（又见《吕叔湘全集》卷十，辽宁教育出版社 2002 年版）。

吕叔湘、朱德熙：《语法修辞讲话》，开明书店 1952 年版。

马建忠：《马氏文通》，商务印书馆 1998 年版。

马庆株：《汉语动词和动词结构》，北京语言学院出版社 1992 年版。

马志刚：《局域成分统制结构与领有名词提升》，《暨南大学华文学院学报》2008 年第 2 期。

马志刚：《局域非对称性统制、移位特征和汉语保留宾语的再分析——就句末焦点说与潘海华、韩景泉 2008 商榷》，《北京第二外国语学院学报》2013 年第 2 期。

南潮、韩景泉：《名词的格与移动研究》，《外语与外语教学》2010 年第 6 期。

牛保义：《兼语 N_2 的衔接功能的认知语法研究》，《外语学刊》2013 年第 2 期。

潘海华：《词汇映像理论在汉语句法研究中的应用》，《现代外语》1997 年第 4 期。

潘海华、韩景泉：《显性非宾格动词结构的句法研究》，《语言研究》2005 年第 3 期。

潘海华、韩景泉：《汉语保留宾语结构的句法生成机制》，《中国语文》2008 年第 6 期。

彭国珍：《宾语共享类连动式的句法地位》，见《语言学论丛》2010 年第 42 辑。

彭国珍、杨晓东、赵逸亚：《国内外连动结构研究综述》，《当代语言学》2013年第3期。

戚晓杰：《谈兼语的省略及其条件限制》，《世界汉语教学》1996年第2期。

阮绪和：《形名偏正结构的语法功能》，《九江师专学报》（哲学社会科学版）2004年第1期。

饶萍：《空语类PRO在英、汉语中的照应特征》，《天津外国语学院学报》2004年第2期。

邵敬敏主编：《现代汉语通论》（第二版），上海教育出版社2012年版。

沈家煊：《"王冕死了父亲"的生成方式——兼说汉语"糅合"造句》，《中国语文》2006年第4期。

沈阳：《现代汉语空语类研究》，山东教育出版社1994年版。

沈阳：《名词短语分裂移位与非直接论元句首成分》，《语言研究》2001年第3期。

史存直：《论递系式和兼语式》，《中国语文》1954年第3期。

史震己：《关于〈左传〉的兼语省略》，《内蒙古大学学报》（哲学社会科学版）1983年第4期。

史振晔：《谈"连动式"》，《中国语文》1960年第1期。

石安石：《汉语词类划分问题的再探讨》，见《语言研究论丛》，南开大学中文系语言教研室编，天津人民出版社1980年版。

石定栩：《乔姆斯基的形式句法——历史进程与最新理论》，北京语言文化大学出版社2002年版。

石定栩：《名词和名词性成分》，北京大学出版社2011年版。

石毓智：《汉语的限定动词和非限定动词之别》，《世界汉语教学》2001年第2期。

帅志嵩：《"王冕死了父亲"的衍生过程和机制》，《语言科学》2008年第3期。

司罗红：《格位理论、话题结构与被动句的生成机制》，硕士学位论文，华中师范大学，2008年。

司罗红：《句子功能的线性实例化研究》，中国社会科学出版社2016年版。

苏丹洁：《构式语块教学法的实质——以兼语句教学及实验为例》，《语言教学与研究》2011年第2期。

苏丹洁：《取消"兼语句"之说——构式语块法的新分析》，《语言研究》2012年第2期。

孙晋文、伍雅清：《再论"领有名词提升移位"》，《语言科学》2003年第6期。

孙瑞：《副词"在"与助词"着"的语义分析》，《语文知识》2012年第4期。

孙文统：《最简方案框架下的现代汉语连谓结构生成》，硕士学位论文，郑州大学，2010年。

孙玄常：《马氏文通札记》，安徽教育出版社1984年版。

孙圆圆：《〈搜神记〉兼语句研究》，《淮北煤炭师范学院学报》（哲学社会科学版）2005年第5期。

索绪尔：《普通语言学教程》，高明凯译，商务印书馆1999年版。

宋玉柱：《也谈"连动式"和"兼语式"——和张静同志商榷》，《郑州大学学报》（哲学社会科学版）1978年第2期。

宋玉柱：《现代汉语语法论集》，天津人民出版社1981年版。

宋玉柱：《现代汉语语法十讲》，南开大学出版社1986年版。

宋真喜：《现代汉语连动句研究》，博士学位论文，复旦大学，2000年。

田启林、单伟龙：《也谈汉语同宾结构的句法地位及相关问题》，《解放军外国语学院学报》2015年第6期。

童晓峰：《兼语式结构应该取消》，《宜春学院学报》2014年第8期。

王福庭：《"连动式"还是"连谓式"?》（上），《中国语文》1960a年第6期。

王福庭：《"连动式"还是"连谓式"?》（下），《中国语文》1960b年第10期。

王红旗：《体词谓语句的范围和语法形式》，《汉语学习》2016年第2期。

王力：《中国语法纲要》，开明书店1946年版（又见《王力文集》卷三《汉语语法纲要》，山东教育出版社1985年版）。

王力：《中国语法理论》，中华书局1954年版（又见《王力文集》卷一，山东教育出版社1984年版）。

王力：《中国现代语法》，商务印书馆1985年版。

魏丽滨：《汉语形容词谓语句的非宾格性》，《佳木斯职业学院学报》2013年第1期。

魏在江：《汉语体词谓语句的语法转喻探索》，《东北师范大学学报》（哲学社会科学版）2017年第4期。

温宾利：《当代句法学导论》，外语教学与研究出版社2002年版。

温宾利、陈宗利：《领有名词移位：基于MP的分析》，《现代外语》2001年第4期。

温宾利、袁芳：《论汉语兼语式的推导》，《外国语》2009年第5期。

吴竞存、侯学超：《现代汉语句法分析》，北京大学出版社1982年版。

吴竞存、梁伯枢：《现代汉语句法结构与分析》，语文出版社1992年版。

吴启主：《连动句·兼语句》，人民教育出版社1990年版。

项开喜：《汉语的双施力结构式》，《语言研究》2002年第2期。

萧红：《汉语多动同宾句式的发展》，《语言研究》2006年第4期。

萧璋：《论连动式和兼语式》，《北京师范大学学报》1956年创刊号。

邢福义：《形式主义一例》，《中国语文》1960年第12期。

邢福义：《句子成分辩察》，《语文论坛》1982年第1期。

邢福义主编：《现代汉语》，高等教育出版社1993年版。

邢福义：《语法问题思索集》，北京语言学院出版社1995年版。

邢福义：《汉语语法学》，东北师范大学出版社1996年版。

邢福义主编：《现代汉语（修订版）》，高等教育出版社2011年版。

邢福义、吴振国主编：《语言学概论》，华中师范大学出版社2002年版。

邢欣：《论兼语式的深层结构》，《新疆大学学报》（哲学社会科学版）1984年第3期。

邢欣：《简述连动式的结构特点及分析》，《新疆大学学报》（哲学社会科学版）1987年第1期。

邢欣：《现代汉语兼语式》，北京广播学院出版社2004年版。

熊仲儒：《领属性保留宾语句的句法分析》，《安徽师范大学学报》

（人文社会科学版）2013 年第 5 期。

徐杰：《两种保留宾语句式及相关句法理论问题》，《当代语言学》1999a 年第 1 期。

徐杰：《"打碎了他四个杯子"与约束原则》，《中国语文》1999b 年第 3 期。

徐杰：《普遍语法原则与汉语语法现象》，北京大学出版社 2001 年版。

徐杰：《主语成分、"话题"特征及其相应的语言类型》，《语言科学》2003 年第 1 期。

徐杰：《原则本位语法理论与汉语领有名词提升移位研究》，见沈阳、冯胜利主编《当代语言学理论和汉语研究》，商务印书馆 2008 年版。

徐杰、田源：《"A 不 AB"与"AB 不 A"两种反复问句的统一处理及相关的句法问题》，《当代语言学》2013 年第 4 期。

徐杰、杨西彬、倪广研：《"句子成分漂移"的性质与条件》，"汉语句式问题"国际学术研讨会，华中师范大学，2016 年 10 月 15—16 日（待刊于《语言科学》2020 年）。

徐烈炯：《与空语类有关的一些汉语语法现象》，《中国语文》1994 年第 5 期。

徐盛桓：《论"AND"》，《现代外语》1987 年第 3 期。

杨成凯：《连动式研究》，见《语法研究和探索》（9），商务印书馆 2000 年版。

杨大然：《兼语句的语义分类及其空语类的句法分布》，《解放军外国语学院学报》2006 年第 1 期。

杨大然、陈晓扣：《生成语法框架下领主属宾句的派生过程新探》，《现代外语》2016 年第 6 期。

杨红、石锓：《可颠倒的汉语连动结构的特点和认知解释》，《湖北社会科学》2016 年第 11 期。

杨少康：《汉语连动式形成机制的认知研究》，硕士学位论文，河南大学，2012 年。

杨素英：《从非宾格动词现象看语义与句法结构之间的关系》，《当代语言学》1999 年第 1 期。

杨西彬：《汉语保留宾语及相关句法问题研究》，《澳门语言学刊》

2013a 年第 1 期。

杨西彬：《"在+V"与"V+着"的格式义及其对句法运用的制约》，《语言教学与研究》2013b 年第 1 期。

杨西彬：《汉语连动句的句法研究及相关理论问题》，语言教学与研究国际学术研讨会暨《语言教学与研究》创刊 35 周年庆典，北京语言大学，2014 年 11 月 15—16 日。

杨西彬：《论形名结构做谓语的句子性质》，《澳门语言学刊》2015 年第 2 期。

杨西彬：《汉语连动句研究前史》，见《汉语国际教育研究》（第 1 辑），上海交通大学出版社 2016a 年版。

杨西彬：《现代汉语"连动句"的重新审视——从〈马氏文通〉的相关研究说起》，《浙江师范大学学报》（社会科学版）2016b 年第 6 期。

杨西彬：《汉语连动句研究中的争议及其症结》，见《汉语国际教育研究》（第 2 辑），上海交通大学出版社 2017 年版。

杨西彬：《〈马氏文通〉"动字相承"的重新阅读及相关思考——纪念〈马氏文通〉发表 120 周年》，见《汉语国际教育研究》（第 3 辑），上海交通大学出版社 2018 年版。

杨西彬：《"动词相连"还是"动作相承"——从〈现代汉语〉通用教材中"连动句"的范围说起》，见《汉语国际教育研究》（第 4 辑），上海交通大学出版社 2020 年版。

杨西彬、樊留洋：《"格"理论与汉语研究》，《云南师范大学学报》（对外汉语教学与研究版）2020 年第 5 期待刊。

杨永忠：《连动结构的论元结构及句法推导》，《浙江外国语学院学报》2016 年第 3 期。

杨因：《论"我喜欢他老实"的句型归属》，《兰州大学学报》（社会科学版）1981 年第 4 期。

叶长荫：《体词谓语句》，载《汉语论文集》，黑龙江人民出版社 1987 年版。

叶狂、潘海华：《从分裂作格现象看汉语句法的混合性》，《外语教学与研究》2017 年第 4 期。

印辉：《以认知理论进行汉语连动式结构的研究》，厦门大学出版社 2012 年版。

尹龙：《循化话中人称代词的变格范畴》，《青海民族学院学报》（社会科学版）1985年第4期。

殷焕先：《谈"连动式"》，《文史哲》1954年第3期。

尤梦娜：《论"领主属宾句"中领有名词的句法地位》，《科技信息》2008年第1期。

余金枝：《湘西苗语的连动结构》，《云南师范大学学报》（哲学社会科学版）2017年第5期。

俞理明、吕建军：《"王冕死了父亲"句的历史考察》，《中国语文》2011年第1期。

玉柱：《连谓式及其连贯复句、紧缩句之间的区别》，《逻辑与语言学习》1984年第1期。

袁毓林：《〈话题的结构与功能〉评述》，《当代语言学》2003年第1期。

袁芳、魏行：《汉语兼语式中论元共享问题的拷贝分析》，《现代外语》2015年第4期。

张斌主编：《新编现代汉语》，复旦大学出版社2013年版。

张国宪：《性质形容词重论》，《世界汉语教学》2006年第1期。

张东全：《浅析维吾尔语中的兼语式》，硕士学位论文，新疆师范大学，2011年。

张今、陈云清主编：《英汉比较语法纲要》，商务印书馆1981年版。

张静：《"连动式"和"兼语式"应该取消》，《郑州大学学报》（哲学社会科学版）1977年第4期。

张静：《汉语语法问题》，中国社会科学出版社1987年版。

张静主编：《现代汉语》，高等教育出版社1988年版。

张景霓：《西周金文中的连动式和兼语式》，《广西民族学院学报》（哲学社会科学版）1999年第3期。

张礼训：《从层次分析作业方法的要求看兼语式结构分析上的矛盾》，《南京大学学报》1978年第3期。

张庆文：《现代汉语名词谓语句的句法研究》，科学出版社2016年版。

张孝荣、张庆文：《现代汉语兼语句中的控制再研究》，《外语教学与研究》2014年第5期。

张翼：《"王冕死了父亲"的认知构式新探》，《解放军外国语学院学报》2010年第4期。

张玉金：《甲骨文语法学》，学林出版社2001年版。

张玉金：《论殷墟甲骨文中的兼语句》，《古籍整理研究学刊》2003年第1期。

张志公主编：《汉语》，人民教育出版社1953年版。

张志公：《暂拟汉语教学语法系统》，人民教育出版社1956年版。

张志公：《汉语语法常识》，中国青年出版社1953年版（又见《张志公文集》第1卷，广东教育出版社1991年版）。

郑怀德、孟庆海：《汉语形容词用法词典》，商务印书馆2003年版。

郑剑平：《〈金瓶梅〉中带"教"字的兼语结构考察》，《西昌师范高等专科学校学报》2004年第2期。

郑剑平：《〈金瓶梅〉中带"使"字的兼语结构考察》，《西昌学院学报》（社会科学版）2005年第3期。

郑剑平：《〈金瓶梅〉中带"叫"字的兼语结构考察》，《西昌学院学报》（社会科学版）2007年第4期。

赵世芳：《口语行政用语中常见兼语句及其变式句浅析》，《现代语文》（语言研究版）2011年第3期。

赵小东、黄宜凤：《〈世说新语〉存在动词"有"引导的兼语句研究》，《西昌学院学报》（社会科学版）2006年第3期。

赵元任：《北京口语语法》，李荣编译，开明书店1952年版。

赵元任：《汉语口语语法》，吕叔湘译，商务印书馆1979年版。

中国科学院语言研究所语法小组：《语法讲话》（十），《中国语文》1953年第4期。

周法高：《二十世纪的中国语言学》，《香港中文大学学报》1973年第1卷。

周国光：《儿童语言中的连谓结构和相关的句法问题》，《中国语文》1998年第3期。

周国光、赵月琳：《关于体词谓语句的理论思考》，《华南师范大学学报》（社会科学版）2011年第4期。

周国炎、朱德康：《布依语连动式研究》，《民族语文》2015年第4期。

周志培：《汉英对比及翻译中的转换》，华东理工大学出版社2003年版。

朱德熙：《现代汉语形容词研究》，《语言研究》1956年第1期（又见《现代汉语语法研究》，商务印书馆1980年版）。

朱德熙：《语法讲义》，商务印书馆1982年版。

朱德熙：《定语和状语的区分与体词和谓词的对应》，见《语言学论丛》（第13辑），商务印书馆1984年版（又见《朱德熙文集》（3），商务印书馆1999年版）。

朱德熙：《变换分析的平行性原则》，《中国语文》1986年第2期（又见《语法丛稿》，上海教育出版社1989年版）。

邹韶华：《连动式应该归入偏正式——现代汉语语法定量分析的一个实例》，《世界汉语教学》1996年第2期。

邹韶华、张俊萍：《试论动词连用的中心》，见《语言研究与探索》（9），商务印书馆2000年版。

Agbedor, Paul. "Verb Serialization in Ewe." *Nordic Journal of African Studies*. 3, 1 (1994): 115–135.

Aikhenvald, Alexandra Y. & R. M. W. Dixon (eds.) *Serial Verb Constructions—A Cross-Linguistic Typology*. Oxford: Oxford University Press. 2006.

Alexander, Letuchiy. "Russian peripheral reciprocal markers and unaccusativity." In O. Bonami & P. Cabredo Hofherr (eds.) *Empirical Issues in Syntax and Semantics*. 8 (2011): 313–332.

Alexiadou, Artemis & Schäfer, Florian. "An Unaccusativity Diagnostic at the Syntax-Semantics Interface: There-Insertion, Indefinites and Restitutive Again". In Reich, Ingo et al. (eds.) *Proceedings of Sinn & Bedeutung*. 15 (2011): 101–115.

Baugh, A. & Cable, T. *A History of the English Language* (5th edition). Prentice Hall. 2002.

Bloomfield, Leonard. 1955. *Language*. George Allen & Unwin Ltd, London. (中译本：《语言论》，袁家骅、赵世开、甘世福译，钱晋华校，商务印书馆1980年版）

Burzio, Luigi. *Italian Syntax: A Government and Approach*. Dordrecht: Redel. 1986.

Bussmann, Hadumod. *Routledge Dictionary of Language and Linguistics*. Translated and edited by Gregory Trauth & Kerstin Kazzazi. London and New York: Routledge. 2006.

Chao, Yuen-Ren（赵元任）. *Mandarin Primer: An Intensive Course in Spoken Chinese*. Harvard University Press. 1948.

Chao, Yuen-Ren. *A Grammar of Spoken Chinese*. Berkeley and Los Angeles: University of California Press. 1968.

Chomsky, Noam（乔姆斯基）. *Lectures on Government and Binding*. Foris Publication, Dordrecht. 1981.（中译本:《支配和约束理论集——比萨学术演讲》,周流溪、林书武、沈家煊译,赵世开校,中国社会科学出版社1993年版）

Chomsky, Noam. "Some Notes on Economy of Derivation and Representation." In Robert Freidin (eds.) *Principles and Parameters in Comparative Grammar*. 417–454. Cambridge. Mass: The MIT Press. 1991.

Chomsky, Noam. "A Minimalist Program for Linguistic Theory." In Kenneth Hale & Samuel Jay Keyser (eds). *The View from Building* 20: *Essays in Linguistics in Honor of Sylvain Bromberge*. 1–52. Cambridge. Mass.: The MIT Press. 1993.

Chomsky, Noam. *The Minimalist Program*. Cambridge: The MIT Press. 1995.

Cinque, Guglielmo. "Ergative Adjectives and the Lexicalist Hypothesis." *Nature Language and Linguistic Theory*. 8, 1 (1990): 1–39.

Collins, Christopher Thad. *Topics in Ewe Syntax*. Doctoral Dissertation, Massachusetts Institute of Technology. 1993.

Collins, Chris. "Argument Sharing in Serial Verb Constructions." *Linguistic Inquiry*. 28, 3 (1997): 461–497.

Deal, Amy Rose. "Ergative Case and the Transitive Subject: A View from Nez Perce." *Natural Language and Linguistic Theory*. 28, 1 (2010): 73–120.

Dorvlo, Kofi. *A Grammar of Logba (Ikpana)*. Netherlands: LOT. 2008.

Ettlinger, Marc. "Morphological Marking on Serial Verb Construction in Kuki-Thaadow (Tibeto-Burman)." 80TH *Annual LSA Meeting Albuquerque*, NM. 2006.

Grewendorf, G. & Sabel, J. "Scrambling in German and Japanese: Adjunction versus Multiple Specifiers". *Natural Language & Linguistic Theory*. 17, 1 (1999) 1–65.

Huang, C.-T. James (黄正德). "On the Distribution and Reference of Empty Prouns." *Linguistic Inquiry*. 15.4 (1984): 531–574.

Huang, C.-T. James. "Remarks on Empty Categories in Chinese." *Linguistic Inquiry*. 18 (1987): 321–337.

Huang, C.-T. James. "Wo Pao de Kuai and Chinese Phrase Structure." *Language*. 64 (1988): 274–309.

Huang, C.-T. James. *Logical Relation in Chinese and the Theory of Grammar*. New York: Garland. 1998.

Huang, C.-T. James. "Resultatives and Unaccusatives: Apparametric view." *Bulletin of Chinese Linguistic of Japan*. 253 (2006): 1–43.

Ishihara, Shinichiro. Stress, Focus, and Scrambling in Japanese. *MIT Working Paper in Linguistics*. 39 (2000): 142–175.

Jaeggli, O. "Passive." *Linguistic Inquiry*. 17 (1986): 587–633.

Kaurila, Marja. "Topic-prominence and Coordinate Converbal Structures in Wutun". *Facta Universitatis - Series: Linguistics and Literature*. 9, 1 (2011): 13–40.

Law, Paul. "A note on the serial verb construction in Chinese." *Cahiers de linguistique - Asie orientale*. 25, 2 (1996): 199–233.

Legendre, Géraldine & Smolensky, Paul. "French Inchoatives and the Unaccusativity Hypothesis." In D. Gerdts, J. Moore & M. Polinsky (eds.) *Hypothesis A/ Hypothesis B: Linguistic Explorations in Honor of David M. Perlmutter*. Mass: MIT Press. 2009.

Levin, B. & M. Rappaport Hovav. *Unaccusativity at the Syntax–Semantics Interface*. Cambridge. Mass: MIT Press. 1995.

Li, Chao. "On 'Possessor Raising' in Mandarin Chinese." *Proceedings of the 17st North American Conference on Chinese Linguistic, Graduate Students in Linguistics*, University of Southern California. 2005.

Li, Charles N. & Thompson, Sandra A. "Serial Verb Construction in Mandarin Chinese: Subordination or Coordination?" In *You Take the high Node and*

I'll Take the Low Node: Papers from Comparative Syntax Festival. 96 – 103. Chicago: Chicago Linguistic Society. 1973.

Li, Y. – H. Audrey（李艳慧）. *Order and Constituency in Mandarin Chinese*. Dordrencht: Kluwer Academic Publishers. 1990.

Lord, Carol. *Historical Change in Serial Verb Constructions*. Amsterdam/Philadelphia: John Benjamins Publishing Company. 1993.

Meister, Elizabeth. *An Investigation of Multi-verb Constructions in Hmong Ntsuab*. Ms. Dissertation, Payap University. 2010.

Michaud, Alexis. 《永宁摩梭话（纳语）长编语料记录整理与研究工作》,《丽江民族研究》2012 年第 5 期。

Ota, Ogie. *Multi-Verb Constructions in Èdó*. Doctoral Dissertation, Norwegian University of Science and Technology. 2009.

Paul Waltraud. "The 'Serial Verb Construction' in Chinese: A Gordian knot." *Workshop La notion de " construction verbale en série" est-elle opératoire?* Paris: EHESS. 2004.

PaulWaltraud. "The Serial Verb Construction in Chinese: A Tenacious Myth and Gordian Knot." *The Linguistic Review*. 25, 3/4 (2008): 367-411.

Perlmutter, David. "Impersonal Passives and Unaccusative Hypothesis." *Proceedings of the Berkeley Linguistics Society* 4. 157-189. Berkely: University of California. 1978.

Post, Mark. "Assamese Verb Serialization in Functional, Areal-typological and Diachronic Perspective." In *Annual Meeting of the Berkeley Linguistics Society*. 30 (2004): 377-390.

Richa. *Unaccusativity, Unergativity and the Causative Alternation in Hindi: A Minimalist Analysis*. Doctoral Dissertation. Jawaharlal Nehru University. 2008.

Roberts, Ian. *The Representation of Implicit and Dethematized Subjects*. Dordrecht: Foris. 1987.

Rose, Françoise. "The Origins of Serialization: the Case of Emerillon." *Studies in Language*. 33 (3), 644-684. John Benjamins Publishing. 2009.

Ross, John. *Constraints on Variables in Syntax*. Doctoral Dissertation, Massachusetts Institute of Technology. 1967.

Song, Sanghoun. "Constrains and Type Hierarchies for Korean Serial Verb

Constructions—An Analytic Study within the HPSG Framework." *Pacific Asia Conference on Language, Information and Computation: Proceedings.* 21 (2007): 440-449.

Sebba, M. *The Syntax of Serial Verbs: an Investigation into serialization in Sranan and Other Languages.* Amsterdam: John Benjamins. 1987.

Sudmuk, Cholthicha. *The Syntax and Semantics of Serial Verb Constructions in Thai.* Doctoral Dissertation, University of Texas at Austin. 2005.

Tang, T.-C. C (汤廷池). "Finite and Nonfinite Clauses in Chinese." *Languge and Linguistics.* 1 (2000): 191-214.

Xu, Jie (徐杰). *An Infl Parameter and Its Consequences*, Doctoral Dissertation, University of Maryland at College Park. 1993.

Xu, Jie (徐杰). *Sentence Head and Sentence Structure.* Singapore: Longman. 2003.

Xu, Liejiong (徐烈炯). Free Empty Category. *Linguistic Inquiry.* 17 (1986): 75-93.

Yin, Hui (印辉). Serial Verb Constructions in English and Chinese. In Milica. Radišić (ed.), *Proceedings of the* 2007 *Canadian Linguistics Association Annual Conference*, 10 pages. University of Saskatchewan, Saskatoon, Canada. 2007.

Yin, Hui. *A Cognitive Approach to Multi-Verb Constructions in Mandarin Chinese.* Doctoral Dissertation, University of Alberta, Edmonton. 2010.

后　　记

　　本书是在我的博士学位论文基础上修改完善而成，除了补充新文献，还对部分表述做了修正，容量上也比原论文增加四万多字。冬去春来，成果得以呈现是特别值得高兴的事情。

　　乔姆斯基（1981）提出了经典的格位理论，徐杰（1993）在此基础上对格位理论进行了扩容，把格位释放者分为必选型和可选型两类，从而对"介词悬空"等现象做出了深入的分析，但是扩充的格位理论并没有被广泛应用于研究其他语言现象。本书基于该理论针对连动句和兼语句提出的"格位释放序列原则"可以很好地解释两种结构中空位成分存在的原因，进一步探索了不同类型的格位释放者的句法后果。此外，本书把形名谓语句定性为形容词谓语句并把它与其他非宾格现象统一处理，在此之前并没有文献对这类"体词谓语句"的性质进行详细的论证。导师徐杰教授常跟我们说，判断一项研究是否成功，主要是看其结论是否给人以"乍看起来意料之外，定神深思情理之中"的效果。希望本书的论断能够接近这一标准。当然，格位释放序列原则是否站得住，是否可以解释更多的现象，把形名谓语句定性为形容词谓语句并作为非宾格现象统一解释是否合理，仍可以进一步讨论。

　　作为一个阶段总结，回想从求学读书到工作安居，我从地理上已不复存在的崔岗村六组到申城信阳，从长安路237号到珞瑜路152号，从江城武汉再到仙女湖畔新余，从仰天岗再回桂子山，最后定居婺州金华。这一路走来常觉得自己太幸运，人生的关口都遇见了很多帮助我的人，有太多的人要感谢。

　　首先要感谢我的博士生导师徐杰教授。能够成为徐杰先生的学生是我的荣幸，从研二第一次听徐老师讲课就觉得兴奋不已，原来语言学可以如此有魅力：那么复杂的现象居然可以这么巧妙的处理，这么简单的现象背后原来还蕴藏着那么多道理。五年之后，我有幸忝列徐门，使我可以近距离的感受大家风范，体味语言学的美妙，明白了写文章讲课原来也可以这般跌宕起伏，引人入胜。从生活到学习，我多次得到徐老师的关照，入学初对我谆谆教导，资助我参加学术会议，从小论文发表到毕业论文题目的选定及写作，无不浸透着徐老师的关怀和爱护。毕业工作之后徐老师在生活上不忘关怀过问，科研上经常鼓励提携；书稿既成，又应允赐序，我的每一点进步都离不开徐老师的指导和帮助。谢谢您，徐老师！

榜样的力量是无穷的，邢福义先生的人品和文品奠定了华中师大语言所的底色，语言所老师对我们的学习和生活都给予了大力的支持。由衷地感谢语言所所长汪国胜先生一直以来对我学业和工作的关心，匡鹏飞教授、姚双云教授、谢晓明教授、罗进军博士、沈威博士，资料室的欧阳老师和肖老师也在学习和生活上给予了我很多帮助，深表感谢！

我的进步还离不开硕士生导师张邱林教授，从我读硕士的时候开始，张老师就很关心我的学习，在江西工作的三年，张老师多次问及我的学习情况；回校读博以后更是对我关怀有加，在节假日邀我去家里吃面条，大夏天邀我去家里吃冰冻西瓜，指导我修改论文。多年来，张老师在生活上也给了我很大的帮助，记得读博期间去台湾省高雄市开会还处处替我着想以减少我的花费，令人感动！

贾齐华教授和陈伟琳教授是我的语言学启蒙老师，到现在我还留着词汇学和语法学的课堂笔记。两位老师特别亲切，也一直很关心我的学业和工作，难以忘记备考研究生时两位老师事务繁忙，但是也都会在办公室里专门空出时间为我答疑。遗憾的是陈伟琳教授不久前不幸离世，再也不能聆听她的教诲，不能向她汇报学习成果了。

还有，程祥徽先生的满箱赠书，胡安良先生的慷慨赐字，贾晞儒先生的殷殷教诲，陆俭明先生的指教鼓励都让我受益匪浅，顾阳教授、彭利贞教授、谷晓恒教授、罗自群教授、邵敬敏教授、王勇教授、余承法教授、艾林山教授、赵春利教授、赵贤德教授、黄翊教授、宋京伟教授等前辈师长都对我的学业和生活给予了很多帮助和指点，感激于心。

感谢徐门弟子，师姐李颖博士、王娟博士、张媛媛博士、梁铭博士、白玉寒博士、李甲男博士；同学曹彬教授、易红博士、杨炎华博士，以及师弟师妹罗堃博士、杨勇博士、高娟博士、雷曦博士、刘颖博士、张媛媛博士、倪广研博士、张昀博士，你们的才华点亮了博士期间的生活，让我们的读书会成为了不可或缺的一部分，我的很多想法都是在读书会上与大家的讨论中形成的，没有你们的帮助，就不会有我的进步。在生活中也经常得到同门弟子的关照，特别是我的研究生同学田源博士。也难忘师兄马宏程教授在我去杭州开会时不顾工作繁忙，为我周到安排。此外，我也经常得到师兄阮桂君博士的指点，每到一个关键节点，总有机会跟他长聊，得到恰当的建议和帮助；师兄李德鹏博士长于理论思考，见解独到，每次聊天都有收获，他对学术的热情也常常打动我，还不厌其烦倾听、帮助我。

我的高中同学张彩虹、张丽红、任慧芳、周玲、刘晓娟、陈伟杰等，大学同学王光灿、陈峰、徐鹏、王山峰、马翠轩、芮芳芳、赵永桂、高彦收、梁崇、李世显、丁青山、冯训祥、王洪涛、胡勇、周春晓、李志强博士，研究生同学舒拥军、冯富国、王宇波博士、王素改博士、王桂亮博士、金鑫博士、朱大伟博士、郝涛博士、张晓斌博士、董越博士；我曾经的同事谢爱林、李陆根、黄勇、敖忠红、周炜、唐伟、马晓鹏等以及程秀金博士，还有读博期间的室友马兄德君博士，我在师大同年入职的同事邹益民博士、陈贤卿博士、龚伟博士等在我的求学或工作过程中给予了我不同形式的帮助和关心。

我还要特别感谢我的同门兼新密同乡司罗红教授，论文的写作思路也在跟他的多次交流中逐渐建立，记得还是在西安参加学术会议晚间聊天时豁然明晰。论文的写作也多受他的启发，写作过程中如果遇到麻烦，也常常找他讨论，他都毫无保留地给我建议。难忘毕业后在写论文或者课题申报材料的时候，司罗红教授、张磊博士我们三人多次讨论反复修改的那些深夜！

入职师大后，我也得到张先亮教授、李贵苍教授、刘星喜书记、狄伟峰书记、金坚贞书记、徐丽华教授、王辉教授、胡德明教授、林源教授、王迨教授、郑娟曼教授、李旭副教授、宣炳善副教授、郑崧副教授、徐从辉副教授、唐永宝副教授、贾珍妮副教授、张赢副教授、黎亮副教授、胡小敏博士、阚文文博士、丁婵婵博士、陆书伟博士、王琳博士、鲍蕊博士、李明英博士、李双喜博士、林朝剑主任、周红霞主任、暴明莹老师、许丽丽老师、刘莉老师、刘文香老师、胡雪英老师、王美华老师、孙逸老师、王妹妹老师、傅萍萍老师、傅挺老师、张晓群老师等领导同事在工作和生活上对我关心和帮助。难忘陈青松教授逐句为我修改课题申报材料，难忘孙春颖副教授屡次帮我解决教学疑难,难忘学院工会主席郭剑波副教授多次为我舒困,难忘驻外期间毛力群教授时常了解我家里状况并嘱咐如有需要及时告知;难忘马洪海教授作为我的助教导师对我的悉心帮助,马老师是我的大学老师,到现在我还记得在课堂上向他请教过关于我家乡方言的声调问题,没想到若干年后会跟他一起带研究生,并时常得到耳提面命。缘分这东西想想很奇妙!

驻外三年,我得到汉办主任徐丽华教授在工作上的指导和帮助,汉办副主任张笑贞副教授、吴强老师,孔子学院非洲研修中心主任包亮老师、达累斯萨拉姆大学孔子学院中方院长刘岩博士、院长助理赵琼老师以及郭守敬博士也为我的工作和生活提供支持和帮助。难忘阿鲁沙会计学院校长Sedoyeka教授、协调员Adam等为我们在阿鲁沙期间的工作生活提供的各种便利,给我们一家留下了无比美好的记忆!

要感谢我的诸多亲戚邻居,尤其是舅妈、姨妈和姨夫们,还有诸表哥表弟表嫂表姐表妹们对那个困顿的三口之家给予的各种帮助,没有他们的援手,我可能无法读完高中,更不可能有机会读大学、研究生。笔墨了了,然铭感于心!

特别感谢我的妈妈李秀花和妹妹杨红璞,这么些年没有她们的付出和支持,就没有我的今天。当然我深知自己还不够优秀,只希望自己以后能够做得更好,不辜负她们对我的期望。红璞也为书稿校对做了很多誊写工作。

还要感谢我的妻子薛爱萍,儿子杨斯远出生之后她承担了可乐的养育,在本书完善期间也给了我极大的支持和帮助。感谢他们俩在我驻外期间陪在我身边。阿鲁沙是一个四季如春风景宜人的城市,半封闭的生活空间和完全原生态的环境对我们这个小家既是一种考验,更是一种宝贵的经历。

感谢浙江省哲学社会科学后期资助项目评审专家对书稿的肯定,以及他们提出的修改意见。感谢浙江省哲学社会科学后期资助项目提供的出版基金,感谢国际文化与教育学院对本书出版提供的资助。感谢中国社会科学出版社的责任编辑宫京蕾女士为本书的校对和出版付出的辛勤劳动。

以上留下来的是一个个简单的名字,可是每个名字留给我的记忆和我心中的感激却不是三言两语所能道尽。在我成长的路上,在我的工作和生活中,走过弯路,有过遗憾,是您们让我觉得幸运、温暖!

我还想把这份作业交给远在天国的父亲杨喜发,二十三年了,他是不是真的不会老?他不苟言笑,看到我的点滴成绩会不会粲然?最偏爱我和妹妹的外婆于凤英、舅舅李文勤也未能等到我的报孝,难忘外婆说"走得慢不要紧,得一直走,不能走走歇歇";难忘最后一次去医院探望舅舅,他念叨说外甥(女)中还剩我和表弟人生大事未了,满眼的遗憾和无奈。斯人已去,每每念及,不能自已!

人生是无数旅途的拼接,完成这一段旅程的同时,也就意味着新的旅程将要开始。我会牢记"抬头是山 路在脚下"的所训,带着师长亲朋的关心和期待坚定前行!

最后我愿意用两句话作为对自己的警醒和勉励:

我只担心一件事,我怕我配不上自己所受的苦难。(陀思妥耶夫斯基)

你要想有益于社会,最好的法子莫如把你自己这块材料铸造成器。(易卜生)

杨西彬

梅鲁山南麓

阿鲁沙会计学院

2020 年 4 月 26 日